叢書・ウニベルシタス　681

生殖と世代継承

ロビン・フォックス
平野秀秋 訳

法政大学出版局

Robin Fox

REPRODUCTION AND SUCCESSION

Studies in Anthropology, Law, and Society

Japanese translation published by arrangement
with Transaction Publishers in New Brunswick
through The Asano Agency, Inc. in Tokyo

マイケル、ジュリアン、ジョンに

彼らが法を守る程度には尊重し

しかし是正する程度には批判的であるように

凡例

一　「　」や（　）は原著者による引用、イタリック、注記など。また〔　〕内は訳者による補語である。

二　第三章等に掲載のあるギリシャ語原文は省略し、かわりに次のものから該当個所を引用した。『ギリシャ悲劇全集』（岩波書店、一九九〇年）。

三　第三章のギリシャ人名・地名も概ね右の全集と『ギリシャ・ローマ神話辞典』（岩波書店、一九六〇年）に従うが、プラトンなど慣用に従ったものがある。

四　原書本文中に直接記載された文献は†1のように番号化し、一括して「引用文献一覧」に掲載した。

五　第一章の大部分、第二章の一部は判例集などからの引用であるが四と同じ扱いである。これらについては *A Uniform System of Citation*（通称ブルーブック）などを参照していただきたい。

目次

第2章 子供を渡さない代理母の事件 ▼77

第4章　姉妹の息子たちと猿のオジ――「アヴァンキュレート」の研究に関する六学説 ▼283

序　言

この本の中に伝統的な人類学が行うような部族社会の法制度の記述を期待する読者は、すくなくとも最初のうちは、失望することだろう。この種のことはここには書かれていない。第四章はたしかに部族の法や習慣を扱っている。しかしその扱い方は法制度に関して人類学者がやるような扱い方ではない。同様に、はじめの二章は法社会学とか、法制度の改革に関する研究といったものと同じ対象を扱っているともいえるが、しかし第一章が扱っているのはむしろ人類学（特に歴史に関心のある人類学）にこそふさわしいモルモン教の一夫多妻制度という風変わりな対象であり、また第二章で扱う代理母の問題は社会改革を論じようとする社会学者から見ても関心外の対象だろう。社会学者の中でも母乳による育児とか母と子の絆に関する動物行動学にまで手を出そうというものは多くないはずだ。ギリシャ悲劇を扱う第三章はさらに変わった問題を扱っている。これは人類学と文学との共同研究――もともとこの目的のために書かれた場合――とか、人類学と歴史学とのシンポジウムの際――まさにその機会に発表された――とかのための作品と思われるだろう。ただし、この章も最初の二章と同じ問題を扱っている。すなわち、私の呼び方では「親族法」から「国家法」への変質という問題であり、これはヘンリー・メイン卿のいう「身分から契約へ」という変化にともなう問題である。母方のオジに関する最後の章は一見厳密な意味の人類学の分野に入るといえるかもしれない。しかしそれとても、伝統的な人類学が後生大事に守ってきた核家族と近親相姦という二つの宝物のどちらよりも重要と考えられる文化＝生物学的不変項というべきものの発見で終わっている。もちろん私はこの発見に満足しているが。

とはいえ、アンチゴネーが兄弟を「法」の定めに反して頑なに埋葬しようと言い張ること、母方のオジが、ときには陰のようにとはいえ、あらゆる相続制度の中に位置を占めていること、モルモン教徒が一夫多妻婚を取る権利を宗教的義務として主張すること、メアリー・ベス・ホワイトヘッドが母親の権利が契約のそれより上位にあると主張すること、といった一見無関係に思える各主題を貫通し結びつける糸がある。すなわち、親族と国家、親族と契約、親族と世に蔓延する個人主義との間の戦いが歴史の巨大な動因であり、おそらく階級闘争や植民者と第三世界の戦いよりも一層大きいという事実である。実際には、前者こそが後者を包摂しているといってよい。すべての歴史は生殖と世代継承の歴史であり、いいかえれば親族の歴史である（メアリー・ベスはアンチゴネーと同じ戦いを戦っているのである）。人類学は、かつては親族の研究を学の中心に位置づけていたにもかかわらず、いまやこの事実を忘れ去ってしまったようだ。社会学にいたっては、「家族」と称されるものと「家族社会学」なる、文化の不変項ならぬ、たかだか文化の構築物にすぎぬものの研究に埋没して、一度もこの問題を十分に把握しえたことがない。心理学や経済学がなにかの足しになったこともない。

そこで、もしこの本が「何かの」問題に関心を向けているとすれば——この本が含んでいると見ることもできるさまざまの他の問題点とは関わりなしに——それはヘンリー・メインのいう身分法から契約法へという大きな変遷に関する問題である。ただし、彼の見解に若干の是正を施しておく必要がある。この変遷が思想的な変遷であったと見た点でメインは正しかった。しかし思想（ないしイデオロギー）のさらに深部には、人間という特定の種に固有の生物学的与件が根強く横たわっている。だから、世界がどうあるべきかについて人間がどれほど思想的に変化しようとも、これらの遺伝的で大脳縁辺部に属する準理性的な動因が、シーラカンスのごとく不気味に頭をもたげ、近代的（あるいは脱近代的）なる現実を形成する社会構造に対する不快や災いとして立ち現れる。法は今日自然と社会とに対して秩序を付与するもっとも合理的な企てだ、ということになっている。しかし、法は生殖や世代継承といった問題をも扱わざるをえず、これらは合理性を拒否するのであり、それらに法は無効なのである。そこで、われわれは法を救うために法を越え、法がつねに巻き込まれる彼方に存在する課題に目を向け、また法に対してこのような課題の真相を告げ、法の可能性と限界とが何であるかを理解させなければならないのである。

本書はこのように、法に対する積極的貢献を意図するものである。その意図を実現するために、ここでは故意に多様な性質の事例を選択してケーススタディーが行われる。またこれらの事例の理論上の一般性を説くのではなく、それらの特異な性質が議論される。私はこの理論上の一般性なるものが何であるのかをおぼろげにしか理解しないし、行動主義的な既成科学の枠組みで容易に叙述可能になるとも思えない。私は自分の叙述の性質が非常に広範囲なものであり、かつわれわれの先達たちが考えようとしたのと同じ意味でむしろ古風な「人類学」であると考えている。それゆえに、私は確信を持って副題に「人類学」という言葉を使用した。しかし、私のこのような理論上の立場は、現代において次第に特異なものと化しつつあるのではないかと疑っている。これは残念なことである。というのも、私は「法の人類学」を部族裁判に関する民族誌以上の何ものかだ、と考えているからである。おそらく読者の方が私よりも、こうした人類学がいかなるものであるべきかについて、よりよく理解されるのではないかと考える。そこで私としては、当面つぎのように警告することができるだけである。「シーラカンスにご注意を。起こさぬ方がいいですよ」と。

ロビン・フォックス
ニュージャージー州プリンストンで
一九九二年六月

第1部

生殖

経験知と法理論

科学者も普通の人間同様幻想を持つ。彼らは世界がどのように機能するかについてもっともよく知り尽くしており、またいかに機能すべきかについてたえず決定を行うべきだと考えている。

しかし彼らが実際にそうできることは稀である。彼らは独裁者の素質を持ち合わせていないし、学者であることに本当に忙しければ、選挙によって政治家に選ばれる機会を持っていない。その上、GNPのより多くが科学の研究に投資されるべきであるということで一致している以外には、特に共通の「科学的」基盤を持っていない。

おそらく、社会科学者は他の科学者より幻想を持つ度合いが多いだろう。というのも、社会学、政治学、経済学、人類学などは「政策科学」ということになっており、社会とその秩序づけに直接の関心を持っているからである。少数の潔癖な人の中には自分の研究結果が実用に供されることに不快感を抱く人がいるかもしれないが、発言の誘いを受けてそれを断れる人は少ないだろう。それも、通常は善意からそうするのだ。これらの人々は、何かの役に立ちたいというまじめな希望を持った善人たちなのである。

ところが、彼らの発見の中で何が安全に「応用」可能なほど確実か、ということを決定する段になると問題が起きる。なぜなら、周知のようにほとんどの社会科学者がリベラル左翼で改革革新の傾向を持っているとはいえ、彼ら自身の中で知識が政策の世界にどのように適合するものかについての見解の一致はないに等しいからである。彼らの間では自分が何を知っているかや、何かを発見する方法は何かについてさえ意見の一致がない。実際、現代のほとんどの社会科学者は自分の従事している活動に「科学」という名称を冠することにさえ否定的であろう。これは一見奇妙なことだ。それというのも、彼らの先達たちは科学の仲間に入れてもらおうと必死に働いていたのであり、その理由の一つが、政策に影響を与えるためには「専門家」という肩書きが欲しかったからに他ならなかったからである。経済学者がもっとも早くから成功し、以後この地位を保ったので、他のほとんどの社会科学者は嫉妬をかくそうとしなかった。経済学者が政府の中で顧問格であり、それ以上の地位を望めばそれも可能だっただけに、みな経済学のまねをしようとした。経済学者の立法に対する影響はつねに成功だったとはいえないまでも、もっとも直接的なものであった。そしてみなが追求したのは、このように立法に直接的な影響を行使することだった。プラトンの哲人政治が、社会科学者の想像力と野心を刺激して止まなかったのである。

このようにして、社会科学者にとって自分の研究主題と立法との関係を提示する一番有効な戦術は、基本的で健全と考えられる科学的事実ないし原理を提示し、人間の生活を改善するためには制定法が科学的知識とできるだけ一致するようにと、この事実ないし原理を立法の正しい基礎とするように主張することであった。この目標はやり甲斐のあるものだが、提案はふつう単なる基本原理のあいまいな提示に止まり、制定法にまでこぎつけたとしてもその現実行為への解釈は予期せざる結果が多すぎ、疑問の余地が多すぎるのである。科学者の模範が立法の正しい基礎を追求するというプラトンの哲人政治にある以上、彼らが制定法に魅了される気持ちは理解できる。しかしそのような哲人の王国は、当然ながら慣習法が日常的に問題を処理するプロセスに対して非寛容であり、また無関心であり、さらにはたいていの場合無知である。彼らの社会政策に対する態度は、もともと啓蒙思想に由来するものであり、当時の思想家たち同様に、大陸的「法典」への熱愛によって特徴づけられている。イギリスの伝統の中でも同様に、功利主義者（哲学的ラディカル）、フェビアン社会主義者、ディズレリの保守党は、社会状態を改良するために立法に訴えようとする点で類似していた。

例をあげよう。イギリス社会学に見られる社会調査を発展させ、貧困、住宅事情、教育の機会、健康状態、などのデータを集積することに力を注ぐ目的は、現状がどれほど悪いかを政府に強く示して法律の改正を迫ろうというところにあった。だから、ディズレリ主義とは正反対の立場の（事実あこぎなレッセ・フェールの自由主義であった）サッチャーの保守党が社会学に対して復讐のようなものを仕掛けて、ついに社会科学協会の名称から「科学」の文字を取り上げてしまったのも、それほど驚くにはあたらないのかも知れない。すくなくとも人類学者たちは、この象徴的行為が重大であることを理解していた。もっとも、統治すべきイギリス帝国がすでに存在しなくなっていたので、人類学にお呼びがかかることは、BBCのために民俗映画を作る時以外にはなくなっていた。視聴者は黒い顔の半裸族が何か奇妙な仕草をする映画にはいつでも関心を示したのである。ただしこのような仕事は、人類学が自分の研究分野の有効性をもっともらしく訴えるときに念頭に置いていることとは違っていたのだが。

人類学者はかつては、王や知事や植民地官僚の顧問として栄光の座に着いていたし、実績も相当なものであった。実際に彼らは植民地の立法に影響を持っていたし、たいてい成功していた。ひとたび間接統治という知恵が所与となると（ただしこの知恵は人類学者の発明ではないことを付け加える必要があるが）、彼らは植民地の知事たちに土着の法や習慣の中で残しておく必要があるものは何かを説明するために必要とされた。この点に関しては彼らはきわめて有能であった。ほとんど例外なく、彼らは「彼らの」土着民の側に立ち、固有の文化を尊重した。皮肉をいうものは、彼らはどのみち土着の文化を素朴なままにしておく方が利益になったからだというかも知れないが、それにはすこし無理があったし、また私自身の経験から見て、同学者の中には自分たちの研究の対象である土着民の福利に全く関心を持たないものは少なかったということができる。それにもかかわらず、イギリスにいる社会学者と同様に、彼らは立法という仕事に誘惑されたのである。哲人の王でないまでも、すくなくとも哲人の黒幕ではあった。

この点では、アメリカの社会科学は、またこの問題に関しては大陸の同輩たちも同じだが、イギリスの社会科学の同輩ほどには、立法に対する影響を持ったことはなかった。なぜそうだったかという歴史的説明は、ここでは不適切であろう。アメリカの資本主義の、動乱に満ちた歴史をすこし考えてみれば、読者はアメリカで知識人がイギリスほど影響を持てそうになかったことを理解されるであろう。一例として人種改良主義者や進歩主義者のように、アメリカで知識人がその地位に近づいたときは、彼らは知識人の名に不適切であった。さらに、アメリカでは経済学者が社会科学が行使しえた影響をほとんど独占していた。もっとも、その理由はアメリカで社会学者の影響を受容しやすい社会主義政府が成立しなかったからだというものがいれば、それは表面的すぎるということになる。これに近かったのはニューディールであるが、それにしてもTVAが社会学の影響を受け入れた程度にすぎず、影響そのものは最小限であった。にもかかわらず、たいていの社会科学者は自分をそうだと（すなわち科学者だと）考えるからには、目標は「ワシントン入りをする」ことであった。彼らは影響力を行使し、提案を行い、政策評価をし、多くの場合立法に関与していったのである。一方人類学者は、アメリカでは時折おきるインディアンとの土地紛争の場合以外には、誰からも諮問を受けなかった（人類学者がインディアン問題に関する立法にかかわれたとしたら、彼らは自分の研究の生命線であるインディアンから歓迎されなかったであろう。インディアンに対する宗主主義《パターナリズム》は崩壊し、インディアンは自分たちの問題に関しては自分で立法権を行使することを望んでいる）。

しかしながら、アメリカの伝統は社会科学が哲人政治のポーズを取りたがる問題に関して、もうひとつの面白い事例を見せてくれる。アメリカの法廷は、憲法上の特異な位置づけのせいで、社会改革に関しては立法に劣らない機能と影響力を持っている。アメリカの法廷は、法律に対する審査権を与えられているために、イギリスの法廷が持っていない権能、すなわち法を拡大解釈したり変更したり拒否したりする権能を持たされている。アメリカ人の生活の全分野が、立法によってではなく法廷命令によって変えられてきた。学校の人種差別を廃するための強制バス通学、母親の希望による妊娠中絶、大学入学におけるアファマティブ・アクション、町において一定比率の低所得者住宅を設けること（ニュージャージー州）、などなどである。そこで、科学（広い意味の）と法との関係は、判例に対する介入であるとも解釈することができる。この場合には必ず科学者が「専門家証人」として喚問されることはもちろんである。もっと組織的に介入するには科学者が判例研究者になり、一方法律家が関連社会科学の研究者になる。

このようなアメリカ型のやり方は、立法に頼るイギリス型が科学者と政治家を接近させるのに対して、科学者と法律家（法律家の資格を持つもの）とを緊密に結びつける。このことは現実に起きている訴訟を例に取り、法律が科学的調査によって利益を受け、また科学者が問題の訴訟に関連した法を知っていれば有効に介入できることを示せば明らかになる。

この本の中で扱われる最初のケース――ユタ州における一夫多妻に対して出された裁判所の特別差し止め命令――は、私が一九五七年に合衆国における研究ビザを申請したときに、やや唐突な形で私の注意を引くにいたったものである。そのとき私に対する品行調査の中に、次のようなものがあった。「あなたは一夫多妻制を実行し、またはそれを奨励しますか？」私はなぜこのようなことが私に、あるいは誰かに質問されるのかが分からなかったので、すくなからず当惑させられた。私がソ連との文化交流協会の会員でないかどうかについてなら、入管の役人が疑うこともありえた。だが、なぜまた一夫多妻なのだろう。なぜそんなことを問題にするのだろう。私は事情を尋ねようとしたが、ロンドン領事館の役人が面倒くさそうにさえぎった。「ノーと記入すればいいんだ。世話を焼かすなよ」、と彼は煩わしそうにいった。そこで私はノーと記入して、結果的にはことなきをえた。

後になって、この質問は米国議会のさまざまな立法の結果としてビザ申請書に採用され、その目的はモルモン教がイギリスにおいて教徒をリクルートすること――このリクルートは一九世紀には大変成功したものであった――を防ぐためであったことを知った。ほとんどの歴史家は、立法が禁止に熱心でないためにユタ州ではこれがなお存続しているとしてきた。これらの社会問題は（同じように奇妙な「あなたは……のような性的傾向を持っていますか？」）なども含めて、その除去には議会の立法を必要とする。しかしそれを放置してノーと記入させる方が、禁止のために議会に時間を使わせるより容易であるのだ。多分そうなのだろう、と。しかし自分でこの事件を経験してからは、あまり断言する自信はなくなった。一夫多妻問題は、この国では一度も合理的な性質の問題ではなかった。純粋な知的関心によってこれが論じられたことは一度もないし、ほとんどの人がこの問題が一度も起こらなければよかったと、またいつの間にか消滅するだろうと考えているようである。その中には科学者、法律家、政治家、警察も含まれる。根深い偏見と、このような態度が含んでいるさらに一層根深い偽善とは、観察者にとっては奇妙に見える。ただし、ここでの観察者とは、この問題が歴史の深部から提起された国や文化、あるいはすくなくともモルモン教徒が、現代では教徒自身も含めて誰もが当惑する形でそれを提起した国ないし文化、に属してはいない人間の場合である。

しかしながら、私たちの課題は一夫多妻制や、キリスト教の（名目上は）一夫一婦制の文化がモルモン教に示す態度によって提起されるありとあらゆる問題点を検討することにあるのではなく、アメリカの最高裁判所が一八六二年の一夫多妻制を違法とする法の解釈に対して使用した特殊な論拠、また特に一八七八年の「レイノルズ対合衆国」の裁判において使用した有名な論拠を研究することにある。このことは、最近私がいわゆる「専門家証人」としてある裁判に喚問され、まさに先述した「介入」に関して、やや異例ではあるが示唆深い事例に触れることになったことから必要になったものである。裁判は結果的に敗訴に終わったが、にもかかわらず当の問題が解消したわけではない。またこの問題に関わるには「専門家」は憲法について知らねばならず、一方法律家は専門家を理解しなければならない。判事がどちらに耳を傾けるかは疑問であるが、それでも法廷が注意を払う以上裁判を有利に進めるために努力しないわけにいかない。

第二のケース、すなわちある「代理母」が生物学上の父親に赤子を提供する契約をしたが引き渡しを拒否し、結局法廷命令によって引き渡させた有名な「ベビーM」のケースは、私が意図して関わったものではなかった。だが、私はモルモン教のケースに関する発見を（第一章で詳述するように）まとめて、カリフォルニアの「法と行動科学に関するグループ研究所」のシンポジウムにおいて発表した。この財団は法と行動科学に関する学際研究に関心のある研究団体であったから、これにはよろこんで参加したのである。財団は、代理母問題が重要になることが明白であったため、ベビーMのケースを追跡したいという希望を持っていた。私はこの裁判が争われていたニュージャージーを研究拠点としていたので、この問題に関わるようにと彼らから依頼された。この時の私の目的は、（依頼はされたが）「専門家証人」となることではなく、科学者と法律家がこのような事件に関して協力して正確な問題提起ができるかを見届けることであった。

私はこのケースに関しては特別の感想をもてなかった。事件はわかりにくかったし、証拠も漠然としているように思えた。誰が誰に何をしたというのだろうか。「契約」があったとされているが、それに何の意味があるのだろうか。両当事者と、最初に一方的な裁判所命令を出した判事以外は、誰にもよくわからなかった。それにもかかわらず私が関心をそそられたのは、問題が裁判所に持ち込まれる前から、私たちが必要最低限の情報しか持たなかった段階から、私とこの問題について意見交換を行った誰もが、すでにあらかじめ意見を決めているかのように思われたことである。多くは感情的なものであり、またこの母親に対する反感であった。多くの人にどのような疑問を呈しても、「約束は約束だから」というのがその答だった。メアリー・ベス・ホワイトヘッドは約束をしたのだから守るべきだ、というのがその一方の答えである。もうひとつも負けず劣らず感情的なもので、赤子は父親と一緒に暮らす方が幸せなのだから父親の元に止めるべきだ、というものである。この意見は私の研究仲間、隣人、友人など、中流階級で白人で教育程度の高い人々の間で大流行していた。私はこの両方の意見の根強さに驚き、やがて驚いている自分自身に驚いた。この国ではなぜ階級と契約に疑問を抱か「ない」のだろう。私にとってこの裁判は次第に大きな意味を持つものになり、私はこれを追求することに決めた。

なにか発見がないかと期待しつつ、私はラトガース大学医学部での集会に参加した。そこには何人かの医師達、厳格な三つの宗教からの神職達、それにウイリアム・スターン（生物学上の父親）の弁護士が出席していた。この集会はなんとも奇妙なものであった。契約上の両親が自然の両親より優位に立つという結論の発言は、どんなものであれ熱烈な拍手をもって迎えられた。神学校を出たてに見えるカトリックの神父は、学校での神学道徳の講義を必至で思い出そうとしているように、精子提供者が人工妊娠中絶の罪にならないようピンで穴を開けたコンドームを使って精子を採集したかどうか、などといったたぐいの長々と続く議論で全員の頭を混乱させていた。医師たちは「新しい妊娠技術」がまもなく実用に供されるだろうと真剣な顔で話し、ある素人の参加者はイギリスで代理母を使って試験管授精で子供を得て、自分たち夫婦が合衆国で法律上の両親として認められたいと思う、といった話をしていた。

つぎに生物学上の父親の弁護士であるスコロフが、ベビーM問題について話をした。彼はこの事件が契約に根拠を持つ問題であり、やがて赤子の身柄保護問題に発展するだろうが、その場合も中流階級のスターン夫妻を「よりよい両親」として勝訴させられるだろうと請け合った。これも多数の賛成の拍手によって迎えられた。いくつかの技術的質疑がなされたのち、スコロフからすこし情報を引き出そうと思い私は無知を装いつつ、なぜ気持ちが変わった代理母はその子を養子に取ろうとしている人と同じ特権を与えられないのだろうかと質問した。多くの州では、ニュージャージーでももちろんだが、「子供を養子にすると約束した母親は、意思を変えてもよい一定の猶予期間を与えられる。これに対する反応には、私は意表をつかれた。怒声が聞こえた。ブーイングとヤジと拳を振り回しているらしい音が聞こえた。その騒音の中で、スコロフが「父親」に契約権がある以上私の質問は冒瀆的だと叫ぶのが聞こえた。私はただ、子供を養子にすると約束した母親にも契約上の権利があるだろうと指摘したかっただけだったのだが、それ以上話させてもらえなかった。いうまでもなく、私の異議に対する反論は、間違いなくこの事件には子供を欲しがっている「父親」がいる、ということであった。私はそれに対して、養子縁組の場合――例えばティーンエイジャーの母親の場合――にも「父親」がいるにもかかわらず彼の意思が問われることはほとんどない、等々と反論すべきだっただろう。しかしそこは討論の場ではなかった。私があとで知りえたのは、それが不妊夫婦の協会がスポンサーをしていた集会で、聴衆の九〇%はそのような人々だったことだけであった。私はイスラム信者の群の中のサルマン・ラシュディのような気分であった。しかし、それによって私はこの種の問題に関わるのは容易ではないことをいやというほど知った。この問題に関して感情的でないものはいなかった。

だが、私の要点は、今も変わらないのだが、同僚たちの手助けも得ながらわれわれが利用することのできる科学的知識が、訴訟事件そのものに対していかなる関係を持つかを評価することであった。この目標に従いながらも、私はこの事件の折に見られた著しい激昂に時折立ち入り、その原因と意味について論評を加えようと思う。公衆を巻き込んだ法律上の争いに発展しまた国際的に有名な裁判となったこの事件に潜んでいる、共に善意の両当事者の個人的問題の正体が何であったかについてのべる。

モルモン教徒と代理母という二つの事件は、当座は無関係に見えるかも知れないが、すこし考えてみれば両者とも、われわれが生殖方法の選択を国家の干渉なく行える権利に関係していることはすぐ分かる。しかも奇妙なことに両者は共に「複数婚」に関係しており、あるいは少なくとも複数の異性との生殖とその合法性に関係している。両者は共に、個人主義を自認する文化における生殖、道徳、法、慣習に関する深遠な諸問題を提起するものである。これら問題に関しては第二部でもさらに探求を続けるであろう。しかし以下に展開する乾燥した事件記述の中で、そこに提起されている深遠な問題を、たとえ解決はできないとしても見失うべきではないだろう。

第1章

一夫多妻の警察官事件

法律は絶対に、完全に論理的なシステムというものになることはできないだろうが、だからといって論理的であることを捨てることもできない。なぜなら、その方法で人間はやってよいこととわることとを知るからである。

——モリス・ラファエル・コーエン『理性と法』

「ポッター 対 マレー市」事件——「三人は群集である」

一九八二年一二月一日、ユタ州マレー市（ソルトレークシティー郊外）の警察官ロイストン・E・ポッターが解雇された。解雇の理由として告げられたのは、彼が二人の女性との関係を認めたということであった（後に第三の「妻」も理由に加えられた）。この「認めた」という点は強調しておきたい。というのも、原理主義的なモルモン教徒は一人以上の妻を持っていて、理屈の上では法に反し、また多くはそれを秘密にしているとはいいながら、何の法律上の不利益もこうむっていないからである。ポッター氏の場合には複数結婚は公然の秘密であった。また私が「関係」という点を強調するのは、第二の人との関係が法的にはたして「結婚」といえるかどうかの解釈が困難だからである。というのも、これが神聖と認められているのはモルモン教の原理主義者の教団内部のことであり、一方この教団は法的な結婚式を司る許可を与えられていないからである。だから、ポッター氏は重婚そのものが理由で解雇されたともいいにくい。彼は「姦通」とか「違法な同棲」のために有罪――ただしこの二つの罪はユタ州ではもはや（またこれだけを取れば他のどの州でも）訴追されていない――といえなくもないが、だからといって法の上では第二の結婚は存在しないのだから、重婚だと証明することも困難であった。第二の結婚を事実婚だと論じることもできなくはないだろうが、ユタ州は事実婚を認めていなかった。だから、ポッター氏がこれらのどの理由で訴追されたわけでもなかったことに注意する必要がある。彼は単に現職を解雇されたのである。

　解雇の理由は次のようなものであった。ポッター氏は警察官としてユタ州憲章を遵守し、それに対する違反者を逮捕すると宣誓した。ところで、州憲章の一基本規定――ユタ準州が州に昇格し合衆国に加盟することを「可能にした」規定――は複数婚を禁止しかつ永遠に禁じるものであった。

　以下の法令は合衆国および本州住民の同意なくして廃止してはならない。

第一条　宗教感情に関しては完全な寛容が保障される。本州の住民は、なにびともその宗教信条のいかんによって不利益を受けてはならない。ただし、一夫多妻婚ないし複数婚は永久に禁止される。†1

ユタ州の連邦加盟を認める法案は、一八九四年七月六日合衆国議会を通過した。[†2]

この憲章は法律上の結婚に対して適用されるだけでなく（重婚として訴追される）、未遂、秘密、あるいは資格のない人間によって行われたものなど、いかなる他の「婚姻関係」に対しても適用することを意図したものであった。ユタ州刑法が、夫または妻を持っていることを自覚しつつ他人と結婚した場合、重婚禁止に関する法が適用されると規定していることからもこれは明らかになる。[†3] これかららすれば一夫多妻は、重婚の場合と同じく第三級の重罪になる。モルモン原理主義に改宗したポッター氏は、公然とこのような違法の婚姻関係を続けながら生活していたので、州憲章を遵守するとの誓約に違反しており、解雇された。その後同氏は、「妻たち」のうち一人以外のすべてとの関係を破棄することを条件に復職を可とするとの申し出を受けた（マレー市公務員任用委員会、一九八三年二月一八日決定）が、彼はこれを拒否した。多くのユタ州公務員が、選挙と任命とにかかわらず、同じような婚姻関係を罰を受けることなく続けていることは広く知られている（ある市長は一〇人の「妻」を持っている）。にもかかわらず、マレー市はたとえ何の理由であれ、法令の条文をポッター氏に適用すると決意したのである。

ポッター氏は次のようないくつかの理由で復職を求めて告訴した。一夫多妻は彼の宗教信条が救済に必要と求めるものであり、したがって憲法修正第一条（信教の自由）にもとづく彼の権利が侵害されている。彼のプライバシーに関する権利が侵害されている。彼に対して刑法上の求刑は何も行われていない以上、彼は正当な手続きなく不利益を被っている。ユタ州が合衆国加盟の条件として一夫多妻婚を永久に禁じることを定めた法律そのものが（各種の理由により）憲法違反であり、したがって彼はそのような法を住民に遵守させる義務がない。

当初マレー市とユタ州に対してなされたこの訴訟は、一夫多妻婚を禁じる法があの画期的な「レイノルズ対合衆国」の裁判で一八七八年合衆国最高裁において合憲と定められて以来最も強力な、一夫多妻婚禁止法に対する挑戦であった。ユタ州裁判所（中央法廷）は事実審理を経ない即決裁判によってポッター氏の訴えを却下した。[†4] 訴状は連邦控訴裁判所（第十巡回区）に移された。ユタ州側は、主席法務官の主張として、州は合衆国議会の立法によってこの問題に関わることになった以上、合衆国が被告の中に加えられるべきであると強く主張した。連邦控訴裁判所は地方裁の判決を支持し、どの州もその立法府において州議会の三分の二の議決によって州憲章を修正しうるにもかかわらず、ユタ州が「永久に一夫多妻婚を違法とする」との条項を修正したことがない以上、州は合衆国議会の決定に黙服していることを意味する、との理由で、合衆国を被告に加える必要はないと決定した。[†5] これによって、合衆国はこの段階では責任を免れたように見えたが、合衆国最高裁判所での審理に関しては問題はまったく別であった。なぜなら、一夫多妻婚の禁止を合憲と認めたのは、他ならぬこの最高裁自身の決定だったからである。

しかし、一九八五年に事件が最高裁に上訴された際に、最高裁は事件の移送令状の受理を事件の審理がまだ適当でないとの独自判断によって賢明にも斥けた。一夫多妻婚は現状でまだ非合法である。ここにそもそもの問題が起因している。しかし、この章の最後で示唆するように、最近の事実婚の普及は、「結婚する権利」という原理問題に装いを変えて、同様の争いを再燃させかねないところがある。ともあれわれわれはしばらく手短かにモルモン教と一夫多妻問題の背景を見ておこう。

モルモン教徒と一夫多妻——神の有益な啓示

モルモン教の歴史に明るくない読者のために、若干の背景説明が望ましいだろう。説明を必要とされない方は次節までを読み飛ばされて結構である[1]。モルモン教の歴史は一八二〇年代のニューイングランドにおける宗教活動の沸騰の時にさかのぼる。この時シェーカー教徒、オウエナイト、クリスチャン・サイエンティスト、ユニバーサリスト、セブンスデー派、バプティストの分派騒ぎ、などが生じた。「全員婚」(だれもがだれもと結婚する)を主張するオナイダ共同体のようなさまざまなユートピア的実験が花開き、散っていった。

ジョセフ・スミスという男がバーモントに生まれ、ニューヨーク州北部のパミラの町で育った。彼も宗派論争で混乱した宗教少年の一人だった。彼が導きを求めて神に祈ったところ、神はモローニという天使の姿をとって彼に直接答え、金の板に書いた聖なる本を与えた。この本には、新世界にキリストが二度目の来臨をすることと、その土地の住民がたどる運命がどうなるかということが、書かれていた。これが天使の援助を得て翻訳されて『モルモン聖書』の起源とされたのち、再び埋められた。

スミスはキリスト教諸宗派の無能に終止符を打つ新しい宗教秩序を樹立し、神の本当の意志を再興することを命じられた。こうしてモルモン教会が誕生し、反資本主義、農業主体、共産主義的なユートピア的改革の教理がたてられた。それがどうして都会的、共和主義的、資本主義的、保守的、かつ全米的になり、やがて世界的な教会を目指すように変容するかは、近代アメリカ史の中の興味つきぬ一章であるが、ここでそこまで述べるのは行き過ぎだろう。

スミスは、自分の共同体の成功と迫害の両方が同時に進むという事態に動かされて、一八三一年に、以後のいくたびかの動きのうちの最初の挙に出た。はじめモルモン教徒は勤勉と荒れ地を改良する能力を買われて歓迎されるが、定着するとともにしだいに近隣社会のねたみと疑いの標的にされることになっていった。だから彼らはオハイオ、ミズーリを転々と移住した後イリノイに達し、そこで一八三九年ノーブーの町にしばらく定住することができたようである。

東部から移民してきた貧しい農民の多くは、土地と、共同農業と共有制にもとづくモルモン教の援助の約束に惹きつけられた。しかし、このような教理こそが資本主義経営や独立経営を行っている近隣住民の怒りを買い、ついに本当の暴力沙汰が起こって一八四四年スミスは群集に殺害された。

幸いなことに、スミスはブリッガム・ヤングというすぐれた後継者に恵まれた。ヤングは一八四七年、ユタ州の砂漠にいたる有名な西への移住を成功させ、その土地でモルモン教の州を建てて以後四〇年にわたって繁栄し、北部メキシコからカリフォルニアにいたるまで植民地をひろげた。この時代にはロッキー山脈の西側に広がる大高地は、ソルトレークシティを首府とするモルモン教徒の支配下にあった。慈悲深い宗教政治が、アメリカ資本主義のそれともカール・マルクスのそれともおよそ正反対の、共産主義的農業州を運営した。南部の貴族制と奴隷所有に支えられた農業の場合と同様、ここでも衝突は必至だった。北部の共和派は、大カトーさながらの執拗さで、奴隷制と一夫多妻制という「野蛮の遺制の双生児」[†6]を槍玉に挙げた。モルモン教徒にとって不幸なことに、一夫多妻問題は合衆国に、この敵対的経済ユートピアを攻撃する恰好の口実を与えることになった。

一夫多妻制はスミスの当初の計画にはなかったが、彼は当時ニューイングランドのコミューンで行われていた性的実験の影響は、当然受けていた。その上に、モルモン教徒の信者獲得は女性の場合にとくに成功が著しく、一八五六年には男子を上回ること二〇〇〇人というように、すぐに男性の改宗者を数的に凌駕するようになった。彼女たちは家庭と家族を約束されていたから、論理的にひとつの解決法しかないのは明らかであった。それが複数婚である。

スミスはこの構想をまだノーブー居住時代に懐き、やがて側近の者たちと実行に移した。モルモン教の指導者は「予言者」として神から直接の啓示を受け、絶対の権威であった。一夫多妻制は彼らの受けた有益な啓示のひとつであり、しばらくの間モルモン教の成功に絶大な貢献をした。しかしやがて破局が訪れた。それまでは、リチャード・バートン卿やチャールズ・ディルキ卿などの訪問者が、一夫多妻婚の家族がまじめで礼儀正しいと賞賛していたにもかかわらず、南北戦争に勝利を収めた合衆国政府は、この西部における許容しがたい敵対勢力の解体に乗り出し、その口実として「野蛮な」一夫多妻制の悪の駆逐を取り上げたのである。

議会で法案が通過し、連邦最高裁判所がレイノルズ事件の判例をつくり、軍隊がユタ州境に派遣され、モルモン教徒は投票権を奪われて政治屋の言いなりになり、教会財産が没収され、連邦保安官が「一夫多妻狩り」を一二年間にわたって行い、一二〇〇人を投獄し（この中に一年六カ月の刑を受けたレイノルズ氏も含まれていた）、家族は強権によって破壊された。一八九〇年までにはすべてのモルモン教の指導者が、投獄されるか姿を隠して逃亡生活を送るようになった。教会の第四代代表となり、予言者として君臨していたウイルフォード・ウッドラフはもう一つ別の有益な啓示を受け、神がモルモン教徒に、結婚に関しては国法を守るべしと告げた、とした。

法的にはこれでモルモン教徒は難を逃れうるはずであったが、外部の目は猜疑心を捨てず、同時に信仰深いモルモン教徒もこの啓示を疑った。最初スミスによって現実の必要から始まった習慣は、こうして宗教的信条と化した。実際には、モルモン教徒の男性の五％しか一夫多妻制を実行したことがなかったが、それにもかかわらずこれが宗教的理想となった。原理主義者たちは、とくに連邦政府の監視があまり厳しくないモルモン教徒の集落で秘密裏にこの習慣を続け、一方連邦政府はユタ州憲章の中に特別条項を設けるなどの嫌がらせをし続け、一夫多妻主義者を不法入国者のリストに加えることさえした（一八九一年）。これが問題の現状である。一夫多妻制は、当初背を向けた文明に対して驚くほど巧みに妥協したモルモン教会の公式の教義では、禁止されている。しかし、複数結婚あるいは別名「宗教信条に従った生活」は、神の言葉に従って生き、救済を得ることのできる唯一の道として、多くの信者によってなお崇められているのである。ポッター巡査は善きモルモン教徒の伝統に忠実に従っただけである。ただし、彼はそれを公然と行いその結果事件になったのである。

「レイノルズ」事件の支配的影響——事実誤認が良法を作る

モルモン教徒を特に標的とした議会の四つの法律が、合衆国で一夫多妻制を違法としている。一八六二年のモリル法、一八七四年のポーランド法、一八八二年のエドマンズ法、および一八八七年のエドマンズ－タッカー法である。この中で最後のものがモルモン教徒の家族を破壊し、教会財産を没収し、モルモン教徒の州を効果的に破壊した悪質な法である。モリル法は「一夫多妻制」を「すべての州と準州で」禁じるものであった。だから、ユタ州憲章が起草された一八九〇年に特別条項が挿入されたことは、この禁令を二重に保証したことになる。ユタ州は、モリル法の条件に同意しなかったと主張することはできないのである（この特別条項が強要によって挿入されたがゆえに無効との主張はユタ州対バーロー事件において退けられたが[7]、ポッター事件において、合衆国への加盟はすべての州において平等でなければならないゆえに、これはもともと無効であるという主張として再び争点となった）。モリル法の合憲性は例の典型な「レイノルズ対合衆国」訴訟事件において支持され[8]、一九四六年にも「クリーブランド対合衆国」訴訟で再確認された[9]。したがって一八六二年の立法と一八七八年の判例とが、依然としてこの国の法なのであり、ポッター氏の訴訟が実際に挑戦したのはこの法律なのであった。

レイノルズ事件の判決は、単に一夫多妻制を禁じる法を支持しただけではない。それは、いまだに適用可能なある一般原則を立てたのである。すなわち、憲法修正第一条が信仰の自由を保護しているにもかかわらず、ある宗教行為が「良俗に反している」と認められればこの修正条項の保護を受けることができない、という一般原則である。

この原則は、最近「ウイスコンシン州対ヨーダー」事件[10]で変更された。メノー派の請願者が、宗教上の理由で一四歳を過ぎた子供たちを公立学校から退学させることを求めた裁判で、法廷は誠実な信仰から生じる宗教上の行為に州が干渉する場合は、州はそれをする「止むをえざる理由」が存在することを証明する必要がある、としたのである。いいかえれば、公衆の福利が問題の行為によって危険にさらされていることを証明する義務が、州側に課されたのである。そのうえ法廷には、そのような行為の直接的禁止以外に「当の宗教行為を制限する限定的手段が存在しないかどうか」を検証する任務が課された。それまでにさまざまな判例が「ヨーダー」事件の判例を予告していたが、(2)その後も「トーマス対レビュー・ボード」事件†11や「合衆国対リー」事件†12でも追認され、バーガー判事がこの見解を再度敷衍した。

これと関係の深い争点が、「結婚の権利」である。ここでも一連の事件(「マイヤー対ネブラスカ」事件†13、「スキナー対オクラホマ」事件†14など)の判例で、州がいかなる形であれ結婚の権利に干渉する場合には、州はそうしなければならない「絶対不可欠の理由」を示す「厳格な審理」が必要だとされ、しかもその理由は州政府の行政利便などの下位の理由ではなく、最上位の憲法上の諸権利に照らして審理されることになった。鍵となった「ラビング対バージニア」事件†15では、最高裁はバージニア州の白人黒人人種間結婚禁止法を違憲として斥け、憲法修正第一四条の「正当な手続きと保護の平等」に関する条項にもとづいて、結婚の権利を支持した。同様に重要な「ザブロッキ対レッドヘイル」事件†16(スチュアート判事賛成)でも、この「結婚の権利」原則は人種差別に関する場合だけに限られず、あらゆる「憲法の保障する自由に対する不法な侵害」に対して適用される、と確認された。侵害が不法でないといえるのは、個人のまたは公衆の健康あるいは福利が脅かされていることが証明できる場合に限られる、と。(3)

この「止むをえざる理由」と「厳格な審理」とが宗教上の行為および結婚の権利に適用されるとする原則は、一夫多妻制のケースに対して干渉するにあたってユタ州はそのような「止むをえざる理由」を明らかにしていない、という理由でモルモン教原理主義者が訴えを起こす道を開いた。ポッター巡査の、地方裁判所および合衆国控訴裁判所に対する訴えはまさにこのような主張にもとづくものであったが、後に見るように奇妙で非論理的な根拠から斥けられたのである。

一方ここで、最高裁がかつて二つの鍵となる事件――「レイノルズ対合衆国」（一八七八）および「クリーブランド対合衆国」（一九四六）――において、一夫多妻制がたとえ誠実な宗教上の信条にもとづいてなされた場合にも「良俗に反する」あるいは「社会的義務を侵害する」行為であり、したがって一八六二年モリル法のもとに、合衆国議会はこれを禁止することができる、とした事実関係と論拠とを見ておく必要があろう。

まずレイノルズ事件の判決から問題の部分（ウエイト首席判事によって書かれたパラグラフ一六四―一六六）を示し、私の批判が公正なものかどうかを読者に判断してもらおう（この判決の他の部分は、当初レイノルズ氏にかかわる裁判に関する法律上の専門事項に関係したものであり、これはまたレイノルズ氏の上訴の問題点でもあった。これに関しては法廷は明快でかつほぼ公平な見地を示していると言うことができる。なお、レイノルズ氏はモルモン教徒のリーダーであったブリッガム・ヤング氏の秘書であり、この訴訟はモリル法の合憲性を問う意図的な裁判であったことも付け加えておく必要があろう）。私は、一七八五年合衆国憲法制定に関する討論の際にトーマス・ジェファーソンが述べた見解を検討したあとで、この判決を引用しようと思う。ジェファーソンは「政府の法的権限は行為に対してのみ適用できるのであって、意見に対して適用されるものではない」との見解を述べ、同時に憲法は「あらゆる人々の自然権を回復し」なければならないが、当の人間は「社会的義務に反して自然権を持つものではない」とした。法廷はジェファーソンの権威に従いつつ、次のように結論している。

議会は単なる意見に対しては何らの立法権も保有しないが、しかし社会的義務に違反する、または善良な秩序に対して有害な行為には自由に立法権を行使することができる。

この原則を一夫多妻制に適用しつつ、判決は次のように論じている。

一夫多妻制はヨーロッパの北部および西部の諸国においてはつねに憎むべき悪習であり、モルモン教会の設立まではアジア人とアフリカ人にのみ見られた特徴であった。英国慣習法においては第二番目の結婚はつねに無効であり、[†17] またイギリス史の初期以来一夫多妻制は社会に対する犯罪として扱われてきた。教会裁判所の成立以降ジェームズ一世の時代まで、この行為は教会裁判所の決定によって罰されたが、これは単に宗教上の正義が侵害されたからであるばかりでなく、同時に教会裁判所が世俗裁判所から分離以降も、結婚に関する係争や結婚の権利に対する侵害は教会裁判所によって裁かれることが最も適切と判断されたからである。これは、教会裁判所が遺言に関する係争や故人の不動産の帰属に関する判断を最も適切に担当しうるとされたことと、同様の理由からである。

ジェームズ一世の法[†18]により、一夫多妻制の罪がイングランドまたはウエールズにおいて犯された場合は世俗裁判所がこれを処罰してよいことになり、罰は死刑とされた。この法律は最初適用がイングランドとウエールズに限られていたが、早い時代に、若干の修正はあったもののすべての植民地で再制定された。とくに、一七八八年一二月八日、信教の自由を定めた法律の通過の後、またバージニア州議会が「すべての人間は、良心の命じるところに従って宗教を信仰する平等かつ自然にして、奪うことのできない権利を所有する」との合衆国憲法への修正の提案を可決した後、この州の議会がジェームズ一世の法律を、死刑の条項も含めて制定した事実を、本件との関係で注目すべきである。なぜなら、その前文は「重婚または一夫多妻制が本共和国の法によって処罰可能かどうかは従来疑問とされてきた」と留意しているからである。[†19] この時以降今日まで、合衆国のいかなる州においても一夫多妻制が社会に対する犯罪を構成しなかった時代は存在せず、世俗の法廷において審理され重刑によって処罰されるものでないとした事実もなかったとすることが妥当である。この事実に照らして、憲法が信教の自由を保障したことは、〔一夫多妻制という〕社会生活の根幹に関わる問題を禁止する立法を不可能にするものであるとは考えにくい。結婚はその本性からして神聖な義務であるが、にもかかわらずほとんどの文明国において民事契約であり、通常は法の規制を受けるものである。この契約の上に社会が成立していると言うべきであり、またその結果の上に社会関係と社会的権利義務が発生するのであり、政府はこれらに対して関心を持たざるをえない。事実においても、一夫一婦制と一夫多妻制のどちらの結婚が許されるべきかという判断にもとづいて人民の政府が立脚する諸原則が作られていることを、多かれ少なかれわれわれは知るのである。リーバー教授は述べている――一夫多妻制は家父長制に導き、このような制度が社会全体に適用されれば人民は常態的専制政治に束縛される。また家父長制は一夫一婦制と長く共存することができない[†20]。ケント判事は、教授のこの見解が注目すべき深遠な学説であると考察している。一夫多妻制をとる例外的土地が例外的な指導者のもので周辺の人々の暮らしを攪乱することなく続くということは、時折は起こりうるであろう。にもかかわらず、たとえ憲法が制限していない場合においてさえ、政府がその域内で一夫多妻制と一夫一婦制のどちらを社会生活の法とすべきかを規定する適法な力能を持っていることは、疑いの余地がない。

本裁判の争点である法律に関しては、それが議会の法的権限に属するというのが本法廷の見解である。同法律は、州内ならびに合衆国の排他的支配下にある地域内に居住するあらゆる人々の行為を規定するものとして、合憲でありかつ妥当である。

「レイノルズ対合衆国」裁判の判決は、実際上この当時いわゆる既成事実とされていた論拠の上に成り立っていた。この既成事実が既成の偏見にとって耳当たりよかったことは、判事たちに仕事をやりやすくしたのは事実であるが、このような場合のすべてに起きるように、判決は次の疑問にはなにも答えていなかった。すなわち、もしこの判決の誤りを証明する事実が存在したときはどうするか、という疑問である。事実誤認の上に良い法が成立することはないという前提からいえば、もし事実誤認があったときには法が変えられなければならない、という結論になる。原則を再確認することはもちろん可能であろうが、その再確認は異なった多様な事実に立脚してなされるべきである。

この判決が示しているものは、民族移動、歴史などに関する知識の現状についての意見であり、また判決を左右したのは複数結婚、および複数男女関係に関する社会的意味づけである。

いま私は複数結婚と複数男女関係とを区別したが、これは議論が進むにつれて重要になる。「結婚」という語を、ここでは法が許した男女間の住居、所有、子供に関する契約、およびこれらの合法性、等々という常識的な意味に限定して使用する。そこで、複数結婚は男ないし女のどちらかがこのような契約を持つことになる。用語を相互に区別しておくべきかもしれない。一人の男が数人の女性と結婚することをポリジニーと呼び、一人の女が複数の男と結婚することをポリアンドリーという。ポリガミーというのは、厳密にいうとこれらの複数結婚のどちらをも指しうる言葉であるが、通常は一夫多妻の同義語として使用される。

「複数男女関係」は私の用語であり、偶然な関係（これは単に複数性交である）でない関係を指し、それを法律が適法な結婚と認めるかどうかとはかかわりなく両当事者およびその子供について一定の持続的な関係があることを意味する（例えば子供は、法的には多分合法でないかもしれないが「父親」から何らかの考慮を受ける）。単一の結婚だけが法的に認められる場合でも、第二の結合が習慣や社会によって（法によってでなく）事実上の結婚というに近いほどの承認を受けるのは珍しいことではない。時にはこのような結合を法が承認した場合（例えば非合法の子供に相続の権利を認めたときなど）は、このような結合を第二の結婚と呼んでよいかもしれないが、しかし法は普通子供の権利を認めてもその両親の結合を合法とは認めないことが多い。ここで述べようとしていることには、ほとんどあらゆる単婚制のもとでこのような複数男女関係が行われているという事実が含まれる。だから、複数男女関係という概念は最も包括的な概念であり、複数結婚はその中の一つの事例にすぎない。また、ポリジニーとモノガミー（単婚制）との主要な相違点はつぎのように言い表すことができる。どちらの制度においても複数男女関係は起きるが、ポリジニーのもとでは複数の結合が合法な結婚と認められ、それに対して単婚制のもとではこの中のひとつだけが合法と認められる、と。だがすでに見たように、この二つの相違の間に画然とした区別を設けることにはしばしば困難がともなう。

私はつぎの二節ではレイノルズ判決の際に論じられた法律上の諸問題や、また特にそれやクリーブランド対合衆国裁判に関して生起した憲法修正第一条の問題には立ち入らない。私は主としてこれらの中に引用された歴史的、人類学的「事実」[4]に関心を払い、またクリーブランド事件でのマーフィー判事の興味深い異論に注意を払うことにする。

レイノルズ事件 対 人類史——一夫一婦制とは何か

レイノルズ事件の判決は、憲法修正第一条が「意見に」対して適用されることは認めたが、議会や法廷は「社会的義務の違反や良俗に反する行為に対して禁止する自由が許されている」とした。したがって法廷は、このときに一夫多妻制が良俗に反していることを論証する必要があった。しかし、法廷は証拠に基づいてモルモン教徒の中で複数婚が「社会的義務に違反している」か、または「良俗に反している」ことを論証しなかったことに注意する必要がある。明らかに、モルモン教徒に関してはこのような判断は誤りであった。そこで法廷は複数婚が「北および西ヨーロッパの諸民族においては悪習とされ」、かつ「ほとんど例外なくアジアおよびアフリカの人々の生活に限られる習慣」と論じたのである。

問題に注目するために、ここで少し立ち止まることにする。法廷はその議論の中でこのような行為（一夫多妻制）が「社会的義務に違反している」または「良俗に反している」ことを示さなければならなかったが、それをせず、単にある民族で「悪習である」とだけ述べた（同時にこれを「悪習と見る習慣」は長い時代にわたって定着している、と論じている）。この論理からわれわれにわずかに許されていることは、この行為が「悪習」であるからには、こうした「悪習」を行うことが社会の多数者に対する「社会的義務に違反している」に違いなく、またこの社会的義務違反によって多数者が傷つけられるから「良俗に反して」いるに違いない、と推測することだけである。そこから分かるように、これは端的に多数者の無謬性という論拠の上に立つものであり、この論拠は一八七八年においてさえ明白に退けられていた。そのような理由から、法廷はさらにこの「悪習と見る習慣」が「長い時代にわたって定着している」とし、社会的に不適当なものと見なされていると論じる必要があったのである。

このために、法廷は一夫多妻制を（ほとんど）完全に「アジア人やアフリカ人の」ものとした。これは地球上の大きな部分を無視することであり、[5]また（法廷がセム系人をアジア人、アフリカ人、あるいはその両方にまたがると考えたのでない限り）セム系人を明白に除外することであった。「北方または西方ヨーロッパ人」がその宗教をセム系人から直接受け継いでおり、またモルモン教徒が当惑しながら論じたように、この宗教が一夫多妻制を完全に宗教上の掟に叶ったことと見なすセム系人の聖書に由来している以上、この除外はまったく奇怪なことである。キリスト教の諸民族はこのセム系のテキストを編纂したものを神の言葉の啓示と見なしているのである。きっと法廷は、この問題を避けて通る方が賢明と考えたのであろう。実際この問題には何らの言及もなされていない。

判決のこの部分の含意はまったく人を唖然とさせる。その論理を文字通り解すると、アジア人やアフリカ人に見られる一夫多妻制は「社会的義務の不履行」および「良俗の破壊」と同義語であり、アジア人やアフリカ人ならかまわないが、キリスト教徒諸国民にとっては悪習ということになるのである。私は人を唖然とさせると述べたが、事実今日これは呆れるほどの偏見である。もっともこのような考えは、社会進化の思想が知識人に支持されはじめた一八七八年当時の、白人で、一夫一婦制で、キリスト教の文明こそが進化の階梯の頂点にあるとするあからさまな人種主義と不可分の要素であった。この点についてはこれ以上論じることを避け、読者の良識に委ねようと思う。(6) また、乱暴に排除された世界の多くの部分の結婚習慣に関しては、後に立ち返ることとする。というのも、法廷自身が判決の中でこの問題点に関して、歴史を論拠にしているからである。

判決はその「論拠」として「イングランドの歴史のはじめから複数婚は社会に対する犯罪」であり、またこれは事実だが、重婚禁止法は植民地において再制定されたと述べている。

実際には法廷が事実として示したのはジェームズ一世の治世に一夫多妻が犯罪とされたことである。†21 この時代以前には、この裁判は教会裁判所において裁かれた。法廷がなぜ複数婚が教会裁判所で裁かれたかに関してそれが「もっとも適当な」場所であったからだと性急に主張しているのは、私の意見では、一六〇三年以前には第二の妻をめとる問題について関心を持ったのは、そもそも結婚に関しての関心と同様に、主として教会であり、国家はほとんどまたは全く関心を示さなかった、という事実を故意に隠蔽しようとする作為のせいであると思われる。法廷の性急な論述が隠蔽しているのは、教会が結婚をその統制下に置こうとし、その結果引き起こされた教会と国家との裁判権をめぐる長期にわたる争いの歴史の全貌である。

一般に結婚は、複数婚も含めて、なかなか教会の裁判権下に服しなかった。民衆がこのように教会の裁判権を嫌った事実は、一九世紀のイングランドやウェールズにまで及んでいる。(まだなかば異教的な大衆を相手にしていた) キリスト教会が最初に行った試みは、なんとか (それまで習慣的に行われていた)「婚約」を教会の門前において聖職者の立ち会いのもとで行わせようとすることであった。教会が結婚を完全に統制できる (異議の申し立てを尋ね、結婚を告示するなど) ようになったのは、一七五三年のハードウィック結婚法後のことであった。それとてもしばしば無視されたのであるが(7)。

教会が結婚に対する統制をこれほど欲し続けた事実は、それも国家から奪うというより異教的な習慣から奪いたがったのは、キリスト教会が結婚に対して取った態度という問題に照らして検討する必要がある。聖パウロは「放火よりは結婚の方がましだ」といったが、このような態度は多くの神学者によって敷衍され、教会内のある種の「反セックス」の立場に発展した (オリゲネス、クリソストモス、アウグスティヌス、アクイナスなどの著作を参照せよ)。セックスは罪と同一視され、したがって唯一の合法的性交は、教会によって聖別された結婚だけであった。だから当然これは一夫一婦制である。こうして教会の聖別した結婚が、セックスを敵視しながらも許容される生殖の最大公約数となった（もちろん独身がより神聖な状態とされたが）。コンスタンチヌス帝の改宗とローマ正教会の成立（紀元三三〇年頃）から後、さらにシャールマーニュのもとで神聖ローマ帝国が作られた時（八〇〇年頃）から後には、この教義は法典化されて強制されるようになった(8)。

だがここで、二つのことを問うてみる必要がある。第一に、教会が一夫一婦制を強制した（最初はグレゴリウスによって六〇〇年頃）以前には、複数結婚はこれら北方および西方諸民族で「悪習」とされていたかどうか、第二に教会のこの強制は効果があったのかどうか、である。どちらの問に対する答えも「ノー」である。ここで長々と史実に立ち入るわけにはいかないが、一夫多妻、一妻多夫どちらの種類の複数婚の形態もケルト族やゲルマン族の間で盛んであった。シーザーはブリトン人についてどちらも存在すると書いている。グレンドンは婚姻法と婚姻の歴史に関する優れた概説の中で次のように明確に記述している。

初期のゲルマン族の間では、結婚しているかどうかは、単に妻と子供の、夫とその家族に対する立場がより安定であるという点でだけ他の性的結合と異なっていたにすぎない。結婚と、それより下位ではあるが禁じられていたわけではない結合との区別は、ローマ法やトレント公会議以前の教会法にも見られ、また一六世紀までのフランスにおける法律にも見られる（注7参照）。

アングロサクソン人の間では「出来合いの妻」も妻としてのあつかいを平等に受けていた。貴族や王家は公然と一夫多妻制であり、カロリング王朝の王位奪取に先立つフランク王朝、メロビング王朝は完全な一夫多妻制である。またカロリング王朝は（クロービスのもとで）法王と「政教協定」を結び、これによってやがて神聖ローマ帝国が誕生することになるのだが、[9] それにもかかわらずこの王朝のメンバーが一夫多妻をやめたことは一度もないし、やめるように求められた事実もない（メロビング王朝時代が学芸や識字率の点で一頂点をなしていたことは注目されてよい。この王朝が終わり神聖ローマ帝国時代にキリスト教の一夫一婦制が定着すると共にヨーロッパは暗黒時代に転落し、以後何世紀間もこの時代のような高度の文化を回復することができなかった）。教会はこの時代に異教徒といってよい農民を改宗させようと躍起になっていた。シャールマーニュ自身が複数婚を実行し、多数の妻妾をかかえていた。ヨーロッパで貴族として「旧家」に属するものたちのほとんどがこの家系の子孫であるから、フランスでメロビング王朝の末裔と称して王位を主張したものは、この「複数の妻たち」の子孫である。

では、かりに複数婚が「つねに悪習」ではなかったとしても、新興の教会勢力の努力はこれを悪習とすることに成功したであろうか。そもそもキリスト教の一夫一婦制は定着したといえるのであろうか。先に見たとおり、王たちは教会にさまざまなリップサービスをしたにもかかわらず一夫一婦制を真剣に考えたことなどなく、その意味で国家はジェームズ一世の治世までこの制度に無関心というよりむしろ敵対的であった。教会がこれほど一夫一婦制に固執しなかったなら、おそらくイギリスで宗教改革などというものは起きなかったにちがいない。

さてここで、ふたたび複数結婚と複数結合との区別という問題に帰る必要がある。キリスト教が（文字通りの意味で）成立して以降は、一夫一婦制が唯一の合法的結婚形態であった、ということに関しては誰にも異論がないであろう。ところが、短い期間だがこの例外が起きた。三〇年戦争後のドイツで、国家と教会が戦火に荒らされた国土に人民を呼び戻そうとする努力の一環として一夫多妻制を合法化したのである（同じことが同じ理由で一九一七年革命の直後にロシアでも起きた。一夫多妻制を非合法とする考えが否定され、複数結合が排斥されなくなった）。そこで、当の疑問である複数結合が常に「悪習」であったかどうかという問題に対する答えは当然「ノー」なのである。しかし、この答えは「正統派」キリスト教徒の一夫一婦主義者で一八七八年時点の「社会秩序」の擁護者たちにとってはとうてい許容できないものであった。彼ら自身が清教徒的キリスト教のなかでも特別に清教徒的なもの達の申し子だったのである。

にもかかわらず、さまざまな形態の複数結合は常に存在していたし、また現在でも存在し続けている。クリストファー・ヒルが活写したように、一七世紀のさまざまなユートピア的セクトは天なる調和を地上に実現するための複数結婚を提唱した。同様の思想は合理主義的な一八世紀にも台頭し、一九世紀にはさらに強力な形で再浮上した。中世の宮廷恋愛（騎士と既婚の「レディー」との）はプラトニックであることを理想とした。もっとも、中世のものが本当にプラトニックであったかということには疑問を呈する歴史家が数多い。これは中世のポリアンドリー（一妻多夫制）について興味深いモデルとなり、後世非難はされたが一向になくならない女性の男友達や男妾の原型となった。その他、複数関係、妻妾制度、第二の内縁の妻、領主の初夜権、女奴隷の所有、さらにロシアでは例えば拡大家族の中の義理の娘、などのさまざまな習慣が複数結合の根強さを証言している[10]（ここでは売春制度は数えない。これは単なる複数性交であり、完全に複数結婚の社会でもごく普通に存在するものである)。

　なかでも有名な複数婚の代表は、もちろんヨーロッパの王家や貴族である。この人々にとっては複数婚は例外というより規則のようなものであった(複数婚の社会にあってこれは常識であり、もっとも裕福で力のあるものがもっとも多くの結合相手を持つ可能性が高いことは念頭に置く必要がある)。もったいぶったヴィクトリア時代でも――ヴィクトリア女王自身の宮廷でさえ――複数との結合は盛んであった。プリンスオブウェールズ時代のエドワード七世は公然と多くの女性を相手にし(その中でもリリー・ラングトリーが一番有名だが)、この女性たちは宮廷に受け入れられ、また彼の妻とも友好的であった。これも長い時代の伝統であり、例外ではなかったのである。ハノーバー家の王たちも「公式に」複数の女性を持っていたが、例外的に「暴君」と見なされたジョージ三世だけは完全に一夫一婦であった。多くの女性を持ち、彼女らを貴族にし裕福にすることは不動の伝統である。イギリスでもフランスでも、またヨーロッパのほとんどの場所で、一七、一八、一九世紀を通じて名誉ある伝統とされ、一部の社会では今日まで続いている。

　このような習慣は、私の定義に照らせば真性の複数結合であることに注目することが重要である。法的に一人の妻があり、かつ他に多数の、多くは「公式の」女性がいて彼女たちもそれぞれ称号と宮廷での地位を持ち、その子供たちも完全な貴族として受け入れられるものである(フランスのブルボン家やイギリスのチャールズ二世などがその例である)。これらの子供たちは王家の紋章と「ベンド・シニスター」という庶子の記号を配した家紋を与えられた。イギリスでは、王家や貴族の庶子で貴族の位を与えられなかったものも、その出自を示す「フィッツ Fitz」(ノルマン系フランス語の fiz de、すなわち〜の息子を意味する）という姓を名乗ることができた。あの堅苦しいキリスト教徒でダーウインの進化論にショックを受けたビーグル号の船長が「フィッツロイ」という姓であったのは、歴史のほほえましい皮肉の一例であろう。この姓はチャールズ二世の庶子であることを示すものであったが、彼はこれを自分が王家との血のつながりを持つことを示すものとして、非常に誇りとしていた。[11]

このような多様な複数結合の諸形態が秘密のものではなく、また社会的、時には法的に厳密に定められた習慣に則っており、教会からも有効な干渉を受けることなく（事実上その黙認さえ受けて）、かつ社会的義務を怠ったり良俗に反したりすることもなく何世紀にもわたってつづいたことは、いくら強調しても強調しきれないほどである。教会もまた、セックスを敵視する時代から無関心の態度を取る時代に変わっていた。教会内部でさえ、複数婚や乱交のような「異端」が容認され、「キリスト教的一夫多妻」の概念を擁護する多くの神学者や教義解説者さえ現れた。これについてはケーンクロス（注10参照）がくわしく述べている。[12]法王や枢機卿の中にさえ複数の女性を持つものがいた。

ここで述べているのは、複数結合では誰もが幸福だといったことではない。それはコレットの作品が証言するとおりである。そもそも問題の主眼はそこにはない。逆に一夫一婦制においてどの程度の人が「それ」を幸福と感じているか、といっても同じことである。離婚統計から考えれば半数には満たないだろう。問題点は、このような多様な複数結合の諸制度が当事者を満足させるかどうかではなく、この制度が社会全体にとって「悪習」とするべきかどうかという点にあるのであり、事実は明白にそうではなかったのである。そこで、裁判所が（レイノルズ事件で）「一夫多妻は常に悪習であった」としたのは法律上の結婚に関して述べているのであり、いいかえれば法にとって「悪習」だということなのである。法廷は重婚禁止法を証拠として上げているが、それが示しうることは単に一夫多妻制が法に反する――これはなんら当面の問題でない――ということだけであり、複数結合一般が法廷のいうように不快なものだということにはならないのである。もちろん裕福でないものにとっては、複数結合を行うことが常に容易であるとはいえない。にもかかわらず裕福でないものには独自の複数結合の手段が存在し、この手段というのは奇妙なほど予言的な性質を持っていた。すなわち、彼らは端的に法律上の結婚の枠外に止まり、そうすることによって自由に相手を交換し複数の相手と同棲した。これは法とも結婚儀式とも無関係であるから、重婚でないのである。一九世紀のイギリスの都市ではこれがたくさん存在したことは英国議会報告書の中で雄弁に語られており、エンゲルスもディズレーリもこの報告書から大量に引用している。(13)

さらに実例を加えるのは容易なことであるが、目下の問題の本質は原理を明らかにすることである。キリスト教の一夫一婦制は、複数結合を習慣とした社会に対して狂信的な宗教上の独身主義が押しつけた女性嫌悪である。キリスト教社会はこの押しつけにいやいやながら順応した。地獄の劫火への恐怖や、異端審問への深刻な恐怖やが人々の多くを従わざるをえなくしたことは、疑問の余地がない。しかし社会層の頂点と底辺にいた人々がこの一夫一婦制を避けて何らかの複数結合を実行した。一九世紀の後半の道徳観を支配したのは、キリスト教のこの「理想」に執着し、反セックスの伝統においてジャンセニズムの後継者というべきであったカルビニズムを信奉するブルジョワ階級であった。複数結合を、その実行はもとよりそのような考えさえ「悪習」としたのはこのような社会層であり、彼らのスポークスマンともいうべき判事たちを通じてこの偏見を歴史に対して押しつけたのである。この「伝統」は、密かに行われる複数性交は許容した。しかし、複数結合の制度化すなわち一人以上の女性との性交をあからさまにかつ真摯に告白することは、断じて許さなかったのである。しかし、この階級特有の偽善の結果として、彼らは簡単に離婚し一夫一婦を何度も繰り返すという方法によって複数結合を実行する方法を発明した。

レイノルズ事件と民族誌——一夫多妻制の実状

私たちは次に、レイノルズ事件とクリーブランド事件の判決が提起した厳密に民族学的な疑問に立ち返る必要がある。すでに見たように、レイノルズ事件では複数結合が「北方系の諸民族」にとっては歴史上長期にわたって「悪習」であったという（架空の）論点を提示した関係で、法廷は複数結合それ自体が社会的に有害であるということを「論証する」必要に迫られた。これらのいい加減な人種主義でも、複数結合が「アフリカ人およびアジア人」に特有だといっただけですますわけにもいかなかった。彼らはそれが好ましくないことを示さねばならなかった。

このために、彼らは危険な民族学的冒険を行った。まず次のような社会学的原理を作り上げる。

結婚はその本来の性格からして神聖な義務であるが、同時に多くの文明国では契約でもあり、通常は法によって規制される。社会は結婚の上に形成されるということができ、その果実から社会関係や社会的権利義務が成立するのであり、政府は必然的にこの問題に取り組まざるをえない。「文明国」などという小細工を大目に見れば、ここには特に異論を唱えるほどのものはない。あらゆる社会が結婚から「形成」されるというのはやや極端であろう。しかしどの人類学者も、生命の再生産をどうするかが社会システムの中心問題だという点では、たしかに異論を唱えないであろう。だがしかし、議論はここから次のような意外な方向に発展しはじめる。

事実においては、われわれは一夫一婦制と一夫多妻制とのどちらの結婚が許されているかに従って、人民の政府に関する原理が多かれ少なかれ決定されるということを知っている。

この決定関係の多少について、判事たちが少なかれではなく、多かれの方の解釈を理由なく取っていることは、次の部分からわかる。

一夫多妻制は家父長制を導く。そして家父長制は社会全体との関係ではつねに間断ない独裁政治のもとに人民を置くことになる。一方こうした家父長制は、一夫一婦制のもとでは長く続くことができない。

この曖昧な論点が一夫多妻制に反対する法廷の中心テーマであったとは、過度に強調しない方がよいだろう。先に見たように、一夫多妻制を人種的劣等性に帰するだけでは不十分であったというのが真相であるから。法廷は、一夫多妻性が「社会秩序にとって有害」である等々のことを示す必要があったというわけである。

ところが、このことが一向に明示されていない。一夫多妻性が「家父長制」と「間断ない独裁政治」との基盤であることは、また一夫一婦制がこれらと相容れないことは、どのような根拠からも「明示されて」いない。

人類学的証拠を持ち出すまでもなく、「なぜ家父長制は社会秩序と相容れないか？」と直ちに問うことができる。事実は、「家父長制」に関してなら一八七八年の合衆国最高裁は、別に一夫多妻制の例を持ち出すまでもないことを指摘してくれるフェミニズム歴史家を大勢見出すことができたであろう[14]。また、「間断ない独裁政治」が「文明」とも「一夫一婦制」とも相容れない証拠がどこに示されているだろうか。ヒットラー時代のドイツはほとんど過度といってよいほどに一夫一婦制であったし、その点ではフランコ体制下のスペインもソ連邦も同じであった。端的に言って、法的に結婚を許容される相手の数と政治体制との間に直接関係があることを示す証拠は、かけらほどにも存在しない。さらに、「アフリカ人やアジア人」は「絶え間ない独裁政治」の状態にあったとも解すべきなのだろうか。レイノルズ事件でケント判事が論拠としたリーバー教授の主張なるものも、なんら有効な根拠となりえていない。

リーバーの主張というものについては特に何の注釈もないが、問題の教授とはフランシス・リーバー（一八〇〇—一八七二）のことである。倫理学、法学、政治学について旺盛な著述を行った人物であり、一八二八年から一八三二年にかけて『エンサイクロペディア・アメリカーナ』の編纂をし、一八五八年から没年までコロンビア大学の教授であった。『政治倫理マニュアル』（一八三八）、『法と政治の解釈』（一八三七）などを含む主要な著述はこの裁判の時代以前に書かれており、ほとんど一八世紀のものといったおもむきである。一夫多妻制に関する言及は著述のあちこちに散見するが、この著者自身が世界で最も道徳的に優越した国に住んでいるとうぬぼれていた独善的なキリスト教的一夫一婦主義者であるから、彼の一夫多妻制に関する言及は明らかに否定的なものである。彼は熱烈な反連邦分離主義者で、モルモン教の州とこの州の一夫多妻制とを「政府の道徳的基盤」に対する脅威と見なしていた。

その中でも法廷が暗に言及しようとしていたのは、彼の最も有名な、一八五五年に『パットナム』誌に掲載された「モルモン教徒――ユタ州を連邦に残すべきか？」という文章であろう。リーバーはその頃のあらゆる標準的な政治的偏見に冒されており、当然ながら一夫多妻制について特に詳しかったわけではない。事実自分の主張を「自明」として、当時のわずかな知識を引用する労さえほとんど執っていない。彼が書いたのは（シャトーブリアンからの引用にもとづいて）一二、一三、一四世紀の一夫多妻制や乱交に関する異端の例に対する不快感の表明である。そしてこれらの時代を道徳進歩の階梯の下端に属するものと片づけ、最高の階梯が一八三〇年代の合衆国（北東部）だといって満足している。もし一九八五年になってもリーバーの論述が法の基盤として有効だったという事実が存在しなかったら、それが時代遅れだとか、事実に関する――地上の九〇％を無視しているという意味で――無知の産物だとかを論じる必要もないような代物である。

一見して馬鹿らしいとわかる事柄をあげつらうだけでは非歴史的になるおそれがある。リーバーの見解は、すでに触れたがこの当時の進化論に付き物であった思考様式の一部にすぎず、最高裁の判事達にとっては多かれ少なかれ当然と考えられていたことは、今日私たちがこの反対の見解を当然と見るのと同じ程度であった。それにもかかわらず、現行の法がこのような見解を基盤としているという事実は依然として残る。今日では独裁者や独裁体制が、法的に(かつ事実の上でも)一夫一婦制でありうることははっきりしている。にもかかわらず、レイノルズ判決におけるこの(一夫多妻制が独裁政治を「導く」という)決定的な論拠は生き続けるのである。

問題は、一九四六年のクリーブランド対合衆国事件の判決を見るとますます深刻になる。これには誤審に対する弁解の余地がさらに少ないからである。この時法廷はレイノルズ事件の「悪習」という判断を好意的に引用しながら、さらに「モルモン教会対合衆国」事件[†22]の次のような判決まで引用する。

一夫多妻制が広く行われるようにと社会を組織することは、ある意味で野蛮への回帰である。それはキリスト教の精神に反し、またキリスト教が西欧社会にもたらした文明に反するものである。……

一夫多妻の家庭を作り維持することは、悪名高い乱交そのものの例である。

以下、同じような判決文が続く。

一八七八年に偏見と誤解だと認められても、一九四六年時点ではその見解が受け入れられ、なお現時点の法の基盤となりうるのだろうか。「クリーブランド」事件の判決が不可避的にそうさせるように、合衆国最高裁は、アフリカ人とアジア人とは一夫多妻制を実行しているがゆえに必然的に野蛮と乱交とに堕し、恒常的な独裁制に苦しむのだ、と考えると結論しなければならないのだろうか。この見解は、当然一夫多妻制を許容した（また現在も許容している）ネイティブ・アメリカンの人々にも適用されると考えざるをえなくなる。法廷がこの点について今日でも同じ見解を再確認するかどうか尋ねてみたいものである。

そもそも一夫多妻制やその結果や随伴現象ついての事実とは、どのようなものだろうか。複数婚の形態がさまざまであるのにつれて、これらの実体は多様である。にもかかわらず、一夫多妻制が許されあるいは実行されている社会の方がそうでない社会より多く、またなんらかのかたちの複数結合は事実上世界中で行われているという点で事実は判決と異なっている。

手始めに取り上げるには、「クリーブランド」事件におけるマーフィー判事の少数意見がもっとも適切であろう。彼は他の判事たちと異なって一八七八年当時の無知な社会進化論の中に安住していなかった。彼が特に強く反対したのは、州境を越えて女性に一夫多妻をさせるのは「売春や乱交」に等しいという意見であった。彼は、自分は「複数婚を擁護するのではない」と断りつつ、まず「何が事実であり、何が事実でないかを理解しなければならない」と主張した。事実とは、複数婚が社会的に規定され制度化された結婚の一形態だということである（彼は結婚の諸形態の中に「グループ婚」を含めているが、これには確認された事例が少ないので、今日の人類学者の多くはこの見解に同意しないであろう。しかし当時までにグループ婚の可能性については人類学の中で多くの議論があったので、マーフィー判事がこの問題についてさまざまな文献に非常に通暁していた証拠となる)[15]。彼は、一夫多妻制は「結婚の基本的形態のひとつ」であるとする。「歴史的に見れば、これは他のあらゆる形態をしのぐ結婚の形態であった。古代文明ではごく普通の習慣であり、旧約聖書の書き手によって何度も言及されている」と彼は指摘する。したがってわれわれは、一夫多妻制が他の結婚形態と同様に宗教的信条にも、またその宗教が信仰される社会の規範にも深く根ざした文化的制度であることを認識しなければならない。「一夫多妻制は、社会的および道徳的原理に基づいた結婚形態である。それをこのようなものと認識しかつ取り扱うことが必要である」。

この尊重すべき見解を引用し続けることもできるが、すくなくとも一九四六年に合衆国最高裁判事の一人が良識を持って事実を確認しようとし、また一八七八年判決の人種主義にもとづく陳腐な決まり文句を反復することに満足しなかったという事実をもって、それに代えることができよう。判決は壊滅しかかっている。一夫多妻制は、これを好むと否とにかかわらず、西欧文明にとって歴史的に悪習でもなかったし、無縁でもなかったものであり、また仮に過去において独裁政治と共存したことがあったとしても、必然的に野蛮で独裁的な政府を導くというものではありえず、いかなる意味でも性的放縦とは同一視しえないものである。これが存在するところでは承認された合法的な結婚の制度であり、歴史的に見ても人類学的に見ても圧倒的多数の社会で承認され、推奨され、また実行されている結婚の形態なのである。

歴史的に短い期間存続したにすぎない、奇妙な反セックスの偏見をともなったキリスト教の一夫一婦制の方が異常なのではないだろうか、という疑問が起きる。これへの回答は、然りかつ否であるという箴言めいたものになる。否の理由は、他にも（極端に少ないとはいえ）一夫一婦制の文化が存在するから、ということになる。然りである理由は、このように一夫一婦制を強制した神学というものは他に例がないからである。私たちは、特に植民地時代にこの一夫一婦制が世界中に振りまかれたために、あたかも一夫一婦制が規範であるかのように感じ、これがキリスト教的人工性の支配の結果であるという事実を見失いがちになる。しかし、実際はこれは純然たるひとつの価値判断にすぎないのである。中国は、マルコ・ポーロ到着以前にすでに高度の文明を形成しており、ヨーロッパはこれに容易に追いつくことができなかった。ただこの文明が、工業技術に反映されるような性質の文明でなかっただけである。もともと文明とは工業技術に反映されねばならないものというルールなど、どこにも存在しない。この高度な文明を持った中国では、中国版共産主義という全体主義が出現するまでは、もっとも広く一夫多妻制が行われていた。共産主義によって「独裁政治」が達成されるとともに、中国は法的に一夫一婦制になった。

初期の人類学も、一八七〇年代においてさえ、一夫多妻制が一夫一婦制に比べてより多くの社会で行われていたことを知っていた(16)。しかし、彼らも工業技術とキリスト教が頂点だという人工的な進化論の階梯思想を普及させたという点で、責任があった。このような思想が捨てられ、諸文化が単に異なった生活様式として扱われるようになると共に、一夫多妻制を自動的に「優越させる」考えは捨てられるにいたった。

諸文化の特徴を相対化する端的な数量的扱いの最初の試みのひとつが、一九一五年にホッブハウス、ウイーラーおよびギンスバークによって公刊された。一八七八年から一九一五年までの間に、新しい人類学的資料が北米、アフリカ、および特にオーストラリアからもたらされた。この三人の研究者たちは、四四三の社会に関する事例を「低い狩猟段階」から「高度の農業段階」までの七つの「段階」に分類した。さらに、一夫多妻制を「まれに行われる」ものから「一般的なもの」に分類し、この分類方法が三七八例について有効であることを発見した。彼らの結論は次のようなものであった。

一夫多妻制はもっとも一般的な規則であることがただちに分かるが、同時に、(a)一夫多妻制が行われる程度には大変多様性があり、(b)「高度の農業段階」以外ではあらゆる段階で一夫一婦制の例もわずかに散見され、(c)強度の一夫一婦制はきわめて例外的であるが、(七段階のうち)四段階で存在する。[†23]

ホッブハウスたちはこの分布の理由についてある「推測」——貧困を一夫一婦制の否定的要因と見なす(いいかえれば貧しい人々は一夫多妻制を行えないとする)——を行った。しかしそれ以外は、彼らは一夫一婦制が特定の段階と結びつくという見解を取っていない。

もちろん彼らには彼らなりの問題点もあり、それは彼らが「高度の農業」段階で止まってしまったことである。実際には一夫一婦制は「工業テクノロジー」と強く結びついており、その理由は経済的である場合と宗教的である場合とがある。一方では工業社会の高い移動性が小さな家族単位にとって有利という面があり、一夫一婦制の核家族が実現可能な最小の単位だったということがある(このことは、歩行による移動だけが可能な貧困地帯にも当てはまる)。他方では高度な工業テクノロジーにもとづく社会が、中国と日本の登場までは、キリスト教と一夫一婦制にもとづく社会であり、キリスト教であるがゆえに一夫一婦制のみが（法的に）許容されたという事実があった。

世界中で複数婚が圧倒的に優勢であったことから、過去に一夫一婦制は生態学的な抑制が働いた結果として成立したのか、それともイデオロギー的な強制の結果であるのか、どちらかであると決論されたことがある。[17] 後者の場合には、教会と国家、または単独に国家から、大規模で影響力の強い親族集団という潜在的な敵対者に対して、強制が加えられた結果であった。

ホッブハウス、ウイーラーおよびギンスバーグの研究の後に行われた研究は、より洗練された標本を使用した——例えば「高度工業」段階の社会を加えるなど——ので、特定の文化圏からの過度の影響を消去するような修正がなされた。そのような修正がなされた結果でも結論に変化はない。一九四九年のマードックの研究は、一夫一婦制一七％に対して一夫多妻制を許容するか規定するものが八三％であった（標本数二三八）。また彼が一九五七年に五六五の社会について収集した資料では、七七・五％が一夫多妻制、二一・四％が一夫一婦制であった（一妻多夫制が一・六％）。フォードとビーチ（一九五一）は一八五の社会に関する資料のうち一夫一婦制はわずか二九％としている。これまでに最大の標本数を用いたのはバーギニオンとグリーンバウム（一九七三）の八五四例であり、ここでも「排他的一夫一婦制」は一六％に対して、八三％が一部または完全に一夫多妻制であった。[18] 以上から得られる結論には誤解の余地がない。すなわち人類社会の七七％ないし八三％において複数婚が合法的に実行されている。

これらの事例研究はすべて法律上の結婚を考察している、いいかえれば複数結婚を論じているのであり、単に複数性交を問題にしているのではないということを強調する必要があろう。われわれ自身の社会を含めて一夫一婦制を望ましいとしあるいは強制している社会でも、ほとんどの場合さまざまな形態の複数結合はまれではない。この結果、ホッブハウスらが一夫一婦制の方が多いとした「低い農業段階」では、この人類学者たちは「離婚が容易で頻繁に行われる」とも指摘している。この見解は多くの疑問をも引き起こし、また私たちの価値観が他文化の価値観よりよいと考えたがる願望も引き起こす。そこで、私はより中立的な「配偶者の変更」あるいは「配偶者の交代」という術語を使用したいと思う。[19] さらにこれら以外にも、国家ないし教会の法が一夫一婦制を要求していても、それが実際に習慣には反映されていない事例が存在する。たとえば母系制の家族が特定の男子を必要とせず確固として持続しており、配偶者の「変更」が一定期間行われた後に、ライフサイクルの遅い時期になって結婚が行われるような場合である（例えばブラジル、カリブ地方、モーリシャス）。また、私たちのシステムは離婚と再婚が容易で、結婚の五〇％が離婚によって終わるから、「時系列的一夫一婦制」が備わっているということができる。結婚を何回してもよいが合法的な妻は一度に一人だけ許容されるからである。したがって、これもまた一種の複数性交の形態と考えてよく、実際に一六ないし二四％の「一夫一婦制」をよく観察すれば、何らかのかたちでの複数性交が可能でありあるいは行われているといってよい（これに関する注目すべき例外はクレア郡の農夫に見られるアイルランド人の場合である。[20] もちろんこの事例もキリスト教に改宗後のアイルランド人であり、ケルト的異教時代の姿ではない）。

このように、社会的に見て一夫多妻制が優勢であり複数性交にいたってはほとんど圧倒的に多いということができる。にもかかわらず、レイノルズ事件とクリーブランド事件においては、たとえ事実がどうであれ、一夫多妻制は道徳的あるいは政治的理由から望ましくないとされたことが、想起されねばならないのである。私たちは政治的理由の方はただちに退けることができる。「一夫多妻制」を「野蛮」や「独裁」と同一視するのは、宦官などに警備させたカリフの後宮のようなイメージからの捏造にすぎない。それよりも、私たちは国家または国家と教会の同盟が強力になり独裁的になるにともなって、一夫一婦制を強制する傾向が強いことを見てきた。教会は独身の神職者を必要とするし、国家は成績主義や政治信条で選抜された官僚を必要とする。この結果教会も国家も、強い親族集団が形成されることに抵抗する。英国がスコットランドの氏族を破壊したことや、傲慢になった連邦政府がモルモン教の一夫多妻制を破壊するのは、全体主義的、専制的政治体制が一夫一婦制を強制することを当然とする、今日も続いている傾向を裏書きする最近の二大事例である(少なからぬ反モルモン教キャンペーンが、喜々として一夫多妻制を奴隷制と同一視した。南部の富豪たちが愛人と奴隷の「ベッドの女性」の両方を抱えていたこと、いいかえれば強度の複数性交を実行していたことがこの同一視を助成したことは疑いない)。

一夫多妻制が道徳的退廃を意味するという見解は、すなわち一夫多妻制は売春、性的放縦、乱交などと同一であり、不道徳を意味するという見解は、マーフィー判事が雄弁に述べているように、馬鹿げた考え方である。複数結婚が行われている文化の中においては、この結婚の形態とこれらの不規則な行為との間にはわずかな類似点すら存在しない。これらの複数婚は完全に制度化された結婚の形態であり、人々の経済生活や政治生活において中心的役割を果たしている。それは彼らの社会構造の有機的一部であり、彼らの親族構造、政治や経済、世代継承制度、相続や土地所有、さらには宗教信仰における彼らと祖先との関係などが、この制度なしには意味を失ってしまう[21]。これは私たちの社会における一夫一婦制と同様に注意深く維持され、むしろ多くの場合より安定性が高く、子供たち、老人たち、親戚たち等々への配慮の点でも、より行きとどいている。人類学者が知っている一夫多妻制のもとに生きている人々は、放縦や売春や乱交にはすくなくとも連邦最高裁の判事たちと同じくらいショックを受けるであろう。たとえば姦通は普通きびしく処罰されるし、妻や子供の権利を含む結婚のプロセス全体が法や習慣によって注意深く保護されている。このことを記述しようとすれば一八七八年以降編集された何百という慎重な民族誌を引用する百科全書的な作業が必要になり、この場では不適切であろう（代表的な研究を数例に限って注記し参照の便宜に供しておく[22]）。

ここで述べていることは、一夫多妻制の家庭なら平和と調和が必ず見られるということではない。そのようなことは事実としてありえない。私が主張していることは、これらの社会における一夫多妻制は私たちの社会における一夫一婦制と全く対等な地位にある、ということに尽きる。当然ながら、一夫多妻制のもとに暮す万人がそれに満足しているわけではないだろう。私たちの社会の離婚統計が示す、五〇％の人々と同じ不満を持つ人々もいるだろう。しかしそのことが問題なのではない。結婚の形態とは、だれかそれに満足できないものがいるという理由で禁止すべきものではない。もしそうであったら、最高裁は逆に一夫一婦制を禁止せざるをえないはめになったであろう。ともあれ、人類学的事例は一夫多妻制の家族が一夫一婦制の家族より安定性が高いことを示している。そこでは、妻たちの間の喧嘩や嫉妬を最小限にするためのつぎのようなさまざまな工夫がなされている。

一、姉妹との結婚（姉妹婚型一夫多妻）。姉妹は他人より同じ屋根の下で協力する場合が多いようである。

二、親戚関係にない複数の妻を別々に住まわせ、それ以外のさまざまな財などは平等な共有にする。

三、妻たちの間で性的、経済的、地位的な立場が平等であることをきびしく要求する。

四、妻たちの間で厳密な権利の階層を要求する。たとえば年長の妻たちはより高い特権をもち、これによって魅力の点で年少の妻たちに対して不利があることを代償する。

これらの多様な一夫多妻制の成功例に関しては多くの事例がありうるが、なかでもよく知られているのはクロー・インディアンの姉妹婚、高原トンガ族（アフリカ）の別居制、マダガスカルのタナラ族の完全平等制、ポリネシアのトンガ人の厳格な年功制、などである。[23] これらの工夫が常に有効というわけではない。いずれも過ちを犯す人間のやることだから。しかし、だからといってそれが特定の結婚形態を禁止する理由にはならないことはすでに述べたとおりである。

したがってこれらのおびただしい人類学的資料が示す限りでは、一夫多妻制がそれ自体で安定性、当事者の満足、構成員に対する責任、などの点で望ましくないと結論する根拠はどこにもないのである。むしろ実際には資料からはその反対が考えられるようである。離婚と再婚が頻繁で、子供が両親から引き離されることが多く、その結果義理の親子関係が頻繁に生じる（これは多くの子供の虐待の原因とされる）[24] ことや、父親の責任が解体してしまうこと（離婚した父親の八〇％が一定期間子供の養育をしていない）などのすべてが、私たちの時系列的一夫一婦制が一夫多妻制に比べても深刻な問題を抱えていることを示唆している。事実私の知っている一夫多妻制の民族は、私たちのことを不道徳で無責任だと見ている。一八六一年に、「アフリカ人およびアジア人」の性的習慣に関する高名なエキスパートであるリチャード・バートン卿はソルトレークシティーの住民の禁酒、誠実さ、淫乱や売春に対する責任感の高さをイングランドの都市住民の堕落と比較し、興味深い結論を述べている。[25]

だから法廷が一夫多妻制を非難したいのであっても、制度自体が堕落しているとか、不道徳であるなどといった根拠は採用しえないのである。仮に一夫多妻制が堕落しうるとしても、同じことは一夫一婦制にも起きるのである。このようなものが反対の論拠になりえず、またすべきでないのは明白である。私たちは過去の判決を誤審であったと許すこともできるが、今日までどの法廷もそのような反省を表明していない。

反論に対するありうる異議——一夫多妻制とは何か

ここでの論述の目的が一夫多妻制の完全さ（これは事実に反するが）を証明することなどにないことは、何度も繰り返しておく必要がある。論述の目的は、法廷が好ましくない社会的傾向（専制政治とか乱交とか）が必然的に一夫多妻制に随伴するとし、また一夫一婦制のもとではこのような社会的傾向が「長く続きえない」、とした判決が、有効な論拠を示していないことを明らかにすることにある。法廷の結論は端的に間違っているのであり、それ以上のものではない。しかし、万一法廷が一夫多妻制を違法とするために他の「事実」なるものを探して異議を唱えようと考えた場合に何が起きるかをあらかじめ予想してみよう。

一夫多妻制のもとでは女性が財産同様に扱われるという異論は、これまでも見られたものである。そのような事例はありうるだろう。しかし、フェミニストの歴史家ならすぐに指摘することであろうが、同じことは一夫一婦制のもとでも起きた。したがって、一夫多妻制それ自体が女性の地位の低さの原因だということにはならない。多くの一夫多妻制の社会で女性の地位が一夫一婦制社会のもとでより高かったことを証明することができる。

一夫多妻制は男性の利益のために女性を不利な地位に置くことになるという異論もなされてきた。この反論も、一夫一婦制が特に女性の利益に力点を置いて行われているわけではなく、また一夫多妻制のもとで女性が有利な点があることが明確であるから、正当性を証明することが難しい。結論はなにを基準として論じているかに依存する。

一夫多妻制は裕福で社会的権力の強い男性のための制度だという異論もある。これは多くの事例で正しいが、しかし同じことは一夫一婦制が行われている社会で正当化されている複数性交に関しても言える。このようなことを行いうる財力を持ったものは、平均の人間より多く生殖能力や父となり父権を行使する傾向があるのはたしかである。この後の方の問題は重要である。というのは、一夫多妻制であれ一夫一婦制であれ、どちらの社会の場合にも女性が子供の出産に関しては少なからぬ影響力を持っていることが多いからである。女性たちがつねに単なる無言の召使いにすぎないと考えるのは、女性の知恵に対するそれ自体男性中心主義的な過小評価にすぎず、リーバー教授の見解同様に馬鹿げている（注14参照）。「強力なものによる一夫多妻」は、一夫多妻制自身の責任ではない。このような事例のいう一夫多妻は、結果であって原因ではないのである。多くの一夫多妻制の社会では、小規模で比較的階層化がないものでも、生涯の妻の数ができるだけ公平になるようにと女性の結婚年齢を下げ、男性の結婚年齢を引き上げることが行われている。これは認識されるべきことであろう。これによってどの男性集団にも妻が保証される状態が作られ、充分に長生きをした男性はだれでも一夫多妻になることが保証されている。

すでに見たように、レイノルズ事件の判決は一夫多妻制と「恒常的な専制政治」とを結びつけるために、以上のような様々の異論を修正しつつ利用している。なかでも判事たちが念頭に置いていたのは、中国皇帝、モロッコのイスマエル王、アシャンティやズールーの王たち、ハイデラバードのニザームやトルコのパシャなどなどの「オリエントやアフリカの支配者たち」の大規模な後宮の一夫多妻であったことが示唆された(26)。この種の極端な一夫多妻は、端的に極端な事例にすぎない。これらは一夫多妻制の例外であり、ほとんどパロディーとしかいえないものである。これらの支配者は女たちの集め方も含めて極端である。イスマエル王は八〇〇人の女性を抱えていたが、同時に（ほとんど理由もなく）三万人の人をみずから殺してもいる。法廷がやったようにこのような事例を一夫多妻制の代表にするのは、ヘンリー八世や女王エカテリーナを一夫一婦制の代表にするほどばかげた議論である。これらは一夫多妻制の大多数とは何の関係もなく、したがって、すでに一貫して論じてきた通り、結婚形態と政治体制の間の関連を説明したことにならないのである。民主社会は「万人が平等」という感覚と法的平等という理念とになじみやすいという理由で、一夫一婦制を好む傾向があることは事実である。しかし、「個人の自由」や「信教の自由」といった同じように民主的な理念とは背反するおそれがあることも、すでに見たとおりである。

一夫多妻制の社会では女性が結婚に関してまったく選択の自由を持たない、という議論もなされる。では反対に一夫多妻制が道徳的、法的、経済的、身分的、あるいは宗教的義務である場合に、男性が選択の自由をもっているといえるかどうかは、議論の余地がある問題である。だがそのことを別にしても、選択の自由がどちらにどれほどあるかという問題は、歴史や人類学に知られている限りの一夫一婦制の社会でも同様に起きるということは事実である。もし人々（単に女性だけでなく）が結婚において選択の自由を獲得したとすれば、それは一夫一婦制の結果ではなく高度工業化し民主化した諸制度のせいであり、一夫一婦制が決め手であったという証拠はほとんど存在しないのである。一夫一婦制の普及が諸制度のこのような変化と同時に起きたとしても、前者が後者の原因であるということを意味しない。それというのも、一夫一婦制は高度工業化した全体主義的諸制度ともまたよく適合するからである。

同じような議論として、一夫多妻制のもとではフェミニズムが起きる余地がなかっただろうという主張が、私に向けられたこともある。これもまた的外れな議論である。フェミニズムは社会が一夫一婦制であったから台頭できたわけではなく、高度工業化した民主主義のせいで台頭したからである。また、前工業段階の一夫一婦制社会でフェミニズムが見られないという問題もある。私的自由全体が工業化と民主主義の産物であり、一夫一婦制それ自体の産物ではない。一夫多妻制を許容する近代社会が工業化し民主化すると（例えばイスラム教諸国で）私的自由と女性の権利がどうなるかを見るのは興味深いであろう。これらの中には、第一の妻の同意を条件として第二の妻を持つことを許すようにしようという動きが見られる。とはいっても、多くの伝統的な一夫多妻制の社会では、すでにこれがもともと存在するルールとして確認されていた事実には留意した方がよい。人類学者はさらに、多くの事例において家族労働の負担を分散するために夫がさらに別の若い妻を持つようにと要求するのは妻たちであるという事実を報告している。

これらより手の込んだ異議は次のようなものである。社会学者や社会史学者は、移動性に富んだ一夫一婦制の核家族と近代工業社会の労働需要の間には機能的関係があるという説をたてている。これを前提に考えると、レイノルズ事件における法廷は、事実上「一夫多妻制という結婚形態の逆機能」の拡大を阻止しようとしてこの近代社会に不可欠の関係を「保護」しようとしていたのだと考えられないか、と。(27)

これにはいく通りかの答えがありうる。まず、ウエイト判事(およびこれを採用したクリーブランド事件の多数意見)は、このような議論を行っておらず、またこのような関係に気づいていたとも思えないことには留意しておく必要がある。かれの一夫多妻制に対する反対はすべて不道徳とか専制政治との因果関係などの論点にもとづくものであった。しかし、このような機能的関係が存在することを認めれば、法廷は暗黙のうちにこれによって動かされていた、すなわち一夫多妻制が近代工業にとって「逆機能的だ」という事実に暗黙のうちに動かされていた、と考えることはできないだろうか。それはありうるかもしれない。もっとも、工業と農業との混合からなるモルモン教社会自体はかぎられた一夫多妻制のもとでも充分機能していたと考えられるし、一八七八年当時にすでにそのことは主張されていた論点であったことには注意しておく必要があろう。さらにまた、先に指摘した通りいかなる社会でも裕福で大きな権力を持つものは、複数結合をなんら罰せられることなく実行している。この意味では金を持つものにとってはこれは逆機能にはならない。その上、労働人口の中に女性が増加し、近代的輸送手段による通勤者の雇用がひろがるにつれて、過去においては非常に裕福なものに限られた特権であったことも今ではちょっとした金持ちならできることに変化した。いまや有名な「共稼ぎ」は容易に「三人共稼ぎ」になることができ、ある種の一夫多妻のライフスタイルに必要な住宅その他の便宜を手に入れることができるようにさえなった。私は、ニュージャージーやコネチカットに妻を持ちながら都会の中に快適な住宅を持つ働く愛人を持っているニューヨークの法律家を、何人も知っている。

一夫一婦制の解体から分かることは、一夫一婦制の最悪の敵は自分自身だということであり、それを保護したいのなら合法的な一夫多妻制を攻撃しても無駄だということである。さらには、この解体は実は病理現象などではなく、工業社会から脱工業社会への変化、労働集約的経済からサービス集約的経済への変化、一夫一婦制にもとづく核家族が必要とされる社会から一夫多妻制を含む多様な拡大家族形態を維持しうる社会への変化、などに対応した正常な現象と見るべきではないかということである。それはともあれ、この異議に関しては私たちは次のような問を発してみるべきであろう。そもそもわれわれはどの程度まで憲法上の権利や人権を犠牲にしてまで、このような〔経済制度の〕「機能的要件」に膝を屈するべきなのだろうか、と。かつて南部経済は黒人奴隷を機能的要件としたとか、英国の工場や鉱山では児童労働が機能的要件であった、という議論がしばしばなされて支持された。

しかしこのような議論は、私たちの社会がこのような「機能的要件」を廃止するために遠く困難な道を進むことを阻止しえなかった。私はこの種の社会学的議論が特別の説得力を持つとは考えない。

法の推論——止むをえざる必要性の有無

しかしこの種の機能的要件という議論が、法廷によってレイノルズの正当性を再検討せよという主張を斥けるために用いられていることを見ておくのは、この場所にふさわしいことであろう。これによっても、法的論理というものの持つ奇妙な性質を、形を変えて知ることができる。ポッター事件では地方裁判所は止むをえざる必要性という原理は「判例、原理、概念、歴史、法的決定、公共政策など、法廷が考慮すべきものを越えて経験ならびに証言によって得られる証拠にもとづく審理」を法廷に要求するものではない、としてこのような審理を不必要だと主張した。さらにクリステンセン判事は「近代社会において、公認されていないために不利益を受けている、実際に行われていると主張されるところの」習慣を考慮せよという主張を却下するにあたって、この訴えは「一夫多妻制を単に規制するだけでは一夫一婦制を保護する目的を達することができない以上、それを禁止するしかない州の止むをえざる必要を認識していないゆえに無効」という論拠を使用した。控訴裁判所もこの論点を容認し、つぎのような象徴的な言明を行った。

一夫一婦制はわれわれの社会の中に不可分に組み込まれている。われわれの文化はこの制度の上に築かれている[24]（結婚は家族および社会の基盤であり、「双方の忠誠」にもとづくものである）。この基本的価値に照らして、州は複数婚の禁止を維持し強制し一夫一婦制の結婚関係を擁護する止むをえざる必要性に関して正当であると認められる[25]。

私がこれを「機能的要件」説の法的言い換えの一種だと述べている意味を、はっきり理解していただきたいと希望する。むしろこれを次のように表現すると、この主張の奇妙さが分かるだろう。一夫一婦制は現実であり、現実は十分な理由があってそうなっているのであり、だから州はそれを維持する「止むをえない利害」を持っているのである、と。この論法によって法廷は「レイノルズ」事件の置かれた事実上の基盤を無視できると同時に、一夫多妻制が必ずしも良俗に反するものではない等々のあらゆる証拠を無視することができる。実際に、法廷は一夫一婦制が「法の網の目」によって守られているということ以外のあらゆる事実を無視し、州がこの網の目を維持する止むをえぬ利害を持っているのだと主張する。

しかし、「レイノルズ」事件で一夫多妻制が事実においていかなる点で良俗に反しているのかも、また「ポッター」事件において一夫多妻制が「一夫一婦制の結婚関係」に対していかなる点で危険であるのかも、このやり方によって一切説明されなかったことを想起してもらいたい。仮に危険であると仮定しても、法廷はそれはいかなる意味からであるのかを説明する義務がある。「現に存在するものは正しいのだ」という主張の可否は、一度も真剣に検討されていない。原告の連邦最高裁への上訴は次のように述べる。

かつていくつかの州で黒人に差別された施設を使用し、投票権の適正テストを受けることを要求し、バスの後部座席に座ることを要求する政策が取られた。原告であるポッター氏の要求が、もともと違憲である政策に反しているからという理由でこれを斥けることは、それ自体憲法違反である……憲法違反である政策は正当な政策ではありえない。

上に述べられている〔黒人差別の〕政策はすべて、当時「社会の中に不可分に組み込まれている」と主張されていた。そのことは、憲法上の権利の名において法廷がこのような組み込みをやめさせることを妨げはしなかった。

地裁の判決は、同じ問題に関してもっと重大かつ明白な矛盾を含んでいた。クリステンセン判事は、マレー市とユタ州が要求する「必要にして止むをえぬ関心」からする要求を決然と否定した。まず、彼はマレー市が「市の巡査に刑法と職務上の誓約とを遵守させる」止むをえぬ必要性を否定した。「これは」、と彼はいう。

過度の単純化であり、また論点の回避である。他の点では適性を持ち有能な公務員を、単に憲法違反である法に抵抗したというだけで解任するのは、それ自体違憲である……当面の審理の要点は原告自身に適用され、これに反したとされる法が合憲であったかどうかにある。

ここまでは上出来である。現状に依拠した「必要にして止むをえぬ関心」というひとつの要求は、その現状の合憲性こそが問題だとして厳しく斥けられた。

さらにクリステンセン判事は強く言葉をつぎ、現状に依存する主張そのものを全面的に拒否するのではないかとさえ見えるようなところまで進む。

州が立法において一夫多妻制を是正するためのさまざまな措置を取りうる以上、州に一夫多妻制を禁止する止むをえぬ理由が存在するという請求もまた、それ自体不十分である。ブラウン対教育委員会事件[†26]やミランダ対アリゾナ州事件[†27]などにおいて理解しうるように、すべてを憲法の要求に逐一照らすのは煩雑だという論点は、憲法論を回避することを正当化するものではない。

「すべてを憲法の要求に逐一照らすのは煩雑だという論点は、憲法論を回避することを正当化するものではない」という言明は、簡潔かつ雄弁に現状がこうだということを論拠にした議論を、完全に葬り去っているように見える。止むをえぬ必要という論点は、憲法を順守する上でたとえ州政府が耐え難いほどの困難に当面するという場合でさえ成立しない。これは人種差別、バスの座席差別、アファマティブ・アクションなどにおいてもこの通りであり、合憲性が優先した。

しかし、クリステンセン判事は州政府に止むをえぬ必要性を認めうる場合があると信じており、その場合には問題となる法以外になんら外的な証拠を必要としないと考えている。ではそれはどのような場合なのだろうか。宗教的信条にもとづく例外という問題を要約し、また宗教的信条とは何かを論じた上で、判事は次のように結論する。

社会秩序の基盤となっている一夫一婦制を維持するためには、一夫多妻制を止むをえない理由によって禁止する以外に合理的な選択肢が州にとって存在しないと法廷は判断せざるをえない。この禁止に対して「宗教上の」信条にもとづいて真摯に行われる一夫多妻制を除外例とすることは、除外例を大部分主観的要求による理由によって拡大解釈し複雑化する結果となり、州の止むをえない理由にもとづく政策の力を回復不能な程度まで損傷する結果となる。

まずなによりも（原告の憲法修正第一条にもとづく権利に立脚しているにもかかわらず）宗教上の信条を「主観的要求」と称するところに、疑わしさがある。それというのも、州が一夫多妻制の実行を非合法とする真に止むをえない理由を立論しえないかぎり、宗教信条の如何にかかわらず一夫多妻制を実行してはならないという理由は存在しないからである。特にこの判決の中の止むをえない理由の主張は、注目する必要がある。このような理由とは「社会秩序の基盤となっている一夫一婦制を維持する」ことにあるとされる。しかし、ユタ州が事実一夫一婦制の基盤の上に成立しているという証拠も、一夫多妻制以外にこの社会秩序を解体させる結婚形態がないかどうかの証拠も与えられていない。それどころか、次のようなことが述べられている。

ユタ州は、その政策と公共的関心とを一夫多妻制の刑法による禁止によって示しているのみでなく、その他の広範かつ網羅的な法のネットワークを確立しており、この事実によって複数結婚に反対し一夫一婦制を維持する止むをえない必要性、ならびに一夫一婦制の上にのみ基礎づけられた州内秩序を関心事とする必要性を有していることは明確である。

これでは、一夫一婦制の「上に築かれて」いるのは「社会秩序」の全体であるばかりか、判決文のどこにも明示されていない「広範かつ網羅的な法のネットワーク」までが係争点とされることになる！　控訴審は、おそらくどのような諸法のネットワークなのかが明示されていないことに当惑したからか、九つの法をあげた脚注を付けている。それにしても「広範かつ網羅的な法のネットワーク」とは。わずかな言い回しの変更（例えば「妻を妻たち」とする）によって一夫多妻制を許容するかどうかが決まるほどに網羅的な法などというものはありえないことは自明である。にもかかわらず、この事実さえも法廷自身が認めるように、現状がどうであるかは、原理問題に比較すれば重大さは低い。憲法の要求に応えることがどれほど煩雑であろうとも、煩雑であるからこの要求を無視してよいことにはならない。そうである以上州が（いかに広範で）包括的な法の網を確立しているとしても、この変更のために引き起こされる煩雑さを理由に憲法上の要求を無視する止むをえない必要性を主張できることにはならない、という原理に比べれば重大さは低いのである。

持って回った言い回しを使用する法的論議に馴染んでいない部外者が、微妙な重要論点を見落とすことはもちろん起こりうるであろう。しかし平易なコモンセンスにとっては、地裁の論拠にも控訴審によるそれの性急な補強にも（また内容的には連邦最高裁による審理の却下にも）、見え透いた矛盾が存在することは明白である。一夫一婦制が「われわれの文化が築かれている基盤である」という漠然たる論法は、一夫多妻制を許容することが有害であると証明する証拠の代わりにはなんらなりえていない。またもしこの論法がたまたま真実だと仮定すれば、「われわれの社会生活」は――われわれの文化の基盤などとまでいうに及ばずとも――深刻な困難に遭遇していることになる。というのも、法廷自身も立法機関も離婚を容易にすることによって一夫一婦制による核家族の終焉に手を貸していることになり、そのことの方が一夫多妻制を禁止することよりはよほど法による保護を必要としているように思われるからである。離婚を容易にし家族の分裂を促進する法の方が、結婚の重要さと神聖さを主張している一夫多妻制の擁護者より「われわれの文化の基盤」に対してはよほど深刻な打撃を与えているといえる。

上に述べた法的詭弁は、過去のレイノルズ事件の判例は果たして正しいかどうかという争点を、なんとしてでも回避しようという試みとして興味深い。法廷がレイノルズ判決に示す好意はほとんどやましさと紙一重である。クリステンセン判事は、先に引用した地裁の判決文の中で、これまでにこの判決が時代遅れになっている可能性を示唆したのはわずかにダグラス判事だけであると指摘している。

法廷が反社会的と断定した行為は、たとえ高度かつ真摯な宗教信条に裏付けられているとしても、処罰されうるものである。われわれは今日少なくともこの点に関連しては、宗教組織にかつてよりはより自由な活動の余地を開こうとしている。したがって、レイノルズ事件の判例はいずれ覆されるであろう。[28]

地方裁判所も控訴裁判所も、これまでに「レイノルズ」判決が肯定された事件(これには当然すでに論じた悪名高い「クリーブランド」事件も含まれる）を長々と数え上げており、その有様はあたかも同じ過ちを繰り返していれば過ちも尊重に値するといわんばかりである。クリステンセン判事は、「レイノルズ」判決にも多少の問題点があったということを認める。

この判決は、人間を生け贄にすることや妻を殉死させることと同じ理由で一夫多妻制が良き社会秩序に有害としていることを別にして、なお憲法修正第一条との関連において信念と行為に関する適切な分析を過度に単純化し……また宗教的信条の真摯さに関して道徳的判断を下す際に慎重な配慮が欠けていたと考えられる（同上）。

このような異論（この章全体で展開した反論は言わずもがなであるが）をすべて無視しつつ、クリステンセン判事は「レイノルズ」判決はなお「良き法」であると主張する。その理由は何か。理由は、それが「あらゆる政府はその領域内において一夫多妻制と一夫一婦制とのどちらが社会生活上の規則であるかを決定する合法的な権能を持っている」としたからである、と。

これが真相なのである。では、このような帰結をもたらす九つの法を数え上げれば、法廷はこれらの法を精査することがあまりにも煩雑であると決定する権能を持ち、したがって信教の自由と結婚の権利を抑圧する止むをえない必要性があると決定する権能を持っているのだろうか。そのような権能が判事たちを、判例、原則、概念等々だけに依存し、他にいかなる「事実」も検討する必要から解放してくれる限りにおいて、答えはイエスなのである。

この結果、「レイノルズ」判決はヴィクトリア時代の埃まみれのトロフィーのように博物館に飾られ、批判的に検討されることはありえなくなったのである。なぜなら余儀ない必要を決定するにあたって「事実」にもとづく審理が無効となり、また法的詭弁と社会的便利が事実と容易に置き換えうることになったからである。連邦控訴裁判所は「レイノルズ判決はいずれ最高裁によって却下されるであろう」とする。しかし下級裁判所の法的論理がこのような状態であっては、それが実現する可能性はほとんどないと結論するしかないようである。

結論――正直さは危険か

一夫多妻制に関する社会学的および法的反対をさらに取り上げることも可能であるが、レイノルズ判決における法廷の論旨を覆すには複数結婚が理想的制度であることを証明する――そのようなことはもともと不可能だが――必要など全くなく、ただ単に一夫多妻制が必然的に不道徳な政治的・社会的状態を生み出すとは主張できず、だから社会的義務の侵害や社会秩序の損壊と直ちにはいえないことを示せば十分であるということは、何度も繰り返しておく必要がある。一夫多妻制が乱用されることも不正に導くこともありうるが、それをいうのであれば一夫一婦制も全く同様である。そして一夫一婦制に乱用や不道徳に導く可能性があるのなら、一夫多妻制に乱用のおそれありという論旨は一夫一婦制を特権化する理由にはなりえない。それにしても、私たちは一夫多妻制の卸売りをしているわけではないから、いいかえれば誰もが一夫多妻をやれといっているわけではないから、こうした議論をやりすぎると当面の問題に比較して学問臭が強くなり過ぎるきらいがある。これまで論じたことは、一夫多妻を実行したいと望むものに対してそれを禁じるために法廷が説得的な論理を持ちえていないということである。これは当然男性にも女性にも同じく当てはまる。どんな女性も無理に一夫多妻に引き込むことはできない以上、法廷の判決は結婚の形態に関して女性の選択の自由を制限していないかどうかに関しても妥当な判断となりえていない。止むをえぬ必要性という原理は、それによって憲法上保証された「結婚の権利」に介入することになる以上、このような制限が起きていないかどうか、という憲法問題も引きおこすものである。

私はこれまでのところ、人間という種にとって一夫多妻の方が一夫一婦制より「より自然」といえるかどうか、という面倒な問題には立ち入らなかった。問題となっている判決にはその問題は関連性があるといえないからである。問題が複雑になりやすいのは、「自然」というものの中には「結婚」というものは存在しないのに対して、一夫多妻制とか一夫一婦制という場合には、人間の行動ではなくて法的な制度について述べられているからである。しかし、人間という種の間のいたるところに「複数結合」が存在する以上、それを自然な行動と考えることができるとは述べた[28]。このような行動は、結婚という特殊な法的規則とは無関係に起きる。したがって、非常に多くの人類学上の「大問題」と同様にこの問も問い方が間違っているのである。正しい問は、人間にとって複数結合は単数結合より自然であるか、と問われるべきである。またこれに答えるためには、問の中の用語が注意深く定義されていなければならない。単数結合とはその結合が生涯続くということか、それとも時間を追って変化する場合も含まれるか。後者は実際には複数結合に含めるべきではないか、あるいは複合的な事例と考えるべきではないか。単独の主要な相手があり、かつ外的セックスにある許容度がある場合はどうか。これは単数結合と複数結合のどちらと見なすべきか。一夫一婦制と一夫多妻制のどちらも普遍的とはいえないのに姦通は普遍的にある以上、これは考慮しなければならない問題になる。

これらの問題のすべては、人間の性向に関してあれかこれかという決定論を捨てることができれば比較的シンプルに答えられると私は思う。制度の中には他の制度より「より自然な」ものなどは存在しない。制度というものは、相手をめぐる競争や親の行動などの自然の傾向と、ある特定の歴史的、生態学的状況との相互作用の結果で出来上がる。雄の中にある性的競争への基礎的要求から起きる複数結合は、社会制度としての一夫多妻結婚と一夫一婦結婚のどちらとも直接結びつくわけではない。状況次第なのである。この問題に関して人類学者も人口学者もなんとか正確な相関関係を把握しようと長いこと努力してきたが、確実なことは分かっていない。初期には一夫多妻制を、例えば女性の経済的生産性への高い貢献によって説明しようという試みがあったが、うまく成功していない。男の子どもの数が多い方が有利で、女性がほとんど生産に寄与しない社会の事例でも一夫多妻制は成立しうるように見えるのである。(29) ただしこのような事柄は経験上の問題であるから、いつの日にか決着する可能性がある。それよりここで重要なのは、私たちはあれこれの制度により多くの「自然さ」を認めるという落とし穴に陥ってはならないということである。制度は結果なのであって本性ではない。

制度を「自然さ」によって考える思考は、慎重に扱わないと危険なものである。私たちはすでに、一夫一婦制が「北西部の民族」にとってより「自然」と考える思考によって一夫一婦制が強要された事例を、自分たちの文化の中に持っている。私たちは、人間という種にとって一夫一婦制がより自然だといったいわゆる科学的根拠からこの制度を強要する事態にいたることを望まない。仮に自然だとしても（これを疑うべき理由は多いが）、それはこのような制度を強要してよいという根拠にはならない。私たちは一夫多妻制がいたるところに存在する事実をあげたが、それは一夫多妻制の「自然さ」を論証するためではなく、レイノルズ事件やクリーブランド事件の判決に見られる似非歴史学的ないし似非人類学的議論の数々——例えば一夫多妻を専制政治や乱交と同一視するような——に反論するためにそうしたのである。法というものがこのような「自然さ」を根拠にして制度を作るときは、必ずそれを疑ってみる必要がある。一夫一婦制のような結婚制度は、すでに叙述したように特定の歴史的条件の産物であり、だから相当強い法的強制がないとうまく機能しない。

ここが問題の核心である。もしそれが本当に「自然」なものであれば、法による強制など必要とせずに機能するはずである。タイガーとフォックスが一九七一年に論じているように、ティーンエイジャーにセックスをせよとか恋愛をせよとかといった法律を作る必要はない。女性が子供を生み授乳し育てることを法で強制する必要も、青年に恋愛競争をせよとか結婚した男性に姦通せよとかを命じる法を作る必要もない[30]。反対に、このような「自然な」本性を制約するために多くの法が必要とされる。自然の本性は、それが重要だとわかっていても放置される。一夫一婦制を「自然さ」という理由で強制しようとすれば、人間は馬鹿げた矛盾に陥ることになる。

性や親の行動それ自体が実際は自然なのであり、また生命の継承を可能にするこれらの動機にほぼ直接動かされた目的達成が、自然なのである。すなわち性行動、親の行動、資源の獲得、安全の追求、その他である[31]。これらの行動は、環境条件に応じたさまざまな制度の形態を取る。法の決める制度は、その環境条件の中での適応戦略が成功した後に現れ、それを確認するように作用する傾向がある。一夫多妻制で成功すればそれが合法化される。一夫一婦制についても同じことである。ただし、次のような相違は存在する。一夫多妻制の社会は、その性質からして一夫一婦制の余地を許容する（また事実大多数の男子は特定の時点を取れば一夫一婦的に生活する）のに対して、法が一夫一婦制を規定する社会は一夫多妻の余地を否定する。このことの結果――男児の死亡率が高い、男子の寿命が短い、戦争で男子が死亡した、などによって性比のアンバランスが生じた場合、多くの女性に夫がいない、女児殺しが行われる、独身のままでいる、売春婦となる、尼のような独身の宗教組織に吸収される、などの現象が起きた。一夫多妻制は、モルモン教がそうであったようにこのような場合にもすべての女性に家庭と家族を約束することができた。この意味では、制度としては一夫多妻制の方が一夫一婦制より基本的な要求により応えやすいという点ですぐれているという議論が可能である。

ただし、ここでの最も肝要な問題点を明示するためには、このような問題をあまり深く追求する必要はない。すなわち、ここで論じた問題にとって唯一「自然」だといえる要素、いいかえればジェファーソンのいう「自然の権利」を憲法に体現させることができる要素とは、諸個人の要求なのだからである。この要求とは、私たちがすでに上げた通りセックス、安全、資源、および生殖の成功である（つまりさまざまな資源を動員して子孫が絶えないようにすることである）。この要求を満たす最善の合法的制度化の形態を、杓子定規に決めることはできない。どの社会の中にも可能な選択肢が多数存在し、とくに大規模で多様性に富む社会ではとりわけそうだからである。唯一の賢明な法的戦略は、多様な制度的選択肢を開いておくことである。この方法によって、報酬と分配の正義が個人の基本的必要に対して確保されつつも、柔軟な即応性と変化とが可能なように法体系を構成しなければならない。この見地から見て何よりも肝心なのは、生物学の理論から人間行動に関する決定論が導けるという意見の虚偽を知ることである。決定論が導けるどころか、その正反対である。生物学の理論は、諸個人の要求の追求が決定論的で避けがたい事実は受け入れるが、制度レベルにおいては特定の制度の必然性をきっぱりと否定するのである。

　民法がこのような方向に、といっても例によって一進一退を重ねながらだが、動いているという証拠もある（テニソンが『イン・メモリアム』で書いたように、自由は先例から先例へとおぼつかない足取りで拡大している）。例えば「合意」による離婚が拡大しているのも、結婚の様相を変え、かつて裕福な人々だけの特権であった時系列による一夫多妻制を日常的なものに変化させている。カリフォルニア州の「マービン対マービン」事件[†29]の悪名高い判決も、おぼつかない足取りながら同様に「擬似結婚」の可能性を開いている。もっとも、マービン事件が含んでいるものとそうでないものとをはっきり認識することは大事である。俳優リー・マービンの女性友達に対する支払いは、当時マスコミが「別居手当（palimony）」などという造語で報道したのだが、厳密にいうと離婚慰謝料ではない。実際のところは契約に関する法を拡張解釈したものである。法廷が述べたのは、同棲関係が存在することは、原告から契約の結果の支払いを受ける利益に対する妨げとはならない、ということである。したがってあらゆる契約関係に関する原則が適用される。それ以前には、同棲関係にあるという事実はこの原則の適用を阻害するものであった。一方マービン事件判決には、結婚に関するすべての内容をこの関係に認めることは含まれていない。結婚と離婚に関する法は適用されない[32]。とはいっても、長い間関係があったこの女性に、明文の契約を交わしていないにもかかわらず契約上の権利を認めることでカリフォルニア州の法廷はこのような関係に擬似的な結婚の位置づけを与えたのである。このような関係は法的な結婚ではない（それに近い効果を持つとはいえ）ので、一人の人間は――男女を問わず誰でも――事実上複数の人と同時に関係を持つことができる。これは事実上の、また効果においては法的な複数婚ということができる。この場合の複数婚は厳密な意味で一夫多妻制と一妻多夫制とを含むものである。

私がわざわざとくに一妻多夫制について言及するのは、一人の女性と二人の男性とで三人の家庭を持っている人々の訴訟がオレゴン州で起きたからである。「ボーダー対ボーダーとハート」事件[†30]で、控訴審はボーダー氏の家屋に対するハート氏の要求を却下したが、実際はこれは法技術上の問題からであった。法廷は、もしハート氏がボーダー氏の家屋に対して権利を請求する適切な手続きを踏んでいたとすれば、彼の権利は正当であったとする下級審の決定を支持した。

> もし夫と妻とが同棲する第三の人物にその財産の三分の一の権利を認めると約束し、またこの第三の人物がこの約束を信じつつ特定額を共同の財産に寄与したのであることが立証され、それにもかかわらずこの権利を与えられないのであれば、結婚関係にないこの人物に事実上の請求権が成立しうる。

この事件の中の「結婚関係にない人物」（ハート氏）はボーダー夫人との間に生まれた一児の父で

あった。「マービン」事件と同様にここでも、この事実ならびに同棲関係のいずれもがハート氏が享受しうべき契約上の利害――事実上の請求権――を妨げるものではない、とされたのである。控訴審の決定は、ハート氏がこの事実の立証を充分行いえなかったとし、彼は「宿とベッドおよび親としての喜び」のかたちで彼がこの関係に対して行った寄与への正当な報酬を受け取っている、と述べた。しかし、女性が二人の男性と（あるいは逆に男性が二人の女性と）住居、性的関係、親子関係を共にしつつ生活し、同時にこれら当事者が法の支援のもとに共同の契約関係を持つことができるという原則は、立ち止まって考慮するに値する。その意味するところは、法廷はたしかに一夫一婦制に法的特権を与えはするが、複数結婚を含めてそれ以外の結婚に類似した関係を容認できることを示唆している。すくなくともこのような複数結合を理由にして、信用関係に対して法が与える特権をこれらの当事者に拒絶することはないといえる。

最近のユタ州の一夫多妻のモルモン教徒の養子縁組に関する訴訟の中のいくつかには、一夫多妻制に対する寛容さが進んでいることを示すものがある。それらはすべて、悪評高い「ユタ州対ブラック」判決[†31]の修正を含むものである。この判決は、一九五三年にアリゾナ州の警官がアリゾナ・ユタ州境にまたがる原理主義者のコミュニティーを襲撃して、男子、女子、子供の三五〇人をすべて逮捕した有名な「ショート・クリーク襲撃事件」の後を受けてなされた。ブラック氏は自分の親としての権利が少年裁判所によって奪われたとして、その回復を求めて提訴した。ユタ州最高裁は、レイノルズ判決を手当たり次第に引用しながら、「（一夫多妻という）悪に対する妥協はありえない」として彼の訴えを却下した。この判決は、一夫多妻制だけでも親権を否定するのに充分な理由となるという先例を残した。最近の法廷は、養子縁組に関してはおそらく他の「少数者」たとえばホモセクシュアルたちの圧力を受けて、この判例のような道徳的主張には自信を失いつつある。最近のふたつの判決で、ユタ州最高裁は親権またはそれと同等のもの（すなわち養子縁組）の停止に限っては、一夫多妻はそれだけでは十分な停止の理由にならないとしている。この結論は、私たちが次に見る「ベビーM」の事件におけるニュージャージー州の法廷が取ったのと同じ筋道から導かれたものである。すなわち「子供の利益を最優先する」という理由づけである。身柄の引き取り先を決定するにあたってはこれが唯一の基準であり、下級裁判所は子供の利益の優先のみを前提として事件の全貌を把握することなく、単に両親が一夫多妻を実行していることだけを判決理由にした点で誤っている、というものである（「サンダース対トライトン」多数意見参照）。†32(33)

このような判決が先例となりうるのであれば、法廷がどうしてポッター氏にはあのような扱いをするのか理解に苦しむ。彼の唯一の罪は、「友達たち」と結婚式に似たことをし、公然と世間にそれが彼の「妻たち」だと宣言したことである。いいかえると、彼は正直だったので処罰されたのである。ジェファーソンが、こんなことを是認するとはとても考えられない。

第2章

子供を渡さない代理母の事件

判事というものは、当事者がすべての法的権利を行使することが正義に叶わないと考えられるときは、なるべくすべてを主張させないように意図する。

――デニング卿『法の教え』

スターンとホワイトヘッドの契約――汝ら絆を結ぶなかれ

一九八六年三月、ニュージャージー州ブリック郡区の主婦であったメアリー・ベス・ホワイトヘッドに女の子が産まれた。彼女にはすでに娘（チューズデイ）と息子（ライアン）がおり、彼女にとってはこれが三人目の出産であった。彼女はこの子にサラ・エリザベスという名前を付けた。しかしホワイトヘッド氏――当時ゴミ収集係として雇用されていた――は、サラの父親ではなかった。子供はホワイトヘッド夫妻と、同州テナフライ市の住人でそれぞれ生命化学者と医師であったウイリアムおよびエリザベス・スターンとの間の契約にもとづき、ホワイトヘッド夫人をスターン氏の精子によって人工授精することによって懐妊され、出生したものである。契約書は一九八五年二月、不妊の夫婦に代理母を仲介する活動を行っているニューヨーク不妊支援センターという私的機関の弁護士であった、ノエル・キーンによって作られた。センターがこのサービスの代償として受け取った料金は、七五〇〇ドルである。

その時点における両当事者の動機は明白と思われた。スターン夫人は、不妊症ではなかったものの、医学上の理由のために子供を産むことができなかった——後になってこのことが重要になる（同時にホワイトヘッド夫人はスターン夫人が不妊症でないと知らされておらず、ただそうに違いないと「信じていた」だけであったことも記憶しておく必要がある）。スターン氏はホロコーストで家族をすべて亡くしており、家族を失った精神的代償として、自分自身の血のつながった子供を持ちたいと思い詰めていた。ホワイトヘッド夫人は病院の広告を見、家族のぎりぎりの経済状態や、二度の出産で経験のある比較的な容易さや喜びを考えて、代理母になれると感じた。彼女は一万ドルの報酬と経費のすべてを、スターン家から支払われることになっていた。両当事者は面会し、ビルとベッツィーはメアリー・ベスに好感をもち、また彼女の方はスターン夫妻に役立とうと感じた。リチャード・ホワイトヘッドは最初懐疑的であったが、やがて同意した。契約書——「代理母契約」——がすでに出来上がっており、署名の上封緘された。

ここで、何といっても重要なこの契約書を考察するために立ち止まろう。ノエル・キーンが契約書を作成したのはこれが初めてではない。事実キーンは代理母業務のパイオニア（という言葉が適切かどうかわからないが）であり、自分の経験について立ち入って著書を書いている。[†1] 契約書は冒頭第二項において「この契約の唯一の目的はウイリアム・スターン氏と彼の不妊の妻が、スターン氏と生物学上の繋がりのある子供を持ちうるようにすることにある」としている（スターン夫人が不妊でなかった事実は問題とされなかった）。契約書の次の項は、この目的を約定としているので全文を引用する。

代理母メアリー・ベス・ホワイトヘッドは妊娠が可能であると申し立てた。メアリー・ベス・ホワイトヘッドは以下のことを理解しかつ同意する。すなわち子供の最善の利益を考慮し、妊娠するであろう単数または複数の子供と親子関係を形成せず、また形成しようと意図しないこと。またこの約定に従って契約上の責任を果たし、子供を出産し、出産後ただちに本契約に従って自然上の父親であるウイリアム・スターン氏に子供を引き渡し、当の子供に対する親権を終了すること。

つまりまだ詳細が判明していない段階で――人工授精に関することには何も言及されていない段階で――契約書には「契約に従い」子供を産むべき自然の母親は、この子供と「親子関係を形成しない」ことが要求されている。明らかにこの部分は出生後のことを指していると考えなければならないだろう。なぜなら、九カ月以上も子供と密接な関係にあった母親がこうした親子関係を「形成」しないなどということが、そもそもどうやったら可能なのかという問いがたちどころに出てくるからである。また、親と胎児との関係の最も重要な時期が分娩の時に起きるという多くの証拠から考えて、出産をバイパスするのでない限りどうやって母親が自由意思によって胎児との関係の形成を拒むことができるのか、という問いも起きる。にもかかわらず、契約書は彼女はこうしたことができると想定するだけでなく、これを契約の最重要な基本条件としている。あたかもこの契約書の作成者（キーン）は、このような契約の最も困難な部分は複雑な医学上の細部にあるのではなく、自然のプロセスが生起することをいかにして禁止するかにあると考えていたようである。いいかえれば「このこと」が手続きを一番誤らせる可能性があるのでまずそれを禁じておく、ということである。

契約が次に行ったことはリチャード・ホワイトヘッド氏に同じことに同意させ、また人工授精への同意を獲得することであった。「前述の契約に従って妊娠し出生する子供に対する父親の地位を一切主張しないこと」である。この条項は、特に積極的な反証がない場合には、法は妻の産んだ子供はその夫の自然の子であると見なすために、特に設けられている（この習慣はローマ法に遡る。"Pater est quem nuptiae demonstrant" 母親に対して結婚を証明できるものが合法的な父親である）。契約の第三の部分は、ホワイトヘッド夫人が医学的検査に協力し、胎児を契約条項に従って保護し、あらゆる親権を放棄すること、等を定めている。

その次の条項は報酬と必要経費の支払い、および誰が父親かの検査を受けることに関するものである。もしスターン氏が父親でないことが発見されれば契約は破棄され、ホワイトヘッド夫妻がスターン氏にあらゆる費用を弁償するとしているが、この部分は理解できなくもない。

第五項はホワイトヘッド氏に「受胎、妊娠期間、および出産にともないうる死亡、ならびに産後の不測の困難を含みしかしそれに限定されないあらゆる危険を理解しつつこれを引き受けること」を求めている。

第六項はホワイトヘッド夫妻が「精神分析検査」を受け、この結果を不妊救援センターあるいはスターン夫妻に報告することを要求している。実際に検査は行われ、精神分析医ジョーン・アインボーナーは次のように結論している。

ホワイトヘッド夫人は代理母となる計画に誠実であり、またこの計画に熟慮を払っているようである、という印象を検査者は持った。しかし、私は同時に彼女に感情を抑制する傾向が認められることに注目し、彼女が実際に子供を手放すことができるかどうかについてより慎重な検査が必要と考える。

これ以上立ち入った検査は結局行われず、またこの結果がセンターからスターン夫妻に伝えられることはなかった。

契約は次に流産の問題に触れている。もし五カ月以前に流産が起きた場合は母体に何も補償はなされない。五カ月の後に起きた場合には彼女は「サービス」に対して一〇〇〇ドルを支払われる。次に健康診断と妊娠不成功の場合についての条項がある。つづいて第一三項には妊娠中絶の問題が述べられている。

代理母メアリー・ベス・ホワイトヘッドは、人工授精にあたった医師がメアリー・ベス・ホワイトヘッドの健康に必要であると診断した場合、またはこの医師が胎児が生理学的に正常でないと診断した場合以外、妊娠中絶を行わないことに同意する。またメアリー・ベス・ホワイトヘッドは、同医師から発生学的ないし遺伝的異常の発見のために羊水穿刺またはこれと同等の検査の要求があった場合、それに応じることに同意する。もしこの検査によって胎児に発生学的ないし遺伝的異常が認められた場合、代理母メアリー・ベス・ホワイトヘッドは自然上の父親ウイリアム・スターンの要求によって胎児に中絶を施すことに同意する。この場合代理母に対する報酬額は第一〇号の定めるところによる。メアリー・ベス・ホワイトヘッドがウイリアム・スターンの中絶要求に応えない場合は、法定の父親の義務を除き、本契約に定めた彼の義務はすべて免除される。

以上から明らかなように、「契約書」は子供そのものではなくて、遺伝的および生理的に完璧な子供に関するものである。いささかでもこれに反する点があれば中絶が要求され、もしこの要求を断れば代理母は報酬も経費もなく欠陥のある幼児について全責任を負うことになる。「自然上の父親」は責任を負わない。次の項で事前に知ることができない障害がありうることは認められており、こうした障害が起きた場合にはスターン氏が「法的責任を負う」とされている。ところがこの文言は代理母に課される条件特定の厳密さに比べると、いちじるしく曖昧になっている。法的責任とは永久に手許で養育することかそれともただ認知して養育費を払うことなのか分からない。

第一五項では「代理母は喫煙、アルコール飲用、不法薬物、あるいは処方のない薬品の服用等をしないことに同意する」とされる。またリチャード・ホワイトヘッド氏は最後の項で「非同意」文書を作成することに同意するとなっている。この文書では、リチャードが他のあらゆる条項に同意しつつ、かつこの人工授精への同意を明示的に拒否することが求められる。一見するとこれは第三項二号に抵触するように見えるが、このケースではリチャードが「この人工授精によって受胎した子供の法的父親が自分であると宣言すること、もしくは考えること」を不可能とするために必要であった。この問題はすでに述べた「父親の認定」に関する法の原則から派生するものであり、後で検討するミシガン州の事件に関するキーンの経験から出たものである。

以上、この契約の諸条件をくわしく述べてきた。これらは当然だがこの契約に関する議論で中心的な問題になる。だからこれらの詳細を知らないとまったく議論にならない。しかし後に問題になるより大きな関心からすると、この事件で何が「代理母」の要件として要求されるかを知ることは重要である。契約書を読んだことも特定の条項が何のためにあるかも知らなかった関係当事者が、後になって驚くほど激しい議論を展開することになる。さらに、細部を記述しながら示したようにこの契約書にははじめから「自然の父親」が有利になるような項目が数多く盛り込まれていた——報酬を払うのだから当然と考えるかも知れないが。契約書の力と多額の報酬の支払いによって、彼は人工授精、羊水穿刺、生活習慣の規制、親子関係形成の防止、さらには胎児が完全でなかった場合は妊娠中絶を要求できるなどの支配を「代理母」に対して獲得できそうに見えた。「契約は契約だから」ホワイトヘッド夫妻は従うのが当然だという人々のなかで、契約書の正確な内容を知っているものはほとんどいなかった。

最後に、私たちの社会のように個々人が内容を熟知して締結する契約によって組み立てられているはずの社会で、人々が取引契約の内容にどのような条件を書くのが妥当だと考えているか、という点を知ることも興味深い。いま私の手許にあるわけではないが、馬などの家畜の人工授精に関する契約も、禁煙以外は大体同じような形式で締結されるのではないかと想像される。だが、代理母契約も金銭面から見れば契約であり、精子提供者が支払った金額と交換に人間を受精し妊娠し出産し、自然の母親が母親の感情を持つことなく子供を引き渡す条件を受諾させる権利を手に入れる、という内容であった。

しかし三月二七日にサラが誕生したとき、この契約は崩壊する。ホワイトヘッド夫人は赤子を手渡したくなくなった。『母親の記』(一九八九)の中で、彼女はサラを引き渡すことへの罪の意識とスターン夫妻を失望させることへの罪の意識で自分の中が溢れそうになったと書いている。だがやがて彼女は、自分が赤子を「奴隷のように」売ろうとしているという感情におそわれ、押しつぶされそうになった。そんなことはできなかった。母としての絆がただただ強すぎた。彼女は赤子を連れて帰ることを許されるが、スターン夫妻は自分たちの権利を主張し、また悲しみと絶望を訴えるようになった。ホワイトヘッド夫人はあきらめて子供を渡した。スターン夫妻は直ちにこの子にメリッサという名前を付けて、養子縁組の手続きに入った。ホワイトヘッド夫人は養子縁組に同意することを拒み、一万ドルを受け取ろうとしなかった。彼女があまりに取り乱しているので、スターン夫妻は子供を数日間連れ帰ることを許した(三月三〇日)。彼女がなおも子供を渡すことに同意しないので、スターン夫妻は弁護士(ギャリー・スコロフ)を雇い、養子縁組書類、契約書を整えてサラ/メリッサの引き渡しに関する法廷命令を請求した。

五月五日に州裁判所判事ハーベイ・ソルコフによって、この請求に関する聴聞会が行われた。この時まで、ホワイトヘッド夫人はサラを四〇日間母乳で育てていた。彼女の側の代理人は聴聞会には一人もおらず、判事も彼女の見解を聞くことをしなかった。判事はスターン側の弁護士の証言のみに依存していた。彼が契約の正当性についてまったく疑いを持たなかったのは明らかであり、結局スターン側に子供を引き渡すことという一方的法廷命令を発行した。命令の理由は、メアリー・ベス・ホワイトヘッドが契約の尊厳を理解しない「精神的不安定状態」にあり、赤子と共に「逃亡」するおそれがあるというものであった。彼女にはもちろん合衆国内のどこにでも旅行する憲法上の権利がある、という点は考慮されなかった。彼女は事実上自宅監禁状態に置かれたことになる。

細部を描写するとまるでカフカの演劇のように思える事件がその後起こったが、ここでは演劇ではなく法律上の問題に関心があるから詳細には立ち入らない。要約すると、五月五日法廷命令を獲得すると直ちにスターン側は、ブリック郡区の警察官をうながしてホワイトヘッド家に法廷命令と共に急行した。彼らは「メリッサ・ベス・スターン」なる子供の引き渡しを命じる法廷命令を提示した。ところがホワイトヘッド夫妻からそのような名前の子供はいないと言われ、「サラ・エリザベス・ホワイトヘッド」の出生証明書を見せられて一瞬立ちすくんだ。警察官がこの矛盾に当惑している間に、サラは裏の窓からリック（ホワイトヘッド氏）に手渡され、彼はメアリー・ベスの両親メッサー夫妻が住むフロリダへと本当に「逃亡」した。ホワイトヘッド夫人は隠れているところを見つかって警官に手錠をかけられ逮捕されたが、やがて警察は逮捕の理由がないとして彼女を釈放した。釈放されると彼女もフロリダに逃亡し、夫と赤子に再会して母乳での育児に戻った。

ホワイトヘッド夫妻は、三カ月近くの間に一五回場所を転々としながら逃げ続けることに成功した。この間、ホワイトヘッド夫人はビル・スターンに電話して捜索を止めさせようとし、彼が同意してくれるなら共同養育にも応じると約束しつつ、子供を自分に渡してくれるよう説得した。彼はこれを断り、弁護士の助言に従って彼女の電話を（自殺するというメアリー・ベスの脅しも含めて）録音し、私立探偵を雇ってホワイトヘッド夫妻の捜索にあたらせた。ソルコフ判事はホワイトヘッド家の銀行口座の凍結を命令し、銀行は唯々諾々として彼らへの貸付を停止したので、彼らは資金を失った。フロリダの判事もソルコフの法廷命令を理由として子供の取り戻し命令を発行した。後日彼は事件の全貌に当面してこの命令を撤回したが、ことはすでに遅かった。

スターン家はホワイトヘッド夫人が疾患治療のため病院に行った時間をねらって、彼女の両親の家へ武装した私立探偵と警察官を向かわせた。祖母（メッサー夫人）は暴行され床に投げつけられた。一〇歳のチューズデイは叫び声を上げてヘアブラシで彼らを叩こうとした。赤子はベッドから引き出されて警察署に連れ戻され、そこでスターン家に渡され、彼らは子供をニュージャージーに連れていった。この時点で子供は一二三日間母乳での養育を受けていたが、判事は警察に離乳させることを命じた。ホワイトヘッド夫妻もニュージャージーに戻ったが、五週間以上子供に面会することを許されなかった。その後判事は二週間に一回一時間に限り、武装したガードが立ち会う施設での面会を許可した。ホワイトヘッド夫人は、赤子に母乳を与えることを特に禁じられ、また彼女の子供たちは妹に会うことを許されなかった。この頃ホワイトヘッド夫妻は（金がないので無料の）弁護士の弁護を受け、子供の養育権に関する訴訟を起こした。一連の訴訟、逆訴訟、請求、控訴、申し立てなどが続いた末、ニュージャージー州裁判所家庭部門ハッケンサック支部で一九八七年一月五日から審理が開始された。審理に当たったのは、またもやこれまでの一連の奇怪な出来事のもととなった法廷命令を発行した判事である。

法的問題点――親はどの時点で親でなくなるか

物語はここまでで充分に奇々怪々であり、法律の素人がなぜもっと早く簡単に法廷は幼児が誰のもとに属すべきかを決められなかったのだと疑問に思っても不思議ではない。しかしこれこそすべての問題点そのものなのである。この子供は、法的には正確な意味での先例がまったく存在しない状態で懐妊されて出生した。この事例を規定した州法も連邦法もなかった。明白な所有に関する事件ではなく、かといって露骨な「幼児売買」とも異なる。これらに関しては各州に適用すべき法があるのだが、代理母事件は控えめにいってもそのどれとも決めがたい、紛らわしいものであった。どの法も判例も明確にこの事件に該当しそうに見えなかった。そのような事情から、事件は「ベビーM」裁判という名前で知られるようになり、一般民衆、法律家およびメディアの強い関心を集めた。

いまやこのように法により「仮名」を付けられたこの子供は、いったい誰の子なのか。彼女を懐妊した母親に、したがって法的にはその夫に「属する」子供であろうか。それとも当の母親と「契約」をした遺伝学上の父親に「属する」のであろうか。世論調査をした各メディアの中で『バーゲン・レコード』や『ニューズウイーク』の報ずるところによると、七〇％の世論は「契約に署名したのだから彼女は子供を引き渡すべきだ」という意見であった。「契約があろうと無かろうと、赤子を自然の母親から取り上げるべきではない」とするのは少数意見（二〇％弱）であった。法からはすばやい回答はなかった。

圧倒的な多数派世論の回答は興味深い。契約の神聖の方が母親の神聖を上まわる、ということである。実際、多かれ少なかれ法は契約を推奨し、契約を守ることを「良いこと」と見なす。しかし大衆の意見は、「契約」が締結された以上それがすべてで、定められた条件に従うべきだ、と考える点で間違っている。本当の問題は次のようになる。どのような契約を結ぶのも自由だが、もしその契約違反があった場合には裁判所がそれを守るべきか否かを決定しなければならない。その場合法廷は、契約によって拘束してはならない事柄があり、大衆がどう考えようがそもそも契約そのものが違法である、と決定することは大いにありうる。さらに、契約が違法でないと決定した場合でも、つぎに法廷は契約違反をした当事者にどのような種類の補償をさせるべきかを決めなければならない。問題の事件において、メアリー・ベス・ホワイトヘッド（とリチャード）が契約違反をしたということはあるかも知れない。しかし仮にそうであっても、法廷は契約に関して「契約履行」を——この場合は被害者（スターン家）に子供を手渡すことを——命じるべきか、それとも金銭的な罰（賠償）を命じるべきか、また被害者の損害を弁償するのにどの程度の額が適当であるか、を決定しなければならない。

伝統的には裁判所は、世論とは逆に、特定契約履行を命じることには慎重であった。契約が雇用契約のようないわゆる「サービス供与」に関するものである場合にはとくにこの慎重さの傾向が強かった。その理由は他でもない、こうした種類の契約においてみだりに契約履行を強制すれば「隷属」を命じるのに等しいことになるからである。例えば誰かが雇用契約を結び、特定された期限の前に辞めるという契約違反をしたとする。この場合にはおそらく法廷は雇用者への賠償金支払いを命じるには違いないが、この期限までの勤務を続けよと命じることはほとんどないであろう。というのも、被用者は奴隷ではないのであるからそれは移動の自由という憲法上の基本権を阻害することになるからである。結婚の契約も同じである。もしどちらかがこの契約に違反すれば損害を賠償させられるだろうが、法廷が契約に違反した側に結婚の継続を命じるということは絶対にありえないであろう。[†2]「約束は約束だ」という大義名分を掲げる大衆も、ことが自分の離婚問題になれば同じ意見を掲げるとは思えない。

ニュージャージー州もこのサービス供与に関する契約条項の強制はしないという原則に従っている。契約履行命令は「損害に対する通常の法的補償手段が不適当と考えられる場合に限り」認められる手段とされている(「ファースト・ナショナル銀行対コモンウエルズ・フェデラル貯蓄貸付組合」判決参照)。[†3]とくにニュージャージーにおけるこの基準の順守は他州に比較して厳格であり、特定契約履行命令は金銭上の補償命令が「当の事件において公正かつ合理的でなく、あるいはこの措置によって救済されるべき側にとって正当な手段と考えられない場合」にのみ認められるとされてきた(「フライシャー対ジェームズ薬局」判決参照。[†4]『エール法律ジャーナル』の有力学説は、被害を被った側が「賠償に加えて、代替に要する費用と別の取引を行うために要する費用を完全に補償された場合には」特定契約履行は否定されるべきであると結論している)。[†5]

その上ニュージャージーでは、公益に反しまたは法廷に不公正な活動を要求する特定契約履行命令を行うことを禁じている。「エーデルマン対エーデルマン」裁判[†6]において、ニュージャージー州最高裁判所は、契約履行命令は人間の尊厳という基本原則に違反する場合、または一方の当事者に「過酷かつ抑圧的」と考えられる場合は禁じられる、との判決を下している。これらに従えば、子供を産みかつ親権を放棄するという契約に関しては、法廷はこれに従わない当事者に履行を強制することには否定的であるべきであった。仮に代理母契約に調印した女性が人工授精を希望しなかったとすればどうするのであろう。法廷は彼女の意志に反して人工授精を受けさせるのであろうか。同様に、法廷が彼女に妊娠中絶条項を履行させたり、「ロー対ウエード事件[†7]」のように「代理母」が三カ月目に中絶を希望するにもかかわらずそれを差し止めたりするのだろうか。このような疑問を早い段階で持ち、誕生後まもない子供の世話をし、手放す約束をしたにもかかわらず別れたくないと絶望的に望んでいる母親の手から子供を強制的に取り上げる場合にも、やはり同じ原則が適用されるはずではあるまいかと法廷は考えるべきだったのである。

もうすこしだけ、法でさえ「約束は約束だ」などという単純な原則に従うわけではないのであり、この点では法はリンチを要求する群衆のレベルと大差ない世論よりははるかに賢明である、ということを証明しよう。もっともだからこそ私たちは法を持つのであり、それは人間が自分自身の悪い衝動から自分を守るためのもののはずである（いやもっと正確には自分自身の間違った社会と歴史から自分を守るためである、といった方がよいかも知れない）。

契約履行命令問題の詳細に戻ろう。これは取引対象の「ユニークさ」と大いに関係がある。私がピカソのある特定の絵を購入するという契約をあなたと結んだとしよう。この場合には法廷はこの特定のピカソの絵を引き渡せという特定契約履行命令を下すであろう。同じ価値の別のピカソではだめである。逆に、契約が七七年型シボレーのある特定の車であった場合には、法廷はその特定の七七年型シボレーを引き渡せとは命じないに違いない。なぜなら、法は適当な代替物を購入しうる市場が存在していると考えるからである。したがってこの場合は、同等の七七年型シボレーの価格とこの代替物を入手するのに必要な費用の支払いを命じるであろう。またこの場合には「精神的損害」は問題にならないことは、判例から明白であることに注意する必要がある。あなたがその特定のシボレーを（センチメンタルな理由などで）必死に欲しがったかどうかは問題にならないのである。あなたは適当な代わりを入手することができる。

　もちろん、このユニークさおよび適当な代替物という考え方がどこまで子供に適用可能かということは議論できる。しかしこの論点はしばらく待ってもらいたい。目下のところは契約の履行は決して自動的なものではありえないこと、また上の問題点から精子提供者は一九七七年型シボレーの場合と同様に、選ぶことができる代わりの代理母を持っていたということを証明すれば充分である。代わりの代理母でも彼の子供を産めるのである。契約法理の権威コービンは（一九六〇）、特定契約履行の請求に当たっては金銭の支払いに代わる「実質的にすべての目的に同等な代替」が得られない、ということの立証義務が請求者の側にあるとしている。

　ベビーM事件の最中にこの論点を提示された人々の中で、このような観点から「金銭関係」の契約対象として子供を論じるのは「不快だ」と述べたものが驚くほど多かった。このような人々は同時に契約自体にはなにも問題を感じず、驚いたことに、熱心に契約が守られるべきだと主張した人と多くの場合同一人物であった。しかし私が論証しようとしているのは契約履行を強制すべきかどうかに関しては考慮すべき事項が多々あり、「特定契約条件の履行」もその一つであるということにすぎない。このことはそもそも契約自体が有効であることが決定されたと仮定できた上でのことであり、有効であるかどうかを決定するにもあとで見るように非常に多くの問題がかかわっているのである。私たちは当面、善良な行動科学者として特定条項履行命令を決定するにはどのような証拠が必要かを考察する必要がある。

同様に、私たちは「インフォームド・コンセント」という問題についても考察をしなければならない。なぜなら、契約が調印されたことが直ちにその履行を強制しうるということにはならないのは、例えば調印の際にいずれかの当事者が拘禁状態にあったり、必要な情報が開示されていなかったり、契約書類に関して「インフォームド・コンセント」の機会を与えることを妨げるなんらかの事情が存在しなかったか、などを検討しなければならないからである。つまり署名時に拳銃を頭に突きつけられていたり、精神状態が正常でなかったりすれば、私の署名が契約書にあったとしても、裁判所はこの契約が無効と宣言するであろう。インフォームド・コンセントの必要を視野に入れると、仮に私たちがスターン氏が親権を得るという契約を妥当であると認めるとしても、メアリー・ベス・ホワイトヘッドが親としての権利を停止するという部分まで、同じ程度に正当だといえるだろうか。女性は自分が懐妊した子供を放棄するという「インフォームド・コンセント」を与えることが実際に可能なのだろうか。例えば養子に関しては、ワイオミング以外のどの州においても「出生以前に子供を養子とすることを承諾するのは、出生後に追認した場合以外は無効」とされている。私が不妊夫婦の集会で述べようとしたのはこの事実であったが、この意見は激しく非難された。しかしこれが四九州の法であり、これにはニュージャージー州も含まれる。ここでは一九八六年に控訴裁判所が州の政策として私的契約のみによって親権を放棄させることは出来ないと決定し、そのような契約上の承諾は正式の養子縁組以前に破棄されるとした（「A・L対P・A」判決参照）。[†8]

そこで次のような疑問が生じる。代理母は子供を養子縁組に出す母親より権利が弱いのだろうか、と。遺伝学上の父親が子供に対する権利を持っていることは「確か」である。これは否定できない。養子の場合にも遺伝学上の父親がいるが、彼の意見が聴かれることはまれである。問題は、すでに述べたように母親の権利を停止させるのに「契約」だけで充分か、という点にある。充分だとはいえないはずであり、これは法廷が考慮しなければならないことである。そこで私たちは、インフォームド・コンセントの問題に関してはどのような証拠が適切であるかと問わなければならない。同時に私たちは「子供の利益を最優先する」という、法の専門家の間で通称BICとして知られ強力に支持される論拠にも目を向けなければならない。BICはもちろん子供の帰属が問題になるときに起きることである。いいかえれば法廷が両親の双方に親権があると認めている場合である。その上で子供の身柄の帰属を決定するには、裁判所は「適性」に関する審理をしなければならないであろう。どちらに帰属させることがふさわしいか、また離婚などの際に他方の親に訪問権を認めるかどうか、などの場合である。のちに見るように、このような決定はベビーM事件の場合にも後日なされることになったが、それに必要な適性に関する審理は行われなかった。この点が控訴審において重要になる。

その上さらに、「約束は約束だ」といった世論に反する問題点がある。すなわち、どのような契約であれば合法的に成立しうるかという問題である。すべての州および連邦は、ある種の事柄を契約事項から排除する法を持っている。これによって売春、奴隷、子供の売買はどの州でも禁止されている。また性的サービスを提供したり子供を売買する契約を結び、これに違反したからといって訴えても、どこにも取り上げてはもらえず、それどころか原告は刑法上の訴追を受けることになりかねない。裁判所は契約が「公共の福利に違反するから無効」であり契約として成立しえないと宣言するに違いない。このことは特に規定した法がない場合にも該当し、例えば賭博に関する契約を支持することはないはずである。

ベビーM事件の前に国内のあちこちで起きた代理母事件では、母親が子供の引き渡しを拒否した事例はなかったから、ベビーM事件は決定的であった。しかし、このような事例が増加しまた代理母事件が法廷に持ち出されることを予期して、多くの州が検事総長の見解として関連する意見を表明していた。多くの州がこの問題に緊急に対応する立法を提案し、なかでももっとも有力なのは代理母は州の「幼児売買」を禁止した法に違反するとするものであった。

この類似性の判断は適当であろうか。代理母は子供の売買であろうか。法曹界の意見は大勢として「そうだ」というものであった。例えばケンタッキー州検事総長は幼児売買に関する州法に違反するとし、代理母とその父親に対し、親権を放棄して子供を生物学上の父親に手渡すことに反対した。[†9] 結婚した両親の間に出生した子供がその結婚の法的に正当な子供である——これはすでに私たちが見た見解である。それに加えてケンタッキー州では州法によって親権の停止は子供を公認された養子縁組代理機関に手渡される場合にのみ許される。この事件では、子供が代理機関に渡された事実はなかった。

ただし、別のケンタッキー州の訴訟事件では異なった見解が示された。[†10] この裁判では、代理母契約が養子縁組契約とは非常に異なったものであるとされた。ケンタッキー州はたしかに幼児売買を禁じる強力な法を持っているが、「生物学上の父親が子供を養子にしようとしているのかまたは買おうとしているのかを、いかにして区別しうるだろうか」を問題にする。彼は子供自体に金銭を支払うのではなく、子供を妊娠し出産する代理母のサービスに支払うのである。彼が子供を買おうとしているのではない限り、その契約は幼児売買禁止法に抵触するものではない。なぜならばこの父親の妻が子供を養子にしようとしており、このための支払いであると見なしうるからである、というのが検事総長の見解であった（慈悲深いことだが、ホモセクシュアルの夫婦の場合はどうかという問題は提起されなかった）。ただし、未婚者がこのような契約を結ぶこともありうるが、この場合には養子縁組が存在しないので認められない、と法廷は結論した。ケンタッキー州控訴裁判所はこの事件を審理した結果、この見解をも非難し否定した。

かくして、下級裁判所の見解とは異なり、未婚の性的に成熟した男子が契約によって婚姻関係にない未知の代理母に人工授精を施し子孫をえようとする場合がありうると仮定するのは、不妊の妻の存在と関与を認識しこれを受け入れることに比べれば非現実的であり、恣意的な推測にすぎないと考えられる。[†11]

未婚の男性を想定するとは驚くほかない理由づけだが、それには立入らない。なお興味深いことに、ケンタッキー州の法廷では不妊の妻の存在が代理母契約の必須条件と考えられている。彼女が子供を養子とすることが問題のすべてなのである。つまりこれは養子縁組なのである。金銭が登場するから問題が変化する。この行為はケンタッキー州法に抵触「する」のである。

ミシガン州の法廷で、女性が代理母となりうるのは彼女の夫が代理母となる許可を拒否した場合に限るという、いまや法となった一連の奇妙な事件の詳細を、もはや追求しようとは思わない（カッツ、一九八六の要約を参照）[†12]。ただ、これら一連のややこしい結果自体が、代理母契約の合法性がきわめて疑わしく、またこのような問題に関して法自体が内蔵している矛盾を露呈させている、という事実を指摘するに止める。代理母契約は、果たして幼児売買契約なのか。代理母契約は「養子縁組に関する法」によって扱えるのか。遺伝学上の父親は、自分の子供を買おうとしていると見なしうるか。そして彼はその子供の母親が子供を放棄しない場合、どのような権利を持っていると考えるべきか。

すでにわかったように、まずこのような契約は「公共の福利に反し無効」とすべきものではないかというハードルを越える必要がある。さらに、たとえこのハードルが越えられたとしても「特定履行」の問題が論じられなければならない。また同時に、別のハードルも存在する。こうした契約がたとえどの州法にも違反していない場合でさえ、どちらかの当事者の憲法上の権利を侵害するゆえに無効だ、ということがありうるのである。前章のモルモン教事件では、この憲法上の権利が最重要であることを見た。代理母問題では、いかなる憲法上の問題が提起されるであろうか。これについてさまざまな論議がなされた結果、問題は次の三点にしぼられるにいたった。奴隷制からの保護（憲法修正

第一三条および隷属労働禁止法）、憲法修正第五条から導かれ、また有名な「ロー対ウエイド」事件において、中絶に関して女性に適用された「プライバシーの権利」、および同じものから導かれる「出産の権利」、ならびにこれと対をなす「結婚の権利」である。最後のものについては、前章のモルモン教事件ですでに見たし、また犯罪者に対する断種手術を禁じた記念すべき「スキナー対オクラホマ」事件[13]の判決でも明示されている。「プライバシー」に関する問題は、連邦最高裁判所によって「グリスワルド対コネティカット」事件[14]や「ローチン対カリフォルニア」事件[15]などでも論じられており、その中で「人間の尊厳を傷つける」契約は許されないとされている。私たちはこれに関連し、すでにその例としてスターン＝ホワイトヘッド契約の妊娠中絶や人工授精に関する条項の特定履行は果たしてこの問題を孕まないか、という問題点を指摘した。さらにまた「出産の権利」は、この権利がその結果として自動的に子供の保有という問題に延長して適用されうるかどうかという点で曖昧さを残している。ベビーＭ事件は、まさにこの出産の権利がどこまで及ぶのかに関する試金石となる事例であった。これとの対比で問題になるのは、母親の「子供と同居する権利」である。論点はこうしてさらに発展していく。

問題の核心は、このような憲法上の基本的諸権利（または憲法に由来する基本的人権）が曖昧になっていること、あるいは矛盾を来していることの中にある。この事実は、法廷が個別事件の審理を行い、それに対する適用を論じるときに明らかになる。これらの審理自体が矛盾の様相を呈するのである。法学雑誌の「研究ノート」では、熱心な法学者たちが憲法解釈の中にあるこの矛盾を解消し、あるいは解消することのできる学説を求めて、おびただしいインクを費やしている（例えば『ハーバード法学レビュー』一九八六年一九三六号を参照)。だが、私たちの目的にとっては、私的契約と、これを履行させようとする場合は、すでに指摘したような憲法上の問題を避けて通ることができない、という事実に留意をうながせば充分である。例えば法学コメンタリーの中には、子供は父親に引き渡されるのである以上奴隷化されるわけではなく、したがって憲法修正第一三条違反はないと主張するものもある。しかしこの見解は、この代理母契約は、父親が要求すれば母親が中絶を受けさせられたり、また強制的に人工授精等々を受けさせられたりする、という点で母親を実質的に「奴隷化」していると言えないか、という問題点を見逃している。これらの問題の全貌は、法廷がすべてにおいて家族関係だけを聖域として扱うという事実のせいで、一層混乱の度を深くしている。ある超リベラルな批評は、子供が実質的に両親への隷属の状態に置かれ、また結婚の契約が通常の商業上の契約と違った扱いを受けるのは、法廷がそれを黙認するせいだとさえ言う。

代理母問題の持つ興味深い側面の一つは、従来別のものとされてきた二つの領域、すなわち家族関係と商業的契約関係との境界がぼやけているところに存在する。代理母契約の起草者は、この二つの領域をどちらも同時に利用したいようだ。彼らは、商業関係の場合と同様に契約の履行を求め、それでいながら同時に憲法の保証する「父親」の「親としての」(したがって非商業的な)特権的地位をも求めようとする。後の節で、受胎に必要な素材を売買し、それを他人の子宮に移植することを可能にするいわゆる「新しい受胎技術」によって、法が多くの場合混乱におちいる事実を見ることにする。このような技術は(そういう比喩を使うことが許されれば)「育児ボトル」で育ち、子宮を完全にバイパスしつつ子供が産まれるという、ハックスレーの『すばらしい新世界』〔一九六二〕に描かれた予見のような問題を提起する。

私は一九六七年の『親族と結婚』の中で、母親というものが存在し、ハックスレーのボトル〔試験管〕のようなものが母親を無用にしない限り、親族というものは存在し続けるであろうと書いた[†16]（他の点では優秀なフランス語の翻訳者が「ボトル」のことを「哺乳瓶（ビブロン）」と間違え、以後数十年間フランス語の読者を混乱させた）。その頃から見ると、ついにこの未来小説同様のこと、あるいはそれ以上のことが可能な時代になり、ニュージャージーのベビーM事件を人間ドラマとしての特徴以上に、世間にとって関心を引くものとさせたのだと考えられる。私たちは、一人の幼児の運命を決めようとしているばかりでなく、ジョン・ロック流の契約関係が狂気の沙汰となりつつある世界の中で、家族とは何か、いや個人とは何かという問題の再定義が必要な地点にさしかかりつつある。

科学の立場——母と子の絆に関する行動学

ここまでで、私たちは契約そのものと、それが提起する法および憲法にかかわる問題点を見たので、次にこの事件に関係ある科学的資料を見ておく必要がある。私たちが扱っているのは、母と子の絆といった人類学的行動学の——ということはとりもなおさずすべての哺乳動物社会の——基本問題であるから、この問題の性質自体が命じる視点に従う必要がある。すなわち、まず最初に文字通り血縁関係の進化と生理、いいかえれば進化の遺産について考える必要がある。もしこの絆の性質について何か確かな事実を特定できれば、法における定義や判決は、この事実も忠実に反映する必要があるだろう。私たちは、いわゆる「専門家」の信念によって誤った結論に導かれないよう、法に曖昧な点があることを告げる義務があるからである。

これは、取りうる選択肢のうちのひとつであることはいうまでもない。他の者は相互関係の社会心理学を強調するだろうし、また他の者はパーソナリティ形成に関するフロイト風の解釈や、あるいは「親」「母親」「家族」などなどの概念について私たちの文化が付与する特徴を強調することだろう。しかし、私がここで行おうとしていることは、ただ行動科学上の「さまざまな事実」を主張しようとしているのではなく、生物進化論の発見にのっとった特定の事実の存在を、主張することである。私は、例えばモルモン教徒の一夫多妻事件では果たせなかったことが、ここではできると感じる。前章の事件では、この特定の判決がある特定の何事かを要求しており、その特定の要求とはどのような性質のものかを吟味する以上に出ることはなかった。この結果私たちは、歴史上ならびに民族誌学上の資料という限界を出ることができず、はたして一夫多妻制が一夫一婦制より人間という種に対してより自然であるかどうかという、生物進化論が大いに発言しうるはずの根本問題に関しては、ただ周辺問題として触れただけであった。ただし、この章の事件はまだ結審していない。私たちは（少なくとも裁判が終わるまでは）特定の判決に関して議論をするのではなく、特定履行、インフォームド・コンセント、出産の自由、子供の最善の利益、出産した母親の権利、育児過程中断の影響、などなどの一般的な問題を論じることができるだけである。それでもこれは私たちの仕事の範囲を広げるものであり、前章の事件で取り上げられなかったような論拠も呈示することができる。事実私たちは（「私たち」という文章上の表現を使用して読者を味方にしようと企んでいるわけではないが）法廷に対しこの事件に関連して浮上するすべての問題に当てはまる家族関係に関する事実があるのであり、判決を下す前にそれらを考慮に入れよ、と要求しているのである。

州最高裁判所判事が参考人の意見陳述を差し止めたので、私は実際には彼らにこれらの事実を意見書として提出できたわけではない。しかしグルーター法律事務所とエリオット教授と私は、事件がニュージャージー最高裁に上訴された段階で、問題の判決にしぼった意見書を提出することができた。以下に述べるのは、この意見書の科学的基礎づけとなったものである。

本題に移る前に、用語に関する問題にすこし触れておこう。ローマ法、およびこの用語を利用している人類学は、生物学上の父親である「実父 genitor」と社会的な父、すなわち子の母親の夫である「父親 pater」とを区別する便利な習慣を持っている。この結果、母親についても子の生みの親である「実母 genitrix」と、社会的な母、すなわち法的な父親の妻である「母親 mater」との区別が理論上存在することになる。もちろん母の場合には、養子という実母と母親とが異なる場合以外には、これらの二つは一致すると考えられている。そこで、けじめを明確にし、ことばの効果を上げるために「代理母」とか「自然の父」とか「本当の母」などの曖昧さを避ける目的でローマ法の用語を必要に応じて使用し、また「子宮貸し」とか「借り腹」などのそれなりに魅力的なことばは避けることにする。これで、私たちの問題は「子供を渡したがらぬ実母の事件」ということになり、あれこれ煩わされることなく、ただちに進化論上の議論に移ることができる。

一　進化論的背景

アール・W・カウント[17]が指摘しているように、哺乳類の進化を支配したのは「授乳複合体」である。この複合体は、私たちヒト（*Homo sapiens sapiens*）の母子を含む真獣類において、頂点に達している。進化論の術語にいう「哺乳類革命」の中心点は、母親による出産児への授乳であった。授乳は、哺乳類以前の単孔類（ハリモグラ、カモノハシなど）にも存在した汗腺（皮脂・毛・汗腺組織）の進化によって可能になった。汗腺組織の一部の乳腺組織への変化により、胸部一面に分布する乳分泌腺が出現した。この乳腺は、ヒトの女性の場合は高度に機能分化した乳房に集中しており、ある意味で他の哺乳動物に比べてさえ特殊性の高いものとなっている。

汗腺の変容と共に、顎、唇、舌、頰など、哺乳類の顔の全体がさらに著しい変化を遂げ、「吸乳器官」（カウントの用語）へと変容した。顔が、乳を吸うための器官となったのである。この変化の最大の影響は、もっとも奥深い部分に現れた。爬虫類のような脊椎動物以来の神経組織が、乳の吸引を助けるものに変化した。これら二つの（乳と吸乳）器官が同時進化し、しかも授乳活動という一点に機能融合したことは、驚くべき進化現象であった。哺乳動物に特有の顔の諸器官は、吸乳の目的に奉仕する。成人になって有用になる他の機能、たとえばコミュニケーション（模倣ができる筋肉や表皮。これについてはエクマン他を参照[18]）やキス（筋肉質の唇）などは、そこから派生するものである。同じことが、女性の乳房についてもいえよう。これが、成人において性的シグナルとなることは、派生的であるともいえるが同時に唇の機能と直接に結びつく結果だともいえる。

この結果として、母と幼児の相互作用ないし共生は、高度に進化した哺乳類、とりわけヒトにおいて頂点に達する。ヒトの幼児がより胎児的特徴を持つこと、分娩後の成長に長時日を要することは、この共生をより重要にし、それを中断することはヒトより下級の哺乳類にくらべてより破壊的な影響を持つ（ヒトに近い種であるチンパンジーには同じことが見られ、またのちに見るように母親を奪うことが長期的な影響を持つことは類人猿一般に認められている）。カウントの印象的なことばを使えば、授乳活動の影響は「成人期までこだまする」のである。このことをいいかえれば、ヒトはその独自の進化の過程において他の種にくらべて哺乳動物から離れたのではなく、むしろより哺乳動物らしくなったのである。哺乳類の基本的特徴である母と子の共生を、その極限にまで発達させたのである。この結果として、妊娠したヒトの女性は生理的、感情的、行動的に見て長期にわたる子の養育に対する準備が整った状態にある。進化の中でこのようなことが起きたのでなければ、私たちはこの事件を議論などすることはなかったであろう。そこで、問題の基本要件は子と母との間の絆という見地の確立にある。

二　妊娠と母子関係の生理学

母子の共生は妊娠とともにはじまり、すくなくとも子が離乳し自分で運動しはじめるまで、いやおそらくそれ以後まで続く。出産は、重要ではあるがこの過程の中のひとつの出来事にすぎない。母と胎児との生理的関係は胎盤を通じて行われ、今日ではこの重要性はかつて想像されていた以上であることが分かった。胎児が自分自身でホルモン生産をはじめるまで、胎盤は必要なホルモンを生成する役割を果たす。このとき（甲状腺の場合のように）最初から最終段階までを生成するのではない。途中生成物質（「部分ホルモン」）が母の血液を通じて胎児に運ばれ、胎盤でこれがステロイドやポリペプチッドホルモンに変換され、母と胎児とに作用する。これにはすくなくとも三八種類のホルモンが関係している（最も権威ある議論としては、タルキンスキーとライアンの『母体と胎児の内分泌学』を参照[†19]）。

つまり、生理学的にステロイドホルモン、ポリペプチッドホルモンの形成と、膵臓、下垂体、甲状腺、副腎（これらはごく一部を列挙しただけである）などに対するその作用が形成されるのである。これらには、全部ではないまでも多くの母の生理器官が関係する。もちろん、母と成長する胎児とのこの相互作用が、同時進行の関係であることを銘記しておく必要がある。この過程で起きる変化の性質と程度とは母親ごとに異なったものであり、したがってそこに見られる「経験」はひとつひとつの母と子の組み合わせごとに固有のものである。母に妊娠直後から起きる根本的な心理学上の変化（これについては次に論じる）はこうした生理学上の変化にも起因しており、これが胎児との絆の形成に影響する。いいかえれば、この同時進行の関係は母と子に同じように作用する胎盤ホルモンに固有の特徴であり、母と子の「生理学的・情動的」な結びつきを強化する。どの母もこのような経験を「共にしている」ということを知っているが、科学がこのような「共通経験」がどのようなものに起因するかをより詳しく教えてくれるようになった。進行中のこの「フィードバック」関係を、早産や帝王切開などで中断することは、子供にきわめて有害な影響を起こすことがある。特に肺、腎臓、髄などが傷つきやすい。同様に出産後も胎児の状態に近い子供は、進行中のこのプロセスの中断から長期にわたる害を受けやすい。

ヒトを含む哺乳類の雌は、妊娠期間中にホルモン変化のサイクルを経験する。これは視床下部を経由するサイクルである。妊娠初期には、エストラジオールとプロスタグランジン〔どちらも広義の性ホルモン〕の分泌水準が次第に上昇し、出産直前になると急激に低下する（これは「出産後憂鬱状態」「ベビーブルース症候群」などと呼ばれるものと関係があると考えられている）。出産後はプロラクティン〔乳分泌支配ホルモン〕の水準が高まる。子の養育によってプロラクティンとオキシトシン〔子宮収縮と乳分泌支配ホルモン〕の分泌が高まり、エストラジオールとプロゲステロンの分泌が抑制される。これによって平常の生理周期が回復する。このような広範囲にわたるホルモン分泌の変化は、最初の極度の至福感から妊娠に対する深い恐怖や不安定感、出産時の高揚、時に起きることがある出産後憂鬱などの感情変化を母の中に引き起こす。[20] 吸乳によるさまざまの刺激は、オキシトシンの放出によって性的快感を含む感情を引き起こす。このような現象は最近まで科学者によって注目されなかったものであるが、当然母と子の絆に深い影響があると考えられる。こうした影響は母に課される厳格な授乳スケジュールのせいで見過ごされてきたが、幼児がほしがるのに応じて授乳している母親の場合にはよく知られていた。[21]

したがって最低限でも母と胎児との共生関係は、同時進行的に両方に深い影響をおよぼし、また単に出産に備えるためだけでなく、まだ胎児状態にある子供との関係の継続に備えるために、母の全精神状態はこれによって根本的に変化すると述べることが可能である。たびたび繰り返しているように、この共生関係は誕生の時点から始まるのではないのである。誕生は単にこの関係を別の段階に移行させるだけであり、この新しい段階では母の体温、匂い、肌触り、声、母乳が、胎盤、臍帯、羊水に置き換わるだけである。近代医学と衛生学が作り出す不自然な環境は、この事実を隠蔽するものであるが、だからといって事実そのものが無くなるわけではない。一億二八〇〇万年の哺乳動物の歴史を、無視することはできないのである。

これは、自然上の母親（実母）以外の女性が幼児を育てられないという意味ではない。それは可能だし、事実行われてもいる。このことの意味するものについては、後に述べよう（哺乳瓶による授乳が安全に成功するには、女性が乳を分泌した経験があることが望ましい）。いずれにせよ、子供の養育者として期待されるのは、出産までにすべての必要な条件をととのえて、乳も分泌している自然の母であるのは自明だといえる。

三　母と子の絆

私たちは、母と父と子供の三者結合を三人の別々の人格として扱うが、実際はさまざまな目的のために母と子の二人結合をひとつの単位として扱う方がより適切なのだ、ということに留意する必要がある。私たちが共に生活する通常の集団（私たち人間の九九％にとっては三〇人から四〇人であるが）の中で、実母以外の女性が乳を分泌していて、必要なときにそれを得られるということは、ほとんどありえない。だから、母と子とは必然的に相互に結びつけられており、母乳に代わるものは得られない。

この事実は、哺乳動物の進化の深部に関わる問題である。哺乳類という語が示すように、この動物の「基本的」単位は母と乳を吸う子供である。多くの哺乳動物において男（ないし雄）はこの単位に属していない単独の存在者である。私たち人間のように母と子が保護や食物を必要とする場合には男たちがこれに加わることが普通だが、その加わり方にはさまざまな形態が存在する。つまり母と子は定数であるのに対して、男たちは変数なのである。哺乳動物も人間社会も男が加わらない形態から血縁の男たちが加わる形態まで、あるいは母の配偶者または配偶者たちが加わって構成される集団から複数の母と子の結合に一人の配偶者が加わる形まで、さまざまな様相を呈する。配偶者が加わるかどうかは生態的条件の偶然に依存するが、母と子の結合は生物学的な基礎なのである。一億二八〇〇万年の哺乳動物の進化と七二〇〇万年の霊長類の歴史と五〇〇〇万年のヒトの進化の歴史が、母と子の共生関係の背後にあることを銘記しなければならない[22]。実母と子、実父と子、養母・養父と子との絆の強さを考えるとき、これがどのような意味を持つかは明白である。とくに哺乳瓶による安全な養育が不可能であるような状況下では、実母は当然の利点を持っている。哺乳瓶による授乳が可能な場合には養母でも間に合うだろうが、他の問題がたとえ等しいと仮定しても養母が実母より望ましいかどうかは考慮に値することである。実父はこの絆に加わることもそうでないこともある。加わっていない場合には、実父の地位は純然たる遺伝学上のことだけであり、彼にとっては無意味ではないとしても、実母と子の福利には無縁のものである。

この場所で「絆」という言葉の定義についてすこし触れておく方がよいであろう。これは融通無碍に使用される言葉で、最も権威ある動物行動学の文献でさえこれに厳密な定義を与えていない（絆を論じたすぐれた文献として、ローレンツおよびエイブル＝エイベスフェルド参照[23]）。その理由の一つは、この言葉が厳密な定義を拒むかのような広範囲の多様な現象を含んでいることにある。これは定義するより認識する方が容易な性質のものである。ただ大ざっぱな近似的定義として、次のものを上げておこう。

絆とは、その心理的‐生理的相互作用の全体から生じる二つの有機体間の強い情緒的結びつきである。

絆は両親と子供の間、兄弟姉妹の間、男女の間（求愛の絆、交配の絆、擬似親子の絆――これらについてはタイガーとフォックス参照）[†24]、男同士、女同士、友人たち、先生と生徒、リーダーとフォロアー、英雄と英雄崇拝者、人間とペット、などなどの間に見られる。しかし母と子の絆は、これらのどれよりも基礎的なものである。たしかにこの絆が成立するには事前に妊娠という事実が必要であるが、この事実そのものは必ずしも絆の結果であるとはいえない。実際多くの哺乳動物において妊娠を引き起こす雄と妊娠する雌との間には、絆が希薄であるか、ないし存在しない。他の絆が変化しやすいのに対して母と子の絆は決定的であり、その結果これがその後のあらゆる絆に影響する（「成人期にまで反響が残る」）。かつての古典的な「剝奪実験」が、霊長類は母親を奪われると成長してから性的能力や母親としての能力を行使できなくなる、と結論したのはこのためであった[†26]。

この絆の強さは、絆が切断されたときに生じる病理現象から観察することが可能である。この場合には、母と子の絆が最も強力であることが疑問の余地なくわかる。絆はもともと双方向のものであるが、これまで科学者は子の母に対する依存という面だけに注意を向けてきたことを指摘しておく必要がある。このため「密着行動」という術語が子供の情緒的要求を表現する標準用語となってきた。だが私たちは母の子に対する「密着」にも注目し、それらが双方向のものであるということに注意しなければならない。このために、定義としては充分でないにもかかわらず「絆」というより含意の大きい言葉を使用する方が適切なのである。

四　胎児との絆、および出産時の絆

母と子の絆は出産前に始まる。この絆は、子の健康な情緒関係の発展に不可欠であり、母乳が（離乳食以前に）身体的発育のために不可欠であるのと同様である。出産に先立つ絆の形成は、母が誕生した子を拒絶しないようにするという進化論的機能を持つ。周知のように下等動物ではこの「出産時の絆」が弱く、また例えば有蹄類のような動物の場合には母が生まれた子の匂いをかいだり舐めたりしないと、子をよそ者と見なすことが知られている。[27] 母と子の絆のはたらきは、母が自分の子供を育てて自分以外の遺伝子を持った子を育てないようにすることにある。一方人間の母は自分の子供を「知って」おり、のちに見るように嗅覚その他の要因が絆の重要な手がかりとなっているが、これらは子を知る上で必ずしも必要でない。ヒトの母と子の絆の最も重要な手がかりは声である。この事実はヒトの子供がやがて言葉を学習し、また言葉によって喚起される感情に強く反応することと関係が深い。したがって新生児の行動の研究者が、新生児が母の声に対して顕著な愛着を示すとしているのも不思議でない。[28] この問題に関してはジャック・メーラーが最も優れた結論を述べている。[29]

子供が母親の声を探し、他の女性の声と弁別して認識することが知られている。マイルズとメルヒューシュ[30]は、乳以外の吸引実験によってこれを示した。同じ方法でメーラー他[31]は、子供が自分の母の声とほかの子供の母の声に異なった反応を示すことを証明した。彼らが言及した先行実験は、すべて生後一カ月以上の幼児である。最近行われた実験の中ではデ・キャスパーとファイファー[32]が、生後一二時間しかたっていない幼児も生物学上の母の声に反応し吸乳行動を強めるということを示している。この実験に対して二通りの説明が可能である。すなわち出生後きわめて迅速に絆が成立するか、あるいは胎内にいる間に母の声が伝わっているかである。出生後のメカニズムが機能しうるには、子供は胎内ですくなくとも妊娠中のどこかの時点で母の声を聞き分ける能力を持っていると考えるべきであろう。生理学的には胎児は少なくとも出産の数カ月以前に聴覚器官の準備ができている[33]。ケルローとルナール[34]は妊婦たちに水中マイクを取り付け、胎児に届くあらゆる音を録音した。その結果母の声はこのような条件下で考えられるひずみも全くなくよく聞こえることが確認された。

私が長文をいとわずにメーラーを引用したのは、彼が母の声を出生後迅速に聞き取る可能性と胎内でこれを獲得する可能性とについて、大変バランスの取れた考察を行っているからである。聴覚器官が胎児に備わっており、また妊娠期間の最後の数カ月には母の声を子宮内で聞くことができる事実に照らせば、ほとんど不可能と考えられるほど（一二時間という）短時間の刷り込みメカニズムよりも、充分注意しながらであるが子宮内伝達の仮説の方を暫定的に採用してもよいであろう。私はこの中で問題とされている録音を聞くことができ、それが非常に明瞭なものであったことを保証することができる（音楽も明瞭に聞こえた。ベートーベンの五番が驚くほど朗々と聞こえた）。母以外のまわりで世話をする人々も胎児の間近で接触しているから、彼らの声も子宮内で学習されているであろう。これは断言できないが、その場合でも母が最も有利なことは胎児との接触が全面的であり、また胸郭で響く声が胎児をとりまく音の環境中で最も有利であることからも充分想像できる。

母と胎児の絆に関するその他の多くの側面はよく知られているし、また科学者による観察もなされている。その中ですぐれているのはクラウスとケンネルの『親子の絆』[35]である。これは母ごとに胎児に対する反応に大きな差異があること、およびその考えられる理由についても注意を払っている。興味深いことに、かつて自分の親から無視されたりひどい扱いを受けた経験のある母親は、胎児に対しても積極的でない傾向があった[36]。このように女性が「胎児を人間と見なす」傾向には差があるものの、三六週間後になると面接した妊婦の九二％は胎児を「ほんものの人間」と感じる、としている。胎児が子宮内で動くことに対して強い情緒的反応を示すだけでなく、子供の健康と正常さに関してさまざまな不安が次第に高まることも認められた。ブレイゼルトン[37]ははじめて妊娠した母たちに精神分析的な面接を行ったのち、この不安は「ほとんど病理的な性質のもの」だと判断した。彼は妊婦たちの不安があまりにも大きくかつ内容が偏っているので、女性が母としてやっていけるかどうかについて「ほとんど悲観的な予想をしたくなるほどであった」としている。ただし、この恐れはその後必ず訪れる出産に続く母親の行動によってうち消されるものであった。彼はこれについて「妊娠にともなう混乱は新しい絆に備える準備……母という新しい役割に適応させる一種のショック療法……以前の状態であれば応えることが困難な、あるいは不可能なさまざまな要求をかかえた子供への感受性に彼女の全能力を解放させる過程」だと考えられる、と結論している。子供の「正常な」発達に必須な問題点に集中しているブレイゼルトンの見解は、それゆえに特に権威あるものといえる。妊娠期間の不安症候群が、母となるものにとって必要な「準備のメカニズム」であるとする彼の見解は母と胎児との絆における感情の振幅の深さを理解する上で基本的なものである。「異常」どころか、必要なものなのである。

これまで約三〇年にわたって集中的に研究が行われてきた、例のよく知られた母と子の絆の様相は出産後の現象である。ここでもクラウスとケンネル[38]は出産後数時間ないし一日目に生じる絆の効果に関する最良の集約を行っている。それをあらわしたのが次頁の表1である。

このような発見をもたらした研究は、ほとんどが「衛生」上の見地から出産と同時に母と子を隔離すべきかどうか、という問題に関連してなされたものであった。クラウスとケンネルの発見の結果、両者を隔離することはいまではほとんど行われず、子供は出産と同時に母に渡されるようになった。子供への病理学的危険がしばしば述べられてはきたが、隔離が母に抑圧的影響をあたえ母性機能を深刻に損なう問題の方が重視された。[39]左の表の項目の中で自明でないものについてすこし解説をしておく必要があるだろう。

母から子へ

4　同期行動——コンドンとサンダーの研究は、新生児が成人の声の性質に同調して動くことを示した。[†40] 誕生直後から新生児は母の声と身体の動きに「同期している」。映像のコマを追った分析から、この同期行動は「振り付けのように」正確で、相互作用が進むと共に強化される。

5　リズム付与——出産は幼児のリズムを狂わせる。出産直後から母親がたえず規則的に世話をしていると幼児は、この点が重要であるが、胎児の時に母の身体リズムと結びついて獲得していたリズムを取り戻す。

6と7　T細胞、B細胞、マクロファージ、バクテリア群——これらは母が乳と接触を通じて子にあたえるバクテリアと免疫学的な「贈り物」である。臭気に関しては、母乳による授乳の五日目には子は母とそうでない女性との乳パッドを区別する。

子から母へ

3　オキシトシン——乳児による乳頭への刺激によってオキシトシンが分泌し、子宮収縮を早め出血を止める（精神衛生研究所のトーマス・インセル博士による未発表の研究は、

表1　誕生後第一日目に母から子へ，子から母へ同時に起きる相互作用
（クラウスとケンネル1982から採用）

母から子へ		子から母へ	
1	接触	1	視線
2	視線	2	泣き声
3	高音の声	3	オキシトシン
4	同期行動	4	プロラクティン
5	リズム付与	5	臭気
6	T細胞，B細胞，マクロファージ	6	同期行動
7	バクテリア群		
8	臭気		
9	体温		

ネズミではオキシトシンが雄と雌、およびこれらと子供との絆の形成を直接促進していることを発見した)。

4 プロラクティン――これも吸乳刺激によって形成され直接は乳の分泌を促進するが、同時に絆の形成に関わっていると考えられる。例えば養母の場合、プロラクティンの形成がはじまると本来他人であるはずの子供に対する強い愛着が生じる(鳥類のプロラクティンも親と子の絆の形成に同じように寄与している)。クラウスとケンネルは以下のように結論している。

出産後ただちに母と子を一緒にすることがこれまで知られているさまざまの感覚、ホルモン、生理、免疫、行動学的な機構を発動させ、親と子を結びつけていると考えられる……この期間に起きる母子間のなだれのような一連の相互作用が両者の結合を強固にし、その後の結びつきを確実にすると考えることができる。[†41]

五 絆の継続と絆の切断

ここで、絆の切断に関する研究の多くが、出産後の鬱症状を対象とするもの以外は、[†42]母を失うことが子にどのような影響があるかということに集中していることに注意しておく必要がある。しかし私たちはその逆に、子供を失うことが母にとってどのような影響があるかという点に関心の中心がある。とくにこのことを強調するのは次のような理由からである。母と子の絆の密接さには根拠があり、また子が母のもとで成長できない場合が生じうる可能性は認められているものの、こんな場合に子が代わりとなる親のもとにただちに引き取られ、また（これが重要であるが）その代わりの親から愛情に満ちた保護を受けた場合にもなにか長期の害が子に生じうるかどうかについて、確固たる証拠がないのである。赤子は適応性の高いものである。あえて擬人化した表現を使えば、進化は母が子の「環境」となることを「期待」し両者をこのために準備させるが、それでも実母のいない状態では赤子は別の親に適応することができる。この場合例えば同期行動すべき新しい声を学習しなければならないが、それは可能であろう。また近代社会のように栄養状態がよく医療も受けられる場合には、幼児は母乳等々のあたえる免疫機能にそれほど依存せずにすむであろう。したがって、出産直後の状態を過ぎたならば子はあまり多くを失うことなく養母と絆を形成することができよう。

だから、幼児はもし誕生の時に自然の母親から離されて別の養育者に与えられても極端に悪影響を受けることはない。もっともこのように断定することはできない。すくなくとも当初はすでに「出来上がっている」絆を奪われるのだから理想的な状態とはいえないだろうし、またおそらく哺乳瓶によって育てられねばならないだろう。だが養子に出された新生児が健康で正常な成人になっている事例がある以上、不利な状態は埋め合わせられると考えられる。したがって私たちが検討する必要があるのは、(a)実母にはどんな害があるかということと、(b)また切断がどの時点であったかという重要な点である。

第二の問題はいつの時点で子供を生みの母すなわち実母から引き離すのがよいかということに関連するので、こちらの方を先に取り上げよう。こちらの方は、人類学の研究に影響を受けた児童心理学者たち、とくにジョン・ボールビーが直截な答を出しているので考えやすい。彼はできるだけ早くそうすること、それができなければ断念すること、と答えている。この結論の理由は、母と子の絆の主要な諸要因は最初の二年間に徐々に形成されるもので、この期間中に絆を傷つけることは些細なものでも長期にわたる病理学的な影響があると多くの研究が示しているというところにある。ただしこの論点は両面性を持っている。すなわち「子供の最善の利益」を肯定する論点であると見ることもできるが、「母の最善の利益」を肯定する論点として見ることも可能である。なぜなら母はこの問題に深い利害を持つ人格であることは否定できないからである。

このことをよく理解するには、私たちはある意味で幼児期に母を失うことに関する研究を逆の面からとらえる必要がある。養育者を失うことが子に悪影響がある以上、ではそれは母にはどのような影響があるのか、と。悲しみという問題については後で詳しく検討することにして、当面は次の問題を考えてみよう。喪失が子をそれほど深刻に傷つけるのであれば、失われる絆の「反対側」も同じく深刻に傷つくのではないか。もし子が母との絆によって母から「保護」を受けているのであれば、同じように母もこの関係によって「保護」されているはずではないか。すでに見たように妊娠期間と出産直後にはじまるこの絆という働きを、子を失うことによって彼女は完全に「喪失」しなければならない。

もちろんこうした絆の喪失に関する反応には、さまざまな個人差がありうるだろう。しかし私たちが関心を持っているのは、出産した子供を渡したくないと思うほど出産以前から子供との絆が強い母たちの場合だけであるから、このことは議論の障害にはならない。質問を次のようにいいかえてみよう。母が喪失を恐れるほどに子に与えるよう「準備」させられているものとは何であろうか。そのようなものを、ジョン・ボールビーの三巻本の傑作『愛着と喪失』が、とくに第一巻『愛着』がほとんど網羅している。[†43] 自分の研究とスピッツ、エインズワース、アンブローズ、ハーローズ夫妻、メイソンらの研究を要約しつつ、彼は次のような一連の行動が母と子の間の「愛着」のメカニズムを形成していると分析している。

- 視線と姿勢を向けること（このことが非常に早くから発達することについてはアミエル＝タイソンの研究参照[†44]）。
- 胸にしがみつき乳を吸うこと。
- 泣くこと、泣きやむこと。
- 笑うこと（はじめは「顔」一般に対する反応。のちに世話をするものにだけ特化する）。
- 泣き声以外の声（双方の喃語を含む）。
- 摑むことと触れること。
- 離されると不安がること。
- 接近と後を追うこと。
- あいさつ。
- よじ登ってあちこちたしかめること。
- 顔をうずめること。
- 母を周囲探求の基地とすること。

・母のもとに逃げること。
・まつわりつくこと。

(この有益なリストはコナー[45]から採用した。ここにはボールビーの作品のすぐれた要約が含まれている)。

はじめの六項目は最初の六カ月に特徴的なものであり、あとのものは次の六カ月に徐々に発展するものである。一年の前半は、匂い、泣き声、声、視覚、しぐさなど、離れたものに対する感覚器官によるコミュニケーションに力点が置かれる。次の六カ月で運動能力が発達するとともに、親密さを維持する機構が何よりも重要な作用をする。このような機構が「開花」することは、本能説によっても学習説によっても説明できない。ボールビーはこれを行動学的な見地から次のように考察している。人間の進化の長い歴史の中では、直接に世話をするものから離れた状態、あるいは無視された状態では子は重大な危険にさらされていた。こうした淘汰の中で母と子の絆を維持し、強化する機構が早くから作られたのだ、と。この機構は、ハーロウの実験が示した下等霊長類にすでに備わっている食物の確保や単純な意味の保護のみに止まるものではない[46]。それどころか、「健康な」成人の人格を獲得できるかどうかは、この早い時期の親密さの過程を成功裏に終えることができるかどうかにかかっている。

ボールビーの作品の残りの二冊である『離別』[47]と『喪失』[48]に代表される第二の研究は、この絆が断絶したときに子供の福利と成長に精神的・肉体的にどのような影響があるかに関するものである。ハインドと同僚たちによる研究[49]は、猿の場合わずかな時間子供を取り上げても大きな悪影響があることを示したし、ボールビー自身の研究は人間の場合母を長期間取り上げると間違いなく子にとりかえしのつかない影響があらわれることを示した。マーガレット・ミードが行ったような、母に相当するものが一人でなく複数いる社会がたくさんあるという批判から見解の修正もなされたが、研究の発見全体を否定するようなものではなかった。拡大母系家族社会で、実母以外に世話をするものが多数いる社会で母の喪失が引き起こす病理的な悲嘆に関する私自身の研究でも[50]、実母に対しては特別の愛着が見られ、この絆の破壊が深刻な病的状態を引き起こすことが見いだされた(ただし、これらの病的状態は儀礼による癒しの機構によってかなりたくみに救われていた。このような機構は私たちの社会がまったく失ったものである)。多くの研究からわかることは、子供に実母に代わる愛着の対象を与えれば部分的な回復は望めることや、動物種による若干の差異があるものの、喪失は何らかの病理状態を起こす傾向があるという発見は変わらなかった。以上のことを要約してみよう。

子供はタブラ・ラサ〔白紙〕ではなく、遺伝学的なプログラムの「展開」がもたらす予測可能な機序に従いつつ世の中で絆を結ぶことができる対象あるいは対象群を「探す」。最初の極度に無力な状態で求められるのは、ほぼ常に生物学上の母である。すでに見た「授乳複合体」はすべての哺乳類の根元となる生物学的機構であり、なかでもヒトという種はそれを必要とする(安全に人工授乳ができるようになったのは比較的最近のことである。また人工授乳が可能になったからといって進化の中で形成された機構をくつがえしうるものではない)。乳母や養母による授乳が代わりに与えられれば、初期の小さな欠落は補償することができ、乳児はこの授乳者に執着する(一旦このような新しい絆が生じた場合、この絆が「もし」切断されると子は深刻な悪影響を受ける)。子が生後間もない時ほど、再適応はうまく行くように思える。ただし、ハインドの研究が示すように、ごく早い時期でも短時間隔離するだけで長い間影響が残るという事実もあるので、これは断定できるほど明確ではない。代わりの絆の対象が与えられれば相当程度までリハビリテーションが可能であるが、同時に隔離の後遺症として、成長する子供の情緒になんらかの永続的損傷が生じるという深刻な証拠もある。

私たちはボールビーの研究がたんなる科学的好奇心からでなく、制度化された施設の中で献身的な介護者によって健康や栄養上の必要を満たされている幼児が、にもかかわらず「自閉症」その他の重い行動傷害を訴えるという現実問題を究明したいという願いから始められたことを忘れてはならない[†51]。このボールビーの研究の結果、多くの国の法制度は「子供の最善の福利」とは、母が狂気などでその役を遂行できないとき以外は、たとえ他のさまざまな処置が講じられている場合でも、子供を実母のもとに置くことであると定めた。これは一般的経験則として間違っていないことだろう。もちろん個々の事例がそれぞれの特色によって判断される必要はある。

以上が既知の事実であって見れば、それは私たちの問題にどのように寄与するだろうか。時期の問題に関してはもし子を連れ去るのなら出生とともに、すでに形成されている母と胎児との絆がさらに成長する以前であるべきだ、といえるようである。しかし母に対する影響はどうであろうか。母の悲嘆は次の節で検討するが、この節で検討しているのが同じ問題を片側から見ているだけだということを銘記すべきである。これを次のように表現しよう。絆を「追求する」生きたプロセスの中で、子がタブラ・ラサでないように、母もまたそうなのである、と。母はこの結びつきを形成する機構のプログラムの中で反対側の決定的な部分なのである。母はこの役割を果たすために妊娠期間中を通じて生理的にも情緒的にも準備を整えていることはすでに見たとおりであり、この役割を遂行すべく生理機構をととのえているのである。私たちの文化は、進化のプロセスが「意図した」この相互作用の多くを否定しているかに見える。バートン・ジョーンズが幼児を隠そうとする動物種に対して幼児を連れ歩く人間を含む種について乳と授乳に関して行った研究を例に取ると、後者の種では授乳の持続性が大きいことが示されている。[†52] コナーとワースマンが行ったンクンサン・ブッシュマンの研究では、人類の祖先と似た条件で生活しているこの狩猟部族では子供は一時間に四回の授乳を受け、離乳は三ないし四歳と非常に遅い。

進化は母に対しても、子供同様に長期の親密な絆を継続する能力を与えている。幼児が何を必要としてもそれに応えられるように母親がそこにいてそれを与えることができる。こんにちの小児科医がなにか助言をはじめる以前から、もちろんスポック博士の助言以前から(彼の助言はこのような発見とはしばしばかけ離れている)、母親はこのような相互関係を確実に維持してきたのであり、その確実さは子供が経験から必要を学ぶのにおとらぬほど経験から学ばれたものである。こうした相互の過程を中断することが子供に対して破壊的影響をもたらすのであれば、母に対しても当然同じほど破壊的影響があると考えるべきであろう。科学に尋ねる必要すらない。子を失った母に尋ねてみるがよい。

結論を先取りすれば、もし生みの母が望まないのに子供を取り上げたいというのであれば、九カ月間継続した実績があり、かつ幼児期中の継続に備えている絆をなぜ切断しなければならないのかについて、充分な理由を述べる義務があるだろう。法的な、あるいは遺伝学的な条件がどうであれ、子供に対する生物としての権利が第一義的に生みの母にあることは疑問の余地がない。

六　子の喪失の嘆き

まずこの嘆きと悲しみが現実のものであり、同時に秤量できるということを証明すべきであろう。ホーファーは、[53]子供を失って悲しんでいる親の排泄物の化学的組成が、そうでない親のものと異なることを示した。激しい悲嘆の期間には心因性の内分泌機構が変化する。そのような直接的で確実な証拠がなくとも、みずからそのような悲しみを味わったもの、あるいはそのような人が近くにいたことがあるものなら、悲しみの情緒的激しさとそれが全身におよぼす組織的作用を見誤ることはありえないだろう。これは単に人間だけに固有の感情ではない。初期の作品で、ローレンツは動物が子や伴侶を失ったときの嘆きに類似した状態の表現について叙述している。[54]スオミも、成長した猿がその一族から隔離されたときの憂鬱な行動が、明白に観察できると述べている[55]（またさまざまな種の比較についてはヤング他を参照[56]）。もちろん、ジェーン・グッドールが行ったチンパンジーの母親フローが六カ月の子供フレームの死の際に示した反応と、その後彼女の息子フリントがフロー自身の死の際に示した嘆きの反応に関する記録も忘れることができない。[57]フリントは何日も嘆いて泣き続け、とうとう死んでしまったのである。解剖結果からは、死の理由が発見できなかった。ハンバーグと同僚による悲しみとそれへの対処に関する研究は、今や悲しみとその治療に関する一連の産業を作り出しているほどである。[58]

自分の意に反して子を失わざるをえなかった代理母の悲嘆を知るために私たちが本当に依拠するこ

とができる資料は、子供を養いたいにもかかわらず養子に出すしかなかった母たちの記録である。ソロスキーたちが行った研究が今までのところ米国でもっとも完備したものである[†59]（ライナーソン、およびデイキン他も参照[†60]）。彼らは一〇年から三〇年前までに養子に出したことがある母たちをインタビューした結果、その五〇％がいまだに失った子供に対して喪失感、苦痛、悲しみを持ち続けていることを知った。三七％が子供の誕生日を覚えていて「何か特別なこと」をその日に行うとのべた。三一％は養子に出したことに安堵と満足を感じていたが、すでに述べた通り絆の強さにはつねに差異があるといえよう。ただし、八二％はいまだに子がどう育っているかや幸福でいるかどうかが気がかりだとのべ、また八二％が再会ができればと感じていた。要約すれば、気がかりを感じない生みの親はわずかで、すくなくとも半数がなんらかの悲しみの徴候を持っていたことになる。ここに著者たちが引用している手紙の悲痛さを再現することはできないが、それらは養子の場合でも親たちの悲嘆は子に死別した親たちと同様に強い後遺症となっていることを示していた。それも、長い場合は子に分かれて三〇年もたってからである。

そのような悲しみが極端になると「学習性無力感」といわれるものが起きる場合がある。これは最初セリグマンとメイアーによって犬に関して発見されたものであるが[†61]、人間の場合の病状としては現状から来る情緒に対するストレスにまったく対抗するすべを知らないほど無力感にとらわれ、やがて生理的な破綻につながるものである。胃潰瘍、脳のノルアドレナリン水準の枯渇、などが代表的症状である[†62]。子供が白血病で死に瀕している親たちは、副腎皮質ホルモンのひとつであるコルチゾールの主要代謝産物17‐ヒドロキシコルチコステロイドの水準が異常に高く、長期にわたる心因性のストレスに長時間さらされていることが定量的に示されている。[63]

このような証拠はまだたくさん挙げうるが、そのすべてが私たちが最初に指摘したことを裏付けている。子の喪失はどのような形で引き起こされたものであれ、測定可能な身体の衰弱と心身に障害をもたらす悲嘆を結果する、ということである。子を手放し二度と再会しないということは、親から見れば子を死なせたということと等しい。子を放したくないというほど母に愛着が深く、そのためには争うことも辞さないというほどであれば、では代理母契約や養子縁組契約を満たすために極度の悲嘆の病理が起きてもかまわないと言えるか、と私たちは自問してみるべきだろう。

七　幼児の福利は不変に保たれうるか

「子供の利害を最優先する」ということが代理母事件の要因の中に含まれているため、私たちは手短かに出生時あるいはその後に養子にされた赤子に害は及ばないのかという問題に立ちかえる必要がある。これに関して、主として行動の遺伝という見地からのものであるが、この問題に参考になる研究がヨーロッパにいくつかある。これらの研究は、ある種の反社会的性質の遺伝的特徴が、養子に出されるとどのような影響を受けるか、という問題を関心としたものである。それらは二つの発見をした。女児の方が男児にくらべて影響されにくいこと、および「多重養子」（複数回養子にされること）は望ましくない影響を起こしやすいこと、である（例えばクローニンガー他を参照[64]）。

「母の喪失」の長期的影響や子供への後遺症が長期的にどうなるかについては、まだ多くの論争がある。異論なく認められているのは、母の喪失が長期にわたる悪影響を持つという「ハーロー効果」

は正しいという点である。母が隔離されて折々に世話をする期間がある場合も、長期の悪影響があるという「ハインド効果」も正しいようである。はっきりしていないのは、世話が充分でない場合や世話に愛情がない場合（ボールビーの「愛情欠乏」にみちびく）、さらには虐待がある場合にはどのような長期的影響があるか、という点である。先に見たように私たちはこの中に「多重養子」の場合を加えるべきであろう。これらの研究の確実性がなお低く、また主として遺伝する特徴に関するものではあるのだが。

ケーガン[65]、ベイトソン[66]、ダン[67]、サメロフ[68]などの一群の学者はこれまでに、最も深刻な影響以外なら子供は成長過程で失ったもののほとんどを「回復」することができる、と繰り返してきた。この見解に従ってナバホ族の子供を研究したチザム[69]は次のように述べている。

このように愛着説が、相互に感受性に欠け、また相手に応えようとしない関係が母と子の間にあるときには発育に相当の悪影響があると説き、またまた多くの研究がすくなくとも短期的な影響のあることを示している事実にもかかわらず、われわれは不安定な愛着があとあとまで何か明確な影響を残しているとは必ずしも言えないこと、幼児期の体験が成長後の行動に影響を残すとすることには疑問があること、さらに他の子供の行動に影響を持ちうる子供は、自分自身の発達の方向にも影響を持ちうるはずだということ、などの複雑な事実を考えなければならない。

これはいいかえると不十分な母と子の相互関係から起きる「愛着欠乏」は、現実の喪失のあとで生じる「成長促進作用」という情緒上の等価物によって相当程度補償される可能性がある、ということである。

「絆仮説」の全体については、最近さらに深刻な問題が起きている。これはおそらく、法廷や病院による過度の「ボールビー説への傾斜」の反動であろう（ハーバート他、およびラムとホワンなどを参照[†70]）。これらのほとんどは単に初期の研究に関する方法上の批判にすぎず、仮説を破棄すべしというものではなく、より厳密な再試験を行おうと提案するものである。また、初期のボールビーの追随者が絆の断絶の結果永久に回復不能の損害が生起すると見たがる性急さと同じほど性急に、最近の批判者は影響がゼロだと論じたがる。事実はもちろんその中間に存在する。母と子の体験に関するより注意深い行動学的研究が重要なのであり、「肯定か否定か」を単なる実験によって決めるようなアプローチは適切と言えない（この問題のすぐれた要約はデールとウイルソン参照[†71]）。

あらゆる根拠がすべて網羅されたわけでないのは明らかであるが、しかし私たちは当面の結論を反復しておくことが可能である。すなわち、幼児が母の世話からきびしく遠ざけられたり多重養子にやられたりしないかぎり、出生時またはその後の養子縁組から子が悪影響を受けるという確定的証拠はないことである。このかぎりで私たちは赤子への「害」が最小限に押さえられなければならないこと、また実父への影響は、個人差はあるにせよ小さいであろうことを推論しうる。だがそれらに比較すると実母はこの「三者」の中で最大の被害を受ける可能性がある、という想定を維持することができるだろう。

八　父の役割

ここでは子に対する遺伝学上の寄与に疑問の余地が生じないように、父＝父権者とは実父であると仮定しよう。そのとき問題になるのは、彼に五〇％の遺伝的寄与があるとすれば、その父の権利は母が妊娠期間中と出産と絆の形成を通じて生理的および精神的に行った大規模な寄与に比べるとすくないといえるだろうか、ということである。この際、母と胎児のあいだに行われる絆の形成過程と、父が持つであろう感情とは別物であることをはっきりさせる必要がある。父の感情は、血のつながりがある彼以外のものたち——例えば祖父や兄弟姉妹——同様に強いであろう。しかしこの感情は基本的に主観的な、当人のみに関係する「一方向」の感情である。たしかにクラウスとケンネルが実証したように、[†72]母と妊娠期間中を共にすごし、出産を手伝い、その後も赤子を世話しミルクを飲ませた父は強い情緒的絆を形成する。しかしこれは母と子が妊娠中および出産後に形成する絆の「客観的」状態とは比較できないものである。父を含めて他の誰もが子を実際に身ごもり、先の節で記述したような生理学上の変化を共有することができないという単純な事実から、母以外の人々と子供との真剣な絆ははるかに後の社会的相互関係の産物である。[†73]この種の絆は、子と母との生理的な絆と比べることはできないものである。生理的代謝という見地からみた母の寄与は絶大であるが、父のそれは無視できるほどである。

さらに、父が妊娠中の母とかかわることができず、出産にも出産直後の経験にも関与できない場合——精子提供者や代理母契約の当事者である父親がこれにあたる——には絆が形成されるのはさらに後のことになる。このようなものが母と子の共生から生じる「相互関係」の程度に到達できるのは、子の生涯のはるか後になってである。すなわち、父と子の絆が喪失によって子に深刻な影響を与える可能性があるほどになるのは、子が成長してはじめて起きうるのである。

したがって、このような絆が生じうるまでは、たとえそれが父から五〇％の遺伝学上の寄与を受けた別の子供であるにせよ、法のいうところの「実際的な目的に関する等価代替物」なのである。代理母を志願するものの大多数は、契約にしたがって出産後容易に子供を渡してくれるのが普通だから、代わりとなる子供は別の代理母から容易に手に入れることができる。その場合生じうる時間的な遅れや、彼が供給しうる多くの精子の中から一つの精子を提供したことは、実母の子に対する要求を凌駕しうるほど強い根拠にはなりえない。母にとっては「その特定の子」に対する有効な代替物は存在しない。その子の喪失は彼女にとって事実上その子の死であり、先に叙述したあらゆる悲嘆の結果を生じうるものである。この喪失を補償しうる代替の子を得る方法はないのである（母と子との絆の強さには個人差があるという事実は再確認しておく方がよいであろう。ただし、私たちがここで関心を持っているのは先立つ契約事項に反して子を渡すことを拒否したことが物語るほどあきらかに絆が強い事例である。実父の子に対する感情の強さに関しても個人差があるであろうし、とくに代理母の事例の場合には彼が子を得るために労苦と金銭とを払っている以上、その感情は強いであろうと推測はできる。だが同時に、子を放棄または養育を怠る――八〇％にのぼる――あるいは虐待する、といった父親の記録を前にすれば、一般論として母の場合に比べて弱いと考えざるをえない）。

実父が絆を形成しえないからといって、彼が深刻な失望を味わうことは起きうるが、それが絆の喪失でない以上、彼にとってはその失望を受け入れ、別の子供の父親となることによって、その「損失」を補償することは容易であろう。彼が「自分の」子との間に持つことのできる絆は単なる想像上のものであり、生理的現実ではないのである。想像上のものに対する損害を過小評価すべきではないにせよ、その損害は母にとって現実に起きる損害にはとうてい比較すべくもないものである。この事件の実父は同情に値するが、では彼は実母の拒否を押さえて子を拘束する排他的権利を認められるべきであろうか。

法廷の決定——親なる国家の優越

ベビーM裁判事件は世界中の新聞・通信社や主要テレビチャンネルが大げさにさわぎ立てた結果、たちまちメディア・サーカスの種になったので、ここでまたその細部に立ち止まりたくはない。事件は三週間ものあいだ国中のメロドラマのようになり、来る日も来る日も微に入り細にわたって報道され、週末には新聞が特集記事を組んで学識経験者どもに賛成や反対をさせ、ごくごくまれにはよいコメンタリーも書かれた。だから細部は誰でも知っている。それに、どのみち私たちに関心があるのは裁判そのものよりは裁判所の決定である。判事は前節までに実証してきた事実を、どこまで裁判にとって決定に重要なものとして考慮に入れたのだろうか。またその決定はこのような事実をどこまで反映しているだろうか。

まず最初に、判事は裁判に関係深い証言の多くを排除し、関係が薄いものばかりを多く採用しようとし、それに成功した。彼は事件当事者に直接言及せず、いうところの「仮説的に」話す「エキスパート」の多くを排除した。その結果、多数の程度の低い、ときには単に無能な「エキスパート」に、彼らがホワイトヘッド家あるいはスターン家またはその両方にインタービューしたという理由で証言を許した一方、先に私たちが多くを学んだ『親と子の絆』の著者クラウスやケンネルのような人の証言は阻止された。例えば母に対する長期的な弊害に関する証拠は、想像するに問題の「この」母への弊害はまだ起きていないから「仮説的である」という理由で許可されなかった。その反対に、スターン家の方には「著名な」精神分析医リー・ソーク博士の喚問が許可され、彼もインタビューをしたわけではないがインタビューのコピーを読み、それにもとづいて「アセスメントを行った」。彼はこの労に対して五〇〇〇ドルを受け取っていたが、そのことは彼がホワイトヘッド夫人を「代理母でなく代理子宮である」と結論したときにまる見えであった。彼女がいかに「ごまかしに満ち、衝動的で、貪欲」(判事のことば)であるかを証明しようとスコロフ弁護士がぬかりなく組み立てようとしていた論陣は、このソーク博士の露骨な非人間的発言に聴衆がやや怒りをあらわしそうになったため、一時後退を余儀なくされた。これは、世論がホワイトヘッド夫人の窮状にわずかながら同情した、はじめての機会であった。

だがこれまでにすでに充分大きなダメージが加えられていた。判事は、結局のところ自分の行動を弁護していたのである。その目的のために、ホワイトヘッド夫人が母としても人間としてもいかにひどいかのように描写することによって、彼がはじめに裁判もなくホワイトヘッド夫人から親権を剝奪したことを正当化し、彼女の権利を否定しても誰も彼を不当と思わないようにしようとしていた。ベビーMの法定後見人としてロレーン・アブラハムが指名された。このことは、ホワイトヘッド夫人に不利なさらに多数の「エキスパート」を順番を狂わすことなく喚問しうることを意味した。彼らの証言は「中立」の建て前を取っており、法定後見人はそのように宣誓したが、実際には法廷後見人の喚問する証人は、裁判中とそれ以前とを合わせて二四時間以上もスターン女史と会っており、共謀していることは明白であった。彼らは、スターン家が呼んだエキスパートと共に、メアリー・ベスの人格をけなすことに熱中した。証人がどのような性質のものであったかを知るには、児童精神分析専門のペンシルバニア大学名誉教授マーシャル・シェクター博士が、他の「エキスパート」たちと共に一万二〇〇〇ドルの報酬を受け取っていたという深刻な事実から判断することができる（ホワイトヘッド家側の証人はすべて無報酬である。彼女は彼らに払うようなものをおよそ持っていなかった）。『ニューヨークタイムズ』の辛辣な記者ラッセル・ベーカーの記事を引用するのが、もっともわかりやすいであろう。

シェクター博士は……こどものしぐさについてでも正しい方法と正しくない方法を知っているというくらいの権威だ。正しくない方法というのは、ニュージャージー州ハッケンサックのベビーM拘禁事件での証言によると、こどもが手をぴしゃぴしゃさせたときに「よしよし」というのはいけないのだそうだ。では正しい方法はというと、そのときはおとなも真似してぴしゃぴしゃさせながらこれは「ぴしゃぴしゃ」だよと教えることだそうだ。……彼は専門家証人として「子供の保護のために」判事がホワイトヘッド夫人の親権を終了させるべきだと力説した。彼は、ホワイトヘッド夫人が子供にパンダのぬいぐるみをあたえたこともお気に召さないようだ。シェクター博士は遊戯学部教授としてはキッチン派らしい。「鍋、フライパン、スプーンをあたえる方がパンダより適切だ」と証言なさった。というわけで、法廷がエキスパートたちの意見を受け入れることになれば、彼女は子供に面会する権利も剝奪されることになりそうだ。

現代の偉大なブラックユーモアの達人フランツ・カフカの筆といえども、ハッケンサックの高裁がニュージャージー州の納税者の金を使って作り出したこの陰鬱な情景には及ばないかもしれない。善意でメアリー・ベスを助けようとした試みも、滑稽な笑いものにされた。彼女の人柄を証言するために隣人のスー・ハーゲナムが呼ばれた。ホワイトヘッド一家がフロリダに逃げていた間、ハーゲナムはホワイトヘッド夫人が出したようによそおいながら判事に手紙を出した。その手紙を法廷で示されて、ホワイトヘッド夫人は発送の事実を否認した。ハーゲナムはもう一度証人台に呼び出され、涙ながらにそれを告白した。そのとき判事はまるで脳卒中にかかったようになり、「何者かが法廷を愚弄している」と怒りだした。他の点では聞くべきところがあったハーゲナムの証言は無効になった。

このごたごたの中で、契約に関する争点は見失われた。判事は最初二点に関する裁判を命じた。契約に関する争点と身柄引渡しに関する争点とである。しかし控訴審は再審理を一つの争点に限るように命じていたので、判事はほとんど神学者のような巧妙さで審理を二部分からなる一争点の裁判とすると決定した。最初の部分に関する審理は、双方の弁護人が契約の合法、非合法を弁論しただけで、数時間で終わった。判事は契約に関する「専門家」の証言を禁じた。その必要がないとのことであった。その上、判事は「倫理、道徳、神学に関する問題に立ち入るつもりはない」とした。ということはいいかえれば、最初の部分に関する審理はごく短時間で終わるということであり、事実そうなった。判事もスコロフも希望したとおり、審理はすぐに身柄引渡し問題の部分に移行し、この部分はあたかもホワイトヘッド夫人の人格をめぐる応酬の様相を呈した。

スコロフは身柄問題専門の弁護士で、裁判が始まる以前に裁判を身柄引渡し問題に集中させる戦術をとるつもりであり、これには「勝算がある」と語っていた。勝算とは、つまりあらゆる問題に「時間が必要」と主張して裁判をできるだけ長引かせることである。ベビーMがスターン家に長くいればいるほど、どの法廷も「子供の最善の利益のために」幼児の返還を命じる可能性が減る。この戦術は判事と法定後見人の黙認のもとに完璧に効果を発揮し、ニュージャージー州最高裁から審理は一月五日から始めよという決定を獲得した。さらに、判事がスターン夫人の申し立てる妊娠不可能という問題の詳細はプライバシー保護のために公開しないと決定したところから、あたらしい遅延戦術がはじまった。新聞三社が情報の開示を求めて提訴した。さらに判事はホワイトヘッド夫人がこの情報を知ってはならず、それのみならずこの問題が論議される時は法廷にいてはならないと決定した。当然控訴審も最高裁もこの二つの決定を却下した。

次の戦術は、スターン夫妻が折り目正しい、中流階級の、教育のある、専門職についている夫妻で子供にすばらしい家庭をあたえることができるのに対して、労働階級（これと同じ表現が使われたわけではないが）に属し、貧困で怠惰で信用できないホワイトヘッド夫妻が子供にふさわしくない、という構図を描いてみせることであった。なかでも、もの静かで誠実で有能なスターン夫人と、無能で狡猾で嘘つきで子に過保護で教育のないホワイトヘッド夫人を対比させる手法が使われた。公選弁護人ハロルド・キャシディーはスコロフ弁護士の仕掛けた土俵で対決することを拒否した。彼はスターン家に対してエキスパートを呼んで泥仕合をしようとせず、ホワイトヘッド夫人が妻として、母として、隣人としていかによい人であるかを証明しようとし、彼の喚問した証人は、スターン家の（および法定後見人の）高い報酬を受けた証人たちが言いたてる証言相手に最善をつくした。スターン側のエキスパートたちの証言は、離れて客観的にみると馬鹿げているように思えるだろうが、これが法廷の結論において依拠されることになる一連の「専門家の証言」となっていたことを忘れてはならない。判事は明らかに中立でなかったが、仮に彼が本当に中立であったとしても、彼は結論を下すにあたってこれらの専門家の証言から自由であることはできなかったであろう。証言の矛盾などを指摘することはできたであろうが、基本的には彼はすべての証言を、「ぴしゃぴしゃ」証言も含めて対等に扱う以上のことはできないであろう。結局のところ、彼は対立する証言の「力学」の中間で結論を出すことしかできず、実際に呈示されたことをくつがえすのは自分の仕事ではないのである。パンダ反対、鍋賛成という証言も、ナルシストで分裂病で極端なという性格描写やその他のホワイトヘッド夫人の悪徳、非行、不適切さのリストと共に材料の中に加えられる。これらの証言はもちろん「反駁」されたが、すでに指摘したように判事は自分の最初の決定をさかのぼって正当化してくれるようなホワイトヘッド夫人に関する証言以外は信じないと決めており、またキャシディー弁護人はスコロフ弁護人がホワイトヘッド夫妻に平気で加えたような中傷を、スターン夫妻に加えることをあえてしなかったのである。結論ははじめから決まっていたも同然である。私たちはそのような結論に目を向けることになる。

ハーベイ・ソルコフ判事は、前例のないメディアの注目と世界中へ報道がなされた三カ月の審理の後、一九八七年三月三一日、自分の家族、親戚、友人用に一八の傍聴席まで用意した上で、判決を言い渡した。はじめから声を張り上げていた（以下の引用は『ニュージャージー法律ジャーナル』掲載の全文による）。[†74]

本訴訟において決定されるべき最大の関心は児童（以下ベビーMと称す）の最善の利益は何か、である。弁護人によって提起された他の問題はすべて補足的にすぎない。

この態度が判決のすべてを決した。私たちがこれまで論じてきた法的な問題点は、ほとんどすべてソルコフ判事によって「問題でない」と斥けられた。誰でも裁判は赤子が誰の子かを決めるべきだと考えるだろう。しかし判事にはその気は毛頭なかった。スコロフの思惑通りに、裁判は身柄引渡しの可否に関する戦いと化し、判決も身柄引渡しに関する決定となった。この事件においてはどの成人当事者にも衡平法上の正義はありえないと判事は述べ、どのみち彼にそれを考慮するつもりはなかった。「法廷は子に対する正義を追求する」。彼は、この目的をパレンス・パトリアエ（parens patriae）という原理の根拠において実現するという。パレンス・パトリアエは、大まかには「親としての国家」の意になるが、これは判事が、というより正確には彼の書記が、ギリシャ時代や英国の衡平法や衡平法廷、およびそれらが一九四七年のニュージャージー州憲章によって採用され、州最高裁衡平法部家庭部会の力能を確立するにいたった経緯から探し出してきたものである。

ソルコフはもともと家庭裁判所の判事で、契約や憲法問題の専門家ではないことを記憶する必要がある。だから彼は自分の仕事は、他のあらゆる問題点を「子供の最善の利益」に従属させることだと考えていた。なぜならこれが家庭裁判所の事件処理の伝統的なやり方だったからである。彼が契約の合法性や憲法上の諸問題を「たんなる補助的なもの」と乱暴に斥けたのには、この立場が反映されている。

全員が専門家の証言、陳述として痛切に開示された幼児の訴えに耳を傾けるべきであり、本法廷もこの訴えにこたえるため必要とあればそのあらゆる権威を行使することを辞さないものである。

こうして、「親としての国家」の観念のもと、またはじめから明白にホワイトヘッド夫妻が親として不適格であり（ホワイトヘッド夫妻は彼が発行した特定契約履行命令に異議を申し立てたにもかかわらず）、他方スターン夫妻は模範的であるという予断のもとに、彼は次に契約の適法を結論し、ホワイトヘッド夫人の親権の停止、およびベビーMがスターン夫人の養子となるべきことを命令し、スターン夫妻のみが親権を行使しホワイトヘッド夫妻には面会の権利がないとした。これらのすべてに「子供の最善の利益」という前提がつけられている。例えば私たちは先に「特定履行」の問題点について論じた。判事もこれは考慮に入れたが、にもかかわらず次のように結論する。

本法廷は特定履行が存在すべきであるかどうかについては……それを行うことが子供の最善の利

益であるか否かにかかっていると判断する……法廷は明確で信頼しうる、またいかなる合理的疑いの余地もありえない証拠にもとづいて、メリッサが父の親権のもとに置かれることがその最善の利益であると判断した。

特定履行への言及はこれだけである。

契約そのものに関しては、判事はニュージャージー州憲章には代理母に関連する規定がない、という事実に依拠して考察する。彼が述べるには、子供は自分の自然上の父親に「売られた」のではなく、彼が代理母の「サービス」（ということは彼女は正真正銘のレンタル子宮になる）に対して報酬を払ったにすぎない以上、児童売買の禁止に関する諸法には抵触しない。またスターン氏が自分の子供を養子にする必要がないし、判事が巧妙に論じるところでは、スターン夫人が養子とすることを契約はなにも規定していないから、契約には養子縁組に関する法規も適用されない。この契約に該当するいかなる法規も存在しない以上、契約内容の特殊な性質にもかかわらずこの契約は通常の商業上の契約と見なされるべきである、と彼は主張する。こうして、ホワイトヘッド夫人は養子縁組の際に法によって保証されているテストを受ける権利は拒否された（法には、子供に現実的な虐待などを加えたような場合に法廷での聴聞によって特別に不適格と認められたのでない限り、生物学上の母をもっとも適格な母であるとする前提がある。ホワイトヘッド夫人は契約の中で自分が「母と」ならないことに同意したのだから、彼女はこの前提の適用を受ける資格がない。したがって彼女にはこの前提も適用されないと判事はいう）。

この契約には詐欺があったという論点も、判事はしりぞけた。事実、スターン夫人の医学的状態〔妊娠できる。忙しいだけ〕に関する所見はホワイトヘッド夫人には知らされていなかったし、また精神分析医がホワイトヘッド夫人には潜在的に子供を渡したくない気持ちがあるとした所見も知らされていなかった。しかし、(a)「妊娠不可能」という語は妊娠することが危険であるような場合全体を指すものであり、また、(b)そのような知識の開示は代理人としての病院の責任であり、スターン夫妻は代理人の行為に関して責任がない。この問題に関してホワイトヘッド夫妻は代理人を訴えたのであり、スターン夫妻を訴えたのではないから、彼らは事実上このような結論を黙認したことになる、と判事はいう。いいかえれば、詐欺があったかもしれないがそれは、すくなくとも技術的見地からすれば、スターン夫妻のせいではない、ということになる。こうして、結局のところ実際に問われるのは「誰が子供の最善の親か」という問題だけになる。スターン夫妻はこの論法ですべてから免責された。

憲法上の問題も、判事は若干綱渡りを余儀なくされつつも、同様にこの判事によって簡略に処理された。たとえ契約条項のどの項目も「妊娠が起きる以前に」強制すること〔例えば受精〕がプライバシーの侵害であり、したがって違憲であっても、「一旦子供が懐妊されて以後は」その最善の利益が他のすべての問題に優先されなければならない。また懐妊以降であっても、妊娠中絶条項を強制することは憲法違反である〔新しい法解釈を行ったと判事は自認し、中絶が例外とされたことに留意を要求した〕。しかしながら、これら以外の条項は、もちろんもっとも重要な親権の停止を含めて、「特定履行されなければ」ならない、と。

この事件を支配する一切の法観念は「パレンス・パトリアエ」および子供の最善の利益である。子の出産を待ち、祈り、出産後の喜びを夢見ていながら子が渡されず、別の規則が適用されることになったとして法廷にこの経過の承認を求めるようなことは、本法廷の良心にいちじるしく反するものである。

母が子を放したくないと願っている場合に、どのような悪影響が彼女におよぶかにはひとことも触れられていないことが注目される。事実この問題も同じく「争点にあらず」としりぞけられた。母は単にもとの場所に帰ることができると判事はいう。どのみちこれ以上子供は要らないと思ったではないか。彼女の夫はそのために不妊手術を受けたではないか。だからここで特定履行を命令されてもなんら過酷でも不公正でもない(「出産の自由」の問題もまた父親だけに有利に解釈された)。この父親の権利にもとづく契約の特定履行に州が干渉すること自体が憲法違反とすべきであろう。(またしても)子の利益こそがなによりも保護されるべきであるのだから。

歴史的衡平の原則である「パレンス・パトリアエ」の前提にたち、本法廷は義務は果たされるべしとの基本原理を発動し……代理母による親権放棄契約の特定履行を命令する。

判決の主な箇条は次のように読める。

一　一九八五年二月六日の代理母契約の特定履行を命じる。
二　スターン氏に一時的身柄引渡しを認めた法廷命令は以後永久的なものとする。面会を認めた命令は取り消す。
三　被告人メアリー・ベス・ホワイトヘッドの親権を停止する。
四　スターン氏を正式にメリッサ・スターンの父とする。
五　ニュージャージー州保健局のすべての出生記録を親権に従って訂正し、子の名前をメリッサ・スターンとするよう命じる。
六　被告は原告（スターン）の親権と養育権を妨害してはならない。

私は、ベビーMの利益はスターン家に排他的に養育権を認めることによって満たされるとした判事の結論の根拠となった「エキスパート」たちの証言や、それ以外の理由に長々とは立ち入らなかった。その理由は、これらのコメントが一方的で偏見に満ちていることを把握するには、公判記録全体と綿密につき合わせなければならず、そうしなければ判事がいかに意図的にホワイトヘッド夫人の母としての適格性を傷つける証言ばかりを採用したかを理解できないからである。またこのことについては次の節で言及するつもりであり、のちに見るようにニュージャージー州最高裁も最終判決でこのことを指摘しているからである。私たちはしばらくの間、この事件が提起したひろい社会的問題について考察しておこう。

階級・契約 対 母性——きわめてアメリカ的なジレンマ

社会科学の中で最も多く引用されている理論は、社会の歴史は「身分」にもとづく社会関係から「契約」にもとづく社会関係への変化であったというものである。これは一八六一年にヘンリー・メイン卿が有名な『古代法』[75]の中で唱えたものであり、この著作は「未開」社会を把握するにあたって法、規則、法的用語を非常に重視した近代イギリス人類学の先駆けとなったとされている。メインは、合衆国における同時代人モーガンやフランスのデュルケム、ドイツのテンニース（およびマルクスとエンゲルス）らとともに、親族形態に大きな基盤をおく「未開」状態から、近代社会において親族関係の領域が縮小し国家対個人の関係が支配的になる大規模な変化に関心を持っていた。メインが関心を持っていたのは、マルクスとエンゲルスの場合のような「なぜ」ではなく、「いかにして」そうなるかということであった。そして彼の「いかにして」に答えるものは、契約の観念および契約を結ぶ個人、という考え方であった。

別の言葉でいうと、「法の支配」または国家の権力そのものではなく、「契約法」の力が、国家の力を背景にしながら、しだいに他のすべてから重要性を奪っていくということである。この発展の重要な鍵となったのは、家族が法的単位としての地位を失い、契約する個人にその地位を奪われるということであった。

あらゆる進歩的な社会の運動にはある共通点がある。発展のすべての過程において、家族への依存がしだいに解消され、個人の義務がこれに取って代わる。民法が考慮を払う対象として、「個人」が着実に「家族」の地位を奪っていく(「 」内強調はメイン)[76]。

身分を構成する「人と人」の関係は、人がその中に生まれてくる関係であり変化することができないか、あるいは変化が難かしい。この関係の原型は家族関係だとされる。だが社会が「進歩」するためには、旧来の生物的で神聖な家族関係や血縁にもとづくあらゆる関係を置き換えるために必要な別の基盤が、賢明な法律家によって考案されなければならない。この斬新で卓抜した考案はローマの法学者によって作り出された。彼らは約束、義務、信約、協定などの観念を取り上げ、そこから規約、口頭契約、合意による契約、またさらに究極的な、法の体系を構成したばかりでなく人間、社会、道徳、いや神の観念さえをも構成する真の契約の概念を作り上げた、とされる。

私はローマ法の、より特定すればローマ契約法の寄与によって形成された思想様式、思考過程、および技術用語によって構成される諸科学ほどすばらしいものを他に知らない。近代の知性の欲望を刺激したものの中には、物理学以外に、ローマ法の影響を受けなかったものは一つとして存在しない……政治学、道徳哲学、いや神学さえローマ法の中に表現方法のみならず、やがて最も深遠な成熟に達するための発想の萌芽を見いだした(同書)[77]。

このように、メインにとっては社会の変化の「進歩的」な根元は、法学者によって先導される知性革命なのである。

マルクスとエンゲルスは、もちろんこれは生産手段に対する社会階級の関係の変化を合理化するための「上部構造」にすぎないというであろう。商人階級の台頭と「商業資本主義」の成立が新しい思考への移行をもたらしたのだと。だがそうであってもメインは次のように主張するであろう。究極的理由が何であるにせよ「ローマ契約法」の言葉が事実上「道徳科学」の言葉になったのであるし、そのことを通して社会的、道徳的諸問題を考える支配的な思考様式になったのだ。そしてこの思考の発展の全体を通して、そこには親族の縮小と、血縁や神聖な義務による個々人の結合ではなく契約を通して結合する個人の役割の拡大とがあったのだ、と。

「家族」に由来する権利義務の相互性という形態をしだいに置き換えた人間と人間との間の関係が、何にもとづくものかを見て取ることも、困難なことではない。それは契約である。あたかも歴史がある発端から出発するかのように、諸「人格」間の関係が家族関係によって集約されるような社会状態から、われわれは着実に諸関係が「個人」の自由な契約に立脚している社会秩序へと進んできたかのようである（同書†78）。

これに対する例外は、分別ある年齢に達していない子供、後見人の世話になっている孤児、裁判で狂人と判断されたものである。彼らは（メインの用語を用いれば「契約法」の対照物であり）「人格法」の対象になる。だがなぜだろうか。なぜなら「彼らは自分の利益に関する判断を行う能力を持っていないからである。いいかえれば彼らには、契約関係に参加する第一の前提条件が欠けているのである」。この決定的条件――「自分の利益に関する判断を持つ」能力――が、近代人にとっての要となっていった。

メインは社会の「進歩的」運動を表現する法則を追求しようとする。この目で見ると、例えばヒンズー教徒の社会は「進歩的」社会ではない。なぜなら、彼らは(マヌ法典のような)すぐれた法を持ってはいるがすすんだ「契約法」を持っておらず、「人格法」すなわち「身分法」しか持っていないからである。メインはこの法則を有名な次の言葉で表現する。

われわれがすぐれた著述家たちの用語に忠実にしたがって、このような人格的状態を「身分」という語で表現し、これを直接に契約にもとづいて生じる状態から区別するならば、われわれは進歩的社会の運動を以後「身分から契約へ」と言い表すことができるであろう(強調はメイン)。[†79]

メインは身分にもとづく社会関係から契約にもとづくそれへの変化は、必ずしもスムーズなものではないことを認める。封建制度は大きな身分への逆行であったが、しかし一旦この運動がはじまると、否応なしに雪だるまのように進行する。それというのも、メインが論じるところでは、これは人々が自分の社会関係を「考える」ことができる道だからであり、それゆえに社会関係の中でより一貫性を持って行為することができる道だからである。さらにまた、領土の上に組織された国家――これもまたローマの影響の産物であるが――が、とりわけかつて遊牧的であった北方諸部族の間で発展すると、個人とこの国家との関係が究極的には契約関係として強く意識される。こうして政治理論が発展し、「宗教改革」によって世俗化が不可避的に進み宗教的基盤からの解放が進行するとともに、政治理論は人間が自己の利益のために他者との関係ならびに自分を統治する主権者との関係を契約としてとらえる、社会契約説へと発展するのである（ホッブズ、ロック、ルソー）。あたかもわれわれにとっては、人間同士を「見る」唯一の方法は「自己自身の利益のために」、いいかえれば利己心に従って、自由に締結した契約により結びつけられた集団として見ることであるかのようである。

アメリカ合衆国は、意識的にこのモデルにしたがって形成された最初の近代国家である。アメリカは王との契約を身分関係の色彩と共に破棄し、構成員同士が自由に作成した契約にもとづく社会に作りかえた。たしかに住民全員の投票ではなかったにせよ、（王の憲章でなく「メイフラワー号の誓い」を手本とした）信約によって結合した個々人の代表による集会がそれを作った。各州の個々人が「契約」によって憲章を作り、各州は集まって合衆国を形成する「契約」を作った。もちろん、そもそもの当初から奴隷の存在というあからさまな矛盾が内在していた。奴隷はかたく身分にしばられた存在であり、子供のように従属しており、契約を締結しうる個人としての「基本条件」を持ちえなかった。実際彼らはいわば財産のようにあつかわれ、契約の「客体」でしかなかったから、一九世紀初期には多くの憲法上の問題がここに集中した。しかしメインが一八六一年に書いているように、この契約論的政体は時代錯誤の親族規則にのっとる身分や人格法の名残を取り除こうと、大規模な内戦を戦っていた。（メインが著書を発表した時に起きていた）南北戦争は、彼の文脈から見れば身分対契約の戦いにおける最後の砦と見ることもできるので、身分の負けは既定事実のようなものであった。私たちが振り返ってみると、ある種の不可避性のような気配がこの戦争には漂っていた。契約が王位についたコマーシャリズム社会で、このような時代錯誤が生き残れるはずがないように思われた。神学政治はおろか、貴族政もモルモン教徒の共産制も、同じ理由で考えにくかった。たったひとりの帝王は、ウォーレス・スティーブンズが優雅に表現したようにアイスクリームの帝王なのである。

ローレンス・フリードマンは、法制史研究『アメリカ法の歴史』[80]（一九八五）の中でヘンリー・メインの論旨を踏襲している。メインの定式を肯定的に引用しつつ一九世紀の出来事を要約している。[81]もっとも、彼は一九世紀を徐々に変化が起きた時代というよりは巨大な躍進がなされた時代と考えている。

一九世紀は契約法の黄金時代であった。ブラックストーンの時代（一七六九）にさえ、契約は慣習法の殿堂の中で小さな一角を占めるにすぎなかった。ブラックストーンは巻全体を土地法に割いているが、公的でない自由交渉には多く見積もっても数ページをついやしているにすぎない。一九世紀には、英国においても米国においても、契約法が遅れを取り戻した。これは当然な発展であった。契約法は市場経済に最も適した法体系であった。離れた他人同士が非人格的な自由市場で交渉し、規則を作り適用することを可能にする包括的な法体系であった。封建制度の衰退と資本主義経済の台頭が、契約法を可能にした。アダム・スミスの時代にはそれは不可欠なものとなっていた。[82]

フリードマンはメインがあれほど強調した事実に言及するのを忘れていることに注意したい。ローマ法がすでに契約法をいちじるしい精度まで確立させており、それが後世の私たちの思考にも浸透していた、という事実である。もっとも、フリードマンとメインの見解に相違があるというわけではない。私たちの思考一般が深い影響を受けていたとはいえ、逆説的なことにはメイン自身が述べるように封建時代に契約法そのものは後退したからである。だから、一九世紀は契約法を新たに発明する必要はなかった。ただローマの契約法を再発見し再適用すればこと足りたのである。フリードマンは次のように続ける。

一八〇〇年以降契約の占める領域は着実に拡大し、法の他の領域を貪欲に呑み込んでいった……契約に関する条項のおどろくべき拡張（憲法修正第一四条）は、契約概念の旺盛な食欲を物語るもののひとつでもある。合衆国憲法は、各州が契約によって定められた義務を損なうことがあってはならないと規定した。だがその契約とは何であったか。最高裁は意外なほど広範な回答を与えた。公有地の払い下げ、大学の学則、行政機関による免税措置などのすべてが、この概念の中に包摂された。[†83]

フリードマンの起伏のない文調が、ここでは契約の「旺盛な食欲」が法のあらゆる領域を「何でも呑み込んでしまう」ことに対するある驚嘆の念によって急に変化する。おそらく彼のこの比喩が、次のような興味深い洞察に結びついたのであろう。

ある意味ではこれらの事例〔への拡張〕は契約概念を比喩的に用いている。州政府は広大な自由市場を支援する義務にしばられている。そのためには、企業が法的に結んだ契約の安定性を、すくなくとも短期あるいは中期的には信頼できるようにしなければならない。契約に関する修正条項はまさにこのような安定性を保証するもの、保証しようと努めるものであった。拡大する契約法の根本観念は原則的に同じものである。自由になされた取り引きは遵守されねばならず、必要なら、法により強制されねばならない。いかなる理由であれ、契約には「事後的な」変更は許されないのである。†84

別の表現を使えば、取り引きは厳密な意味ではすべてが契約ではないが、しかしそれらもすべて契約であるように取り扱われなければならない。なぜなら個々人（および、フリードマンは述べていないが、法が個人として取り扱う企業）によって自由に取り交わされた約束はすべて契約だというのが根本の解釈だからである。もちろん時代を追って変化が生じ、あるいは一六七七年の詐欺に関する法（契約は虚偽であってはならないから、例えば当事者が合意した証拠を文字に残す必要があるなど）のように古いものが生き残っている場合もある。また、契約が破られた際には損害を賠償するという方向に学説は徐々に変化している。しかし、フリードマンの一九世紀米国法に関する要約の骨子は単純明快である。契約は君主なり、というものだ。米国にみるような「進歩的国家」は、「社会関係を自由意志による合意によって組織する。個々人は自分自身の目的を追求し、みずからの『法』を作り、そのための基礎条件を完成させる」。これが、学説と世論とにおいて支持されている過去と現状の姿である。

以上に簡単に一瞥した古代および近代法の歴史は、もちろんそれ自体が目的ではなくメアリー・ベスの契約違反に対する反発をよりよく理解するためである。彼女はスターン家に抵抗しただけでなく、もしメインとフリードマンのいうことが正しいのなら、われわれの文明の根元に抵抗したことになる。母親という身分の権利が契約に勝ると主張することで、彼女は人々の目には国家と国家の属する「進歩的」文明が成り立っている基盤そのものを脅かしているのだ。もし彼女が商業上の約束を、たとえば単純な不履行によって侵害しただけだったなら、これほどの大衆的憎悪を引き起こすことはなかっただろう。大衆は「ものを買うには気をつけろ、いかさま師はどこにでもいるぞ」などと民衆の知恵の言葉を吐いただけですんだであろう。しかしメアリー・ベスが実際に主張していることは、個人と個人の間には（この事件での母と子のように）契約の対象にしてはならない「関係が」存在するということであった。このような関係は、通俗用語を用いれば神聖な関係である。これは身分のことばへの回帰であり、私たちが社会的・道徳的な生活を営んでいる「約束は約束だ」という例の原理に対して鉄槌を下すものであった。

彼女を支持した少数派——というのはごく自然な（つまり純粋で正直で自発的な）人々の反応のことであり、為にする法律専門家の話ではない——たちの多くは、自分たちの感情が時代錯誤であることを自覚していた。この人々の大部分はローマカトリック教徒であり、家族の「神聖さ」という宗教的価値は契約という世俗の原則を超えるものであった。ホワイトヘッド夫妻自身も労働階級のカトリックであり、一方スターン氏はユダヤ教（非正統派）、スターン夫人は長老派で、両人は夫婦として、メリッサをユニテリアン教徒として育てるという誓いをした。このことをおかしなことだと(まして滑稽なことだと)見たひとは当時誰もいなかったようであり、ユニテリアン教会自身はむしろパブリシティーによいと満足していた。しかしこの中には、プロテスタントとユダヤ教の商人的心情と、カトリックの家族主義との葛藤が存在していた。ホワイトヘッド家を支持する友好的声明の多くはカトリック教徒の組織から寄せられた。バチカンは裁判の終盤近くになって、営利的に代理母を行わせるあらゆる行為を非難する声明を出した。もっとも法廷でのメアリー・ベスの立場を有利にしたかどうかは疑わしいが。また彼女の弁護士は元カトリック神学生であった。

このころ、ほとんどの論説はアメリカ流の常としてこの事件に言及することを婉曲に避けた。ひとびとはこのような明らかな宗教的あるいは人種的な衝突に当惑し、階級問題の場合も同様であるが、これらの問題は純粋に知的または道徳的な性質のものであり「個々人が」こうした不愉快な背景から解放されて、自由に各自の判断を下すべき問題だというそぶりをした。

だが、私たちは実際に解放されているわけではない。私たちは国家と親族、契約と身分、家族と個人、世俗的プロテスタントと神聖なカトリックの間の長い長い時代にわたる戦いの相続者であり、その戦いは国家‐契約‐世俗‐個人側の勝利に終わったとされ、その結果大多数の人々の意見によれば、身分の支配する暗黒時代には帰らないとされている時代に生きているからである。さらに、多くのアメリカ人は再び英国国王の足下にひざまずきはしないし、奴隷制を復活させようとも思わないと答えるであろう。つまり私たちに関する限り、「この」問題は解決ずみなのである。また私たちが母の権利の絶対さを要求するメアリー・ベスの挑戦的立場と奴隷制、君主制とが直接結びつくと認めるわけではなく、それとの対比において個人が自由に自分の問題を処理する権利の可否を考えるというわけではないにしても、私たちが彼女の要求を自由意志によって拒絶し、また母性にではなく契約に対して神聖さを認めるべきだと主張するとき、私たちは実はそのような結びつきを本能的に「感じ」取っているのである。

もちろんそれにも難点はある。アメリカ人は母親とアップルパイに献身的であることになっている。母性は理論上は事実神聖な位置を持っており、それはたとえば父性をはるかにしのぐものである。母の日が疑問の余地なく古くからの祭りであり、それに対して父の日は、事実上グリーティングカードのメーカーが発明したようなものである。アメリカ人の過度の母親好きを、外国人はこもごも可笑しがったり呆れたりしている。カレッジ・フットボールの選手はテレビカメラに向かってかならず「やあ母さん！」という。私は三〇年以上ここにいて「やあ父さん！」というのは一度も聞いたことがない。「母親崇拝」は尊敬されたり（ジョフリー・ゴーラー）、けなされたり（フィリップ・ワイリー）してきた〔どちらも歴史家〕。私たちは矛盾しているのである。しかし飾りものをはぎ取ってしまえば、母親崇拝が表面的でセンチメンタルなものにすぎないことを知るのはたいへん興味深い。それは身分という過去の女神への単なるリップサービスなのであり、私たちの大多数は、男も女も、黒人も白人も、いざことが起きれば母性よりは契約に寄りかかろうとするのである。

私がこのことを強調するのは、そうしなければならないということは決して自明ではないからである。アンケート回答者の九〇％がなぜ「幼児は自然の母から引き離すべきではない」と答えないのだろうか。なぜなら、大多数のアメリカ人は文明と安全その他のあらゆる善と美とが、契約すなわち

「約束は約束だ」というきわめて脆い原理の上に成り立っていることを心の中で知っているからだ。集団の知恵というものは、最近度が過ぎるといわれるが、実際に怖ろしいものである。

私たちは宗教と階級という口にしにくいものに、行文の中で言及した。しかしいかに公言しにくかろうが、この二つもまた問題の核心である。なぜなら私たちが今日持っているような階級は宗教に起源を持ち、また持ち続けているし、同時に契約の勝利もまた形を変えた宗教の勝利だからである。とはいえ、私たちの社会のようにさまざまな宗教の相違、教会の相違、宗派の相違を無視して宗教ならなんでも「善」と見なし、さらに階級のない、あるいは完全に中流階級的な社会という集団的イメージを作り上げている社会では、この問題を客観的に論じることはほとんど不可能に近い。

世俗化は契約の勝利と手をたずさえて進む。契約の支配は、マックス・ウエーバーが「合理的 - 合法的」と名づけたプロセスの最終産物である。これが、社会関係を律する「伝統的」様式に対して究極の勝利をおさめた。メインの表現が法的であるのに対して、ウエーバーのものは政治的表現をとってはいるが、両者の区分はほとんど同じものである。ウエーバーのいう「伝統的」社会とは、身分の上に築かれた社会と実質的に同じものであり、社会の進歩とともにこれらは「合理的 - 合法的」基礎の上に築かれた社会に取って代わられるのである。ここでも契約が最も重要なものとなる。もっとも、ウエーバーはこれを世界史で一度だけ、プロテスタントの宗教改革後に西欧で起きたものとした。メインが西欧思想の全体をローマの契約思想によって影響されたと見たのとほとんど同じ調子で、ウエーバーはわれわれの社会は「プロテスタントの倫理」に否応なく関係を持ち、プロテスタンティズムが、科学や倫理に見られるように、世俗化した後にも続くと考えた。プロテスタンティズムは宗教から魔法を追放し、科学から魔術を追放し、法から身分を追放し、政体から封建制を追放することを要求する。そしてこれらの対極にあるすべてのものを王座につける。それらを要約したのが「合理的-合法的」という言葉である。

この合理的-合法的文化の「になない手」がプロテスタントの商人、ブルジョワジー、資本家であった。彼らの仕事という「天職」に対する献身、敬虔な資本の再投資、規律ある労働力、それに何にもまして個人の契約が特権を与えられる合理的な法制度の要求が、私たちの住む近代資本主義の世界を作り出し、維持してきたものである。あらゆる資本主義国は、プロテスタント、カトリック、ユダヤ教、儒教、混合型、無宗教の別なく、程度の差こそあれ同じ世俗化したプロテスタント倫理を科学、法、政治、経営、さらには教育にいたるまで共有するようになった（イスラム教諸国はこの倫理を心から受け入れることができず、これがイスラム諸国が近代社会に参加するのに最大の問題点のひとつになっている——ゲルナー参照[†85]）。プロテスタントのブルジョワジーがこの大革命の「推進者」になっていることには、マルクスとエンゲルスにも異論がないであろう。もっともその背後の動因には異論があるだろうが。この二人にとっては動因はウエーバーの主張するような宗教ではなく、逆に宗教上の外見は封建制の矛盾の弁証法的産物である生産手段の支配の変化を合理化しているものにすぎない、というであろう。もっとも私たちの目的にとっては、どちらが本当かを決めることは必要でない。必要なのは契約への依存が、もう一つの市場社会の柱である支配的中産階級のプロテスタント倫理とともに手をたずさえて進んだという事実を知ることである。

フィリス・チェスラーはメアリー・ベスを擁護しつつ「アメリカのカトリック労働階級全体がここ

で裁かれようとしているのだ」と驚くほど率直な見解を表明したが、これに対する反応は当惑と非難であった（チェスラー参照[†86]）。私の隣人たちや同僚たちである、中流でリベラルで裕福で誠実で教育程度も高い数百人の非公式な情報提供者たちから得られた結果も、ほとんど異口同音に憤激というにふさわしいものであった。「階級とはなんの関係もない」と彼らはいう。「問題は何が子供にとって最善の利益かだ。スターン家なら当然よい家庭とよい人生のチャンスを与えられる。だって、ホワイトヘッド家を見てごらん」、などなどである。私のこの情報提供者たちが鯨、アザラシの子供、湿地その他環境全体の保護の活動に参加し、ホームレスの人に住居を（自分の家にあまり遠くなければだが）提供し、飢えた人を救い、第三世界の孤児を養子に取ることに熱心な人々であることは注目しておく必要がある。彼らがリベラルな人道主義を信念としていることは間違いない。にもかかわらず、この人々はホワイトヘッド夫人に対しては心のどこかで独特の嫌悪感を持つようである。私は時折次のような主張をしてみた。「そのような前提に立てば『不適当な』労働階級の家庭にいるすべての子供を今すぐ人生のチャンスに恵まれた中流階級の家庭に移す方がいいのだ……」。これに対して彼らは、これは「階級」の問題でなく純粋な個人の問題だ、と答えるのであった。スターン夫妻が「ベターな」親だろうことは偏見なく考えれば間違いない。なにより彼らは私たちと同じような人々であり、気心知れないホワイトヘッド家とは違う。「貴方自身は自分の子をあの人々に育ててもらいたいと思うか？」とある情報提供者は勝ち誇って私に反問した。私はそれに対して、自分はすくなくともスターン家のような執念深い、宗教に対して冷笑的で無関心な、ほしいと思うものはなんでも金で買えると思い、武装したごろつきを使って要求を通そうとし、自分の過ちを正当化するために大金を払って証人を買うような、そんな人々には自分の子を育ててほしくないと思う、と答えた。その情報提供者はこの回答にはまったく同意しなかった。彼は当然ながらスターン家の人々を「自分たちと同じ人々」と見なしているのである。

もっとも、「階級」が無関係と仮定してもお金は無関係とはいえないという点については、情報提供者の間にもある種の違和感は見られた。代理母を買うことができるのは金持ちだけである。ベッチー・スターンのように一万ドルで子宮のレンタルをすることは誰にでもできるわけではない。それに、黒人や第三世界の貧しい人々が大量にアメリカの金持ちのための代理母になるという可能性を未来の構図として思い描いてみると、空恐ろしくもあった。だが情報提供者たちはここでも譲歩しようとしなかった。アメリカは階級のない社会だという定義から、問題が「階級」問題になることはありえない。労働階級と呼ばれる人々も、よく努力し充分な教育を受ければ中流階級になれる人々なのであり、そうすれば良い親になれるのだ、と。いわば、時折慈善事業の世話になることがあるのを除けば、彼らは正しい社会的治療によって救うことができる社会的病いの過渡状態にある人々と見なされているのである。いったんこのユートピアが達成されれば、私たちは平等な個人間の契約に戻れるのであり、階級社会に関するナンセンスは無用になるのだ（このように正確に表現したものがいるわけではない。私は水面下に存在しているらしいイデオロギーを要約しているのだ）。

新聞社の論説の中にも、この問題がお金と階級の問題だと公言して、私の情報提供者たちを極度に当惑させたものがいくつかあった。一例としてエレン・グッドマンは独立通信社のコラムの中で「ベビーM」の「M」はマネーのMだと書いた。

代理母に関するこのテストケースの焦点は契約から身柄引き渡しへと、どちらが親かという争点から子供の利益のためという論点へと移っているが、この結果に関係して金銭がどんな役割を果たしているかについては婉曲な示唆さえなされていない。誰もが階級——アメリカ語では下品な言葉だ——言い換えたければ社会経済的背景は、何の影響もないという顔で行動したり証言したりしている。

弁護士たちはホワイトヘッドとスターンとの相違を証言させるために経済学者を喚問しようとはしない。かわりに心理学者を呼ぶ。

清掃局のゴミ収集係の妻と小児科医師の夫は法の下で平等でないと法廷で述べたものはいない。どちらの扶養能力が上かとあからさまに述べたものはいない。だがベビーMの誕生を決めたのは金であり、この子の身柄の行方を左右するのも金である。

はじめホワイトヘッドもスターンも、メアリー・ベスがこの子を懐妊するのは他人への思いやりからだと信じていた。私はこの信念をとやかく言うつもりはない。だが現実の生活では裕福なものが代理母になることはありえず、貧しいものが代理母を買うこともありえず、代理母紹介業者が愛のために働くこともありえない。

メアリー・ベスは「代理母」のためでなく「代理子宮」のための契約に署名したのだという心理学者リー・ソークの証言は残酷すぎるといえよう。だが金銭上の契約では次のことが決められている——彼女は彼の製品の引き渡しを終えて仕事を終えた場合にのみ顧客から報酬を受け取ることができる、と(チェスラーの引用による)。[†87]

判事はこのような論点には耳を傾けようとしなかった。彼を怒らせただけであった。代理母の存在を擁護する長々しい部分の中でこうした議論は次のように取り上げられている。

経済的に上流エリートに属する人々が下層女性を「子供を作るために」利用する——このような意見は無神経であり、自然状態で子孫を作りたいと切望し、それが不可能な場合でも可能なあらゆる合法的手段を用いて子供を得ようと考える強い願望を冒瀆するものである。種を繁殖させようとするこの願望は基本的なものである。それは経済上の地位にかかわりなくあらゆる男女の魂の中に存在するものである。

これでは判事が何をいいたいのか理解しがたい。「種を繁栄させたい強い願望」は私たちのすべての心にあるには違いなかろうが、不妊の夫婦にはいくら願望が強くてもその「方法」はないはずだ。「合法的な手段」——養子、代理母、その他——は貧しいものには開かれていない。そうであれば、この普遍的な願望を想起させることが、裕福なものが貧しいものを利用することになるという非難にどうして答えていることになるのだろうか。答になっていないのは明らかである。ただ形而上学めいたそぶりをしてみせることで、階級と金銭という問題を追い払おうとしているだけである。

ベビーM事件に関する本物の前例は英国コモンローにあった。一九八七年三月、高等裁判所家庭部門において判事ジョン・アーノルド卿が同様の事件を審理した。その事件は、生活保護を受けている貧しい母親P夫人がB氏と代理母契約を結んだものである。彼女は双子を分娩したが、メアリー・ベス・ホワイトヘッドと同じように、契約を履行することができないと感じた。ジョン卿は契約それ自体にはなにも瑕疵がないとし、（スタッフォードシャー郡の提訴による）身柄引き渡しをソルコフ判事と同じように「子供の最善の利益」という法理にもとづきつつ、不可とした。彼はあらゆる証拠を審理した結果、子供が中流階級であるB氏の家庭に育てられる方が望ましいとした。証拠・証言などはスターン家を有利としたものと類似したものであり、彼はこの要因は「重要である」とした。ただし、と判決はいう。

最善をつくして偏りなく事件を秤量した結果、これらの要因は、子供が結びつきを持つところの、また充分な証言がなされたように子供に対して満足しうる母性的愛情を行使しているところの母から、子供を切り離すべきであると断定するほどに強力であると見なしてはならず、したがって、実際に幼児たちを養育し管理する親権を母に付与することが当法廷の義務であると考える。

ジョン卿は多くの英国人と同様に、階級のヒエラルキーが存在するという考えにアメリカ人ほど苛立ちはしなかったということであろう。彼は労働階級が存在せざるをえないのは自然の秩序のひとつであり、労働者は生まれによって労働者になるのだから、労働階級の母といえども——たとえ生活保護を受け夫から定期的に生活費を受けることができないものでも——気遣いと愛情を持った母であり、彼女が子供の親権を持つべきものであり、父親の経済的、社会的、教育的有利さは母の子に対する愛情に勝る重みを持つものではない、と考えた。単純明快である。彼がこの結論に達するのには一四ページの判決文で充分であった。

ところが大いに人々の耳目を集めたベビーM事件では、法廷とスターン家の弁護士たちが階級問題の挑戦に対抗して用いた戦術は、階級をあたかも「個人的長所と短所」であるかのように呈示することであった。したがってスターン夫妻の完璧な中流階級のマナーは混じりけなしの個人的資質であり、一方ホワイトヘッド夫妻の「下層の」行動様式は彼らの個人的パーソナリティーの結果だということになる。エレン・グッドマンが明敏に指摘したように、経済学者その他の社会科学者が行動の「文化的」背景について証言するために呼ばれたことはなかった（同じようにホワイトヘッド家の弁護士も人類学者に頼ることなど思いつけなかっただろう）。こうしたことが起きていれば、事件が「自己の利害のために」行動する四人の対等な人間同士の同意した古典的な契約問題であるという、関係者全員の暗黙の了解は完全に壊れていたであろう。そのようなわけで、メアリー・ベスに対する長い訴えのリストも、ただ彼女がいかに個人的に欠陥のある行動をとっているかを示すのが常であった。彼女の子供に対する接し方（所有的だとか息苦しいとか可愛がりすぎとかと言われた）が果たして本当に労働階級の母に特徴的なものであるかどうかと疑問を持ったものは、ひとりもいなかったのである。

参考人たちはさらにけじめがなかった。大きなパンダの縫いぐるみ四匹を買うのは「そのようなタイプの人に」は「典型的だ」などと軽率に口にするほどであった。つまりなにもかもが、ホワイトヘッド家が収入に合わせて支出しなかったことも、メンサ〔Mensa 国際啓蒙団体〕が公認した建設的で教育的な玩具を買わなかったことも、労働階級に特徴的な無責任さの結果なのであった。

それにもかかわらず、これらを「階級」問題として突きつけられると、参考人たちはたちまちしり込みし、個人の行為の過失という判決の線まで後退してしまうのであった。「労働階級が全部彼らと同じというわけではありません」と、参考人たちは確信なげな態度を示しつつ答えるであろう。こうした判断を下すにあたって、労働階級の「ステレオタイプ」ではなく実際の労働階級と何人くらい親しくしていますかと聞かれれば、彼らができることはせいぜい時折接触する自動車修理工場の職人とか、洗濯屋の女将をあげられる程度だろう。そもそも彼らはこのような主題を何とか避けたいのである。

判事は、両当事者の「社会的背景」が異なっていると主張するのにためらいはしなかった。ホワイトヘッド家に関していう。

ホワイトヘッド夫人は両親の助言に反して一五歳六カ月で高校の第十学年を中退した。在学中から主としてピザ店などでアルバイトをしていた。その後兄弟の経営する食堂で働きはじめ、そこでリチャード・ホワイトヘッドと知り合った。彼らは一九七三年一二月三日に結婚した。当時ホワイトヘッド夫人は一六歳、ホワイトヘッド氏は二四歳であった。

次に、リチャードが離散家庭の出身であることがのべられる。彼は一三カ月間ヴェトナムで陸軍第四級特科兵として従軍したのち、名誉除隊する。彼とメアリー・ベスは二人の子をもうけ（一九七四年と一九七六年）、その後リチャードは精管切除手術を受けた。判事はさらに続ける。

一九七三年の結婚から一九八一年ブリック郡区に移住するまでに、ホワイトヘッド夫妻は多くの場所に移住した。事実結婚の時以来一九八一年にいたるまで、ホワイトヘッド夫妻が引っ越しをした回数は一二回に及び、この間しばしば親族の家に同居している。

一九七八年およびこの前後にホワイトヘッド夫妻は別居し、この間ホワイトヘッド夫人は生活保護を受けている。モンマス郡福祉局はホワイトヘッド夫人への保護給付を返還するようホワイトヘッド氏にもとめて訴えを起こしている……

一九八三年およびこの前後にホワイトヘッド夫妻は破産を申し立てた。宣誓下の破産申し立てにおいて、ホワイトヘッド氏が不動産に対する権利を持たず自動車も所有していないことが明らかになった……

ホワイトヘッド家の住居には二件の抵当設定がされており……当該訴訟が開始された時点でこれらは二件とも債務不履行状態であり差し押さえが行われていた……

ホワイトヘッド氏は……一三年間に七回職を変えた。この間に少なくとも一回の失業期間があり、ホワイトヘッド氏は失業手当を受給している。

結婚から現在にいたるまで、ホワイトヘッド氏はアルコール依存症であった。

これ以下さまざまの細かな情報が続き、その中には交通違反記録や、リチャードがアルコール依存者治療集会への継続出席を断ったことや、その集会で、二週間飲み続けたことが二回もあると告白したことなどがあげられた。メアリー・ベスはリチャードのこの状態を「彼の自由だ」とのべたとして手厳しく非難され、また「ホワイトヘッド氏は暴力的でもアルコール中毒でもないといって治療の効果を妨げた」と攻撃された。彼女は恥ずべき人間である。息子のライアンの「登校問題に関して専門家」の意見より自分の判断を優先させようとした。判事は、このような場合九〇％の親は学童問題専門家の勧告を受け入れている、と特記している。

私はこのような部分を相当長く引用したが、それというのも判事がこの種の問題を好んで長々と羅列しているからである。しかしこれでもまだとうていすべてとはいえない。彼にとってはそういうことがホワイトヘッド夫妻二人が未成熟で、無責任で、まったく不適切な人間であることの明白な証拠だったからである。だが労働階級の中で生活しているものにとっては、これは経済の片隅でかろうじて生きようとしている家族の姿の一典型にすぎない。メアリー・ベスが一時ゴーゴー・ダンサーとして働いたことについて長々とのべられているが、これもリチャードが失業していた時食べていくためにやったことである。参考人たちを驚かせたあらゆることの中で、この件がもっとも、特に女性たちに、ショックが大きかった。まあ、ゴーゴー・ダンサーだって！　高校中退のホワイトヘッド夫人は親類に居候をしてわずかな持ち物を守ろうとうそをつき、一方リチャードはアルコールにわずかな助けを求めた。この助けは、中産階級の求める助けと違って目立ちやすく、何度かはお巡りさんにも見られている。彼らは別居したり同居に戻ったりする。彼らは家を持つというアメリカン・ドリームのかけらを買おうとしたが、支払いを続けることができなかった。こうしたすべてが憂鬱なほどありふれたことに聞こえる。

これらのことを、代理母に三万ドル、訴訟にその何倍もを払うことができる生化学者と小児科医のスターン家の場合と比較するわけだ。判事の好意的な要約を見てみよう。

スターン氏およびスターン夫人は、ニューヨークへの通勤に便利であり、やがて子供を持って家族を作るのに有利という将来的見地から、現在の住居に移転したと証言した。スターン家の住宅は公園と図書館近くに位置し、ショッピング街にも徒歩で近距離にある。スターン家はベビーMを養育するに十分な経済力を持っている。スターン夫人はアルバート・アインシュタイン医大の小児科医である。彼女の報酬も家族の収入をさらに補っている。彼女は幼児が彼女の存在を必要とする事実を熟知しているので、今後はフルタイム勤務はしない意向である。スターン家は宗教が異なっているが、今後はベビーMと共にユニテリアン派または無教会派に参加する計画である。彼らはベビーMをおよそ三歳をめどに幼稚園に入れる計画である。学習のためではなく、社会化させるためである。幼児が成長するとともに、音楽のレッスンと体育が与えられる予定である。スターン夫妻がすでに実証した教育に対する関心から見て、彼らがベビーMを大学に入学させたいと述べた点は十分理解しうる。

これ以上のコメントは不必要だろう。構図はすでにはっきりしている。パートタイムのゴーゴー・ダンサー、メアリー・ベス対、幸せなメリッサを連れてブルーミングデールでのショッピング（これは彼女が証言したものである。私が創作したのではない）に行くベツィー・スターンというだけで、すでに十分すぎる。怠惰な労働階級は自分の子供を育てる資格はない。にもかかわらず、ここがまさに問題なのだが、この問題を階級の問題として見ようとするものはほとんどいないのである。この「社会経済的背景」の素材は判事によって、安定したスターン家と不安定なホワイトヘッド家の間の大きな「パーソナリティ」上の相違として論じられる。スターン家の成功は、プロテスタントの倫理が要求する通り、彼らが神の目から見て価値ある人間である証拠である。一方、ホワイトヘッド夫妻は社会の片隅に生きる労働階級家庭として例外的なのではなくその平均的姿であること、特にメアリー・ベスの「個人的」行動はそのような環境で社会化した母親の典型であること、リチャードは他の何百万という労働階級の父親と何も変わらないこと、などが無視されるのである。スターン夫妻が新種の「知識階級」の、すなわちプロテスタント的ブルジョワのサクセス倫理の一変種の古典的特徴を代表していることも無視される。階級と金銭の要因は露骨に存在するが否定される。スターン夫妻の経済力、知識、法システムを操作する能力などの大きさがゲームを完全に自由にしているという事実が否定される。どちらの当事者も完全に平等な契約者と見なされる。これ以外の法廷や参考人に関するいかなる考慮も、不愉快なものと見なされる。

階級要因についてコメントしたものは他にもいた（例えば『ソサイアティ』一九八八年三、四月、デモットの優れた辛辣な論議†88などを参照）。しかしこの事件を個人間の契約に関する、歴史とイデオロギーに根ざした要因という観点から考察したものはいなかった。しかし、私たちが見たとおり、メアリー・ベスは私たちの価値システムの核心を、身分という隠れた集団的価値の優越という論点で、また母親および妻としての労働階級の価値観を擁護してはばからなかったことによって、揺るがしたのである。彼女が参考人たち、判事、スコロフ、スターン家、その他彼らと同じような何百万という人々に向かってのべたのは、次のようなことである。

「私は自分の子供を金のためにあきらめろといわれてまで契約を履行するいわれはない。いくら約束があろうが書類があろうが、金で買えないものがある。その上、私は自分がなりたいと思うような母親になる権利がある。たとえそれが典型的な労働階級でカトリックの母親であろうと、また中産階級の目から見てそれが誤りと映ろうと欠点と映ろうと、私は私なのだ」。

契約、個人主義、中産階級の国アメリカ（些細な問題の解決さえ終われば）という思想の申し子である中産階級の私たちは、彼女のこの主張に耐えられない。契約がつねに有効でないなら、もし生意気な貧しい白人の屑の持つ「神聖な」価値というやつが契約の神聖さに勝ることなどあったら、進歩やアメリカ的生活は一体どうなるのだ。「これらの人々は」正しく処遇されなければならない、と判事は（参考人たち全体を意識しながら）結論する。しかも判事はこれに成功する必要があるのだ。取材陣がスターン家に送った熱狂的大喝采のはじめの三分間で、救われた思いの大衆が賛成のコーラスをしてくれることがわかっていた。ただ、たった一つだけ彼を裏切るものがあった。それは、彼がコーラスを送った多数の人々と同じように、法を知らなかったことだ。別の言い方をすると、彼は危険なことに法の一部しか知らなかったのだ。彼は自分の偏見を守るために明らかに法を歪曲していたから、ニュージャージー州最高裁は彼が長々と展開した論点のわずか一部しか取り上げず、決定的で悲劇的な一点だけを除き、その決定を覆した。

この問題に目を向ける前に、私の読者の大部分を占めているはずの、またあの法廷の参考人たちが代表しているはずの、社会科学に従事する同僚たちにひとこと言わせてもらいたい。私たちはこの事件のように「当事者」が遠いどこかの原住民などでなく、私たち自身の社会の労働階級のように身近な存在であるときには、職業的な「文化相対主義」といった立場を取ることができない。私たちはこの階級を、著作の中でないまでも感情の中で、やがて治療されるべき社会的疾病として、寛容することができるだけである。なぜなら、私たちのすべてがかかわっている巨大な教育機関はほかならぬこの治療のために存在すると考えられているからである。すなわち、労働階級の子弟を大学に入学させれば完全にすることができる、と。メアリー・ベスがしたことは、私たちに自らの紳士気取りの俗物根性を認めさせることであった。これは、リベラルで平等主義の社会科学者に向けられた重大な糾弾である。彼女は私たちに労働階級の文化というものが存在し、私たち自身の前提である相対主義からすれば、それが他と同様に独自の価値体系として存在する権利を持ち、自分の子供をこの価値体系の中で育てる権利を持ち、それに私たちの信奉する中産階級の価値と同じ正当性がある、ということを認めさせようとしたのである。

ジョン・アンダーソン卿のようにはっきりと階級というものがあることを認めても平然としていられる人にとっては、これは問題でも何でもない。しかし私たちはこれを認めることができない。私たちの俗物根性がそれをさせまいとする。そこで私たちは自分の紳士気取りを嫌悪させ、それに気づかせるメアリー・ベスを嫌悪する。いいかえると現実を自覚させるものを嫌悪するのである。だが感受性豊かでリベラルで相対主義の社会科学者である私の同僚たちは、紳士気取りの俗物から抜け出ようともしない。もしメアリー・ベスがサモア人かなにかだったら、いやただの黒人であったとしても、彼らはメアリー・ベスの独自の文化を持つ権利を支持していたに違いない。だがあいにく彼女は労働階級出身であり、スターン夫妻の方が明らかに良い両親に見えるというだけのことだ。もしメアリー・ベスが「黒人」労働階級の女性であったら、われわれは彼女がただ黒人労働階級の母親のように振る舞ったからというだけで「親として不適切」だと言うことを恥じたであろう。あるいは不可能と考えただろう。このような態度は「人種主義的」であり、われわれは当然に道徳的義憤を感じるべきだからである。万が一にも人種主義的意見をもらしたら、政治的に正義派の自警団がやってきてキャンパス中を追いかけるだろう。しかしメアリー・ベスにはその程度の贅沢も許されていなかった。彼女には人種という保護色もなかった。親愛なる参考人諸君、彼女の過ちは彼女の階級のものではありません、彼女自身の過ちなのです、というわけだ。

さらに、たとえここまでの道理を理解し、それを受け入れた知識人がいたとしても、彼らはさらに困った現実に気づいて当惑する。彼らは自発的に、スターン夫妻の方が「やはり」良い親だと内心感じているのである。善良なアメリカのリベラルな人道主義者が、自分は純粋で誠実な俗物なのだということに気づくのは難しいことだ。その上、彼らはこの悪い事実に気づかせてくれた人に感謝しようとはしない。ゴーゴー・ダンサーはとうてい小児科医に勝ち目はないのである。ヴェトナムで戦ったのは（たとえ第四級特科兵としてであれ）リチャード・ホワイトヘッドであり、ビル・スターンではない。しかしこのことも、参考人たちにとっては何の意味もない。それは詮索する価値もないのだ。

上訴審の判決——トレントンにおける啓蒙

ソルコフ判事がこの章で論じているほとんどの論点を、法的と動物行動学的とを問わず、「争点にならない」として退けたことはすでに見たとおりである。契約そのものは争点ではなく、代理母を禁じる法が存在しない以上合法的である。すべての当事者が自由に合意する成人であり、誰も強制されたわけではないから、インフォームド・コンセントも「争点にならない」。父親が子供を「所有している」以上特定履行も当然認められるべきであり、認めるにあたって子供にとっての「最善利益」だけがその内容を判断する要因である。母、幼児、祖父母などの感情は同じく「争点にならない」。生母に与えられる離別のための「猶予期間」も、これは養子に出す母親に認められるものであってここには該当しない。契約の神聖だけがソルコフ判事の関心事で、弁護人に向かって「あなたは契約で期待された結果が得られるまではそれが重要だということを忘れたのか……」という。自分の生んだ子供をあきらめるという契約は、通常の商取引の契約とは違うはずであり、また違わなければならない、という論点もまた、「争点にならない」として退けられた。それが当事者とくに生母に対して有害である可能性がある、という問題も非争点リストの中に加えられ、父親とその妻の「喜びと期待」を裏切る可能性の方がより重大とされた。憲法問題に関しては、「子を産む権利」が父親が子供を拘束する権利を強調するために拡大解釈され、権利章典から発生する代理母に関する疑問はほとんど無視された。

私は「グルーター法と行動科学研究所」の何人かの同僚とともに、これらの問題を検討してみた。その結果私とエール大学法学部のドナルド・エリオットは、裁判所への意見書をまとめて最高裁に提出した。この文書はこれまで論じてきた問題のごく一部をあつかったものにすぎない。身柄の帰属問題に関しては（当然ながら）意見の一致が見られそうもなかったからである（後になって、ホワイトヘッド家に同情的な移民たち——もし望むなら外国人たちという表現を用いてもよいが——からなる少数派が、アメリカの階級システムについて、公正無私とはいわないまでもより冷静な見方ができることを発見したが）。この意見書は二つの点を強調していた。出生に先立つ契約は親権の放棄を規定する力がないこと、およびこの事件では特定履行は適切な救済とならず、したがって否定されるべきことである。後の方の問題から子供の身柄の帰属問題は自動的にホワイトヘッド家に有利に決着するように見えるかもしれないが、そうではない。特定履行が否定されても、これが関係するのは親権の問題だけである。すなわち、ホワイトヘッド夫人の親権は停止しないということ、幼児が自動的かつ排他的に実父に「帰属する」わけではないこと、を意味するだけである。これは身柄の帰属問題という別の争点に関しては何も主張せず、養子縁組の場合と同じように「適性に関する聴聞」を行って身柄を引き取る両当事者の得失を判断しなければならないのである。この事件ではそのような聴聞は行われていない。判事は「適性」の問題に関しては、法廷で伝聞した限りで決定を下している。したがって、例えばスターン夫妻が親権者となる適性があるかどうかについてはなにも審理が行われていない。

ニュージャージー州最高裁は、州高裁の決定[†89]に対する上訴審において、一九八八年二月三日ウイレンス首席判事が執筆し、六人の判事全員が同意した判決を言い渡した。この（七人）全員一致の判決は次のように決定している。

一　問題の契約は無効であり、ニュージャージー州法および公共政策に反する。
二　スターン家に一時的身柄引渡しを認めた処分は無効とする。
三　スターン夫人とベビーMの養子縁組みは破棄する。
四　ホワイトヘッド夫人の親権を回復する。
五　ベビーMの身柄をスターン氏に引き渡すべしとの命令を再確認する。
六　ホワイトヘッド夫人の訪問権の性質と限度については下級審に——ただし別の判事による——に差し戻す。

（最高裁は混乱を避けるためホワイトヘッド夫人の名前をそのままにしたが、彼女が一旦暫定的に離婚し、すぐに再婚したことになっている点に注意する必要がある。）

州最高裁が契約の違法性に関し、ニュージャージー高裁判事の決定に反して私たちの意見書と同じ見解であることは明白である。私たちの意見書は、契約が合法とされる可能性があるという推定の上に立っていて、たとえそうであるとしても強制履行させるべきでないという論旨の点ですこし異なっていた。しかし最高裁は、契約がニュージャージー州法に反するという論拠に大きく立脚してこれを違法としたから、強制履行という問題はなくなった。だが一方、この決定に達するにあたって、とくにスターン家に対する身柄引渡しを認めた処分や、ホワイトヘッド夫人の親権の停止や、インフォームド・コンセントや、当事者に対する損害の回復という問題に関して、最高裁判事たちは私たちの意見書の主張や解釈を採用した。

代理母契約の違法性に関しては、私たちはこのような決定的で雄弁な変更を予期していなかったから、すこし紙数を割いて注目しておく必要がある。

当法廷は代理母契約が州法と州の公共政策に矛盾するゆえにこれを無効とする……「代理母」に対する金銭の支払いは非合法であり、ある意味で犯罪的であり、また女性の尊厳をおかす可能性がある……代理母の親権の停止と、スターン氏の妻／養母による幼児の養子縁組みを無効とする。これにより、「代理母」は幼児の母の地位を回復する。

最高裁によれば、契約は金銭を使用して養子縁組を私的に獲得しようとする点で違法とされる。

金銭が、スターン夫妻側が主張するようにメアリー・ベス・ホワイトヘッドのサービスに対する報酬としてではなく、養子を得るために使用されたことには疑いの余地がない。このような目的に金銭を使用することは違法であり、犯罪的ともいえる。

さらにこれに加えて、最高裁はこの契約が「強制」であるとする。母は、妊娠にさえ先立って養父母に子供を引き渡すと合意「させられ」た。彼女はまた親権を放棄させられたが、これも違法である。最高裁は「子供にとって最善」という、下級審がスターン夫妻を勝訴させた論理の内容を、正反対に逆転させた。そして契約そのものが「子供にとって最善」という配慮を欠くものと結論した。

本件においては親権の終了が必要な法定手続きの完了によってではなく、契約条項の履行要求によって行われた……自然上の親が出生に先立って幼児の身柄帰属を決定しうるとする本契約の前提は、子の最善の利益によって帰属を決定すべしという法の定めとなんらの関係もない。

いいかえれば、契約は法廷のみの権限に属する「子供の最善の利益に従った」身柄引取り先の決定を先取りしている、とする。契約が保護しているのは実父の利益であり子供の利益ではない。子供の権利はなんら考慮されていない。事実、「代理母契約は子が自然上の両親の一方から永久的に隔離されることを保証する以上」州の社会政策に反するものである、と最高裁はいう。「代理母契約は、自然上の両親の子に対する権利は対等であり、父の権利は母の権利に等しいとする州の社会政策に違反している……代理母契約の全目的は、母の権利を破棄し、父に子に対する排他的権利を与えようとすることにある……」。それにしても、最高裁判事たちはこの事件に対するもっとも厳しい非難を、上にのべた点、すなわち契約が子供の最善の利益になんの考慮も払っていない、という事実に向けている。「契約にはスターン夫妻が養父母として適格性を有するかどうか、スターン夫人が養母として適格性を有するかどうか、スターン夫人がホワイトヘッド夫人より優れていると見なしうるかどうか、実母と離れて生活することが子供にいかなる影響を与えるか、などに関する審問を行いうるという示唆さえもない」。判事たちは厳しく次のように結論する。「これは子供の売買であり、ゆるやかにいっても子供に対する母の権利の売買である。わずかな救いは買い手の一人が父親であることだ」。だから、この父親は「自分の子供を買っている」のであり、彼は子供に対する排他的権利を獲得するために金銭を支払っている。このようなことは法の下で許されない。契約は発端から結末まで無効である。

「インフォームド・コンセント」に関しては、判事たちは代理母となるものは、妊娠と出生以前には決して完全に「告知」を受けることができないものである、とする。

契約においては、母は子供との絆の力を知る以前にそれに参加させられる。彼女はいかなる意味でも完全に自由、かつあらかじめ告知された状態で決定を行うことはない。なぜなら、子供の出生に先立ついかなる決定も本質的な意味で未告知であることは明白であり、またこれ以降の決定も……自由ではありえない。

判事たちは、私がすでに強調した母に対する起こりうる危険も認識している。

代理母契約が引き起こしうる長期的影響に関しては、なお未知であるとはいいながら、次のような問題が危惧される。すなわち、子供が金銭によって買われたことを知った場合に生じる影響……〔また〕自然の母が子を失ったことの深刻さおよび、自分の身体と子供とを金銭によって売り渡したという事実を完全に認識した場合、それが母に及ぼす影響などである。

父の「子を生む権利」に関しては、判事たちはこの権利は「なんらそれ以上の波及力を持たない」とする。その権利は人工受精によって実現されたものであり、それは例えば子供を強制収容する権利要件を構成するものではない。このような権利要件はそれとは別個に立証されるべきものである（この事件では関係した判事たちがそのように理解していた）。

そこからさらに深い問題点に関しては、法廷はほとんど私たちが述べてきた言葉を鸚鵡返しにしている感さえある。当初の一方的身柄引渡し命令を無効とするにあたって次のように述べられている。

出生時に父と母が離別し子の帰属に関して意見を異にしているときには、極端でごくまれなケース以外、子を母親から引き離すことは「暫定的にのみ」、いいかえればきわめて異例な場合であって、法廷が係争の処理を行うまでの期間のみに限定されるべきである。母と子の予期しうる絆の存在、またこの絆を強めることに関し、母の側が持つ要求のみならず子の側に要求が存在すること、さらにまた父との間に絆がありうるとしても母の場合より弱いと予期されること、などのすべての理由から見て、父親の元に子の身柄を止めることは避けられるべきである。

法廷がホワイトヘッド夫人の性格に関する判断を「過酷にすぎる」、と非難した事実にも注目する必要がある。

ホワイトヘッド夫人の置かれた境遇を勘案すれば、下級審の判断も専門家証人の判断もともに過酷すぎると考えられる。彼女が契約不履行に関して有罪であり、重要な約束を破棄したことは事実ではあるが、彼女が抗うことなく新生児のもとから立ち去るべきであるとする考えは、通常の人間の能力範囲を逸脱する判断であると思われる。生命力よりも強い力がありうるだろうか。法廷は完全に母たるにふさわしい女性がその新生児をおそらく永久に放棄することを期待され、その上放棄しなかったから悪い母だとされたような事例を知らないし、また考えることもできない。またこのような状況において、彼女の行為の道徳的善悪を、妊娠に先立ってなされた契約に照らして判断するような司法当局の存在も知らない。彼女が幼児を連れ去ろうとするスターン家の試みに抵抗して問題の幼児を引き留めようと努力したことが、スターン家側をではなく彼女の側を悪人とする明白な理由になるとは考えられない。スターン家が苦しんだことは事実であるが、彼女も苦しんでいる。さらにこの争いにおいて単なる苦痛ではなく、争いに見られる人間的犠牲の大きさを考慮するならば、一方の九カ月の妊娠期間、出産の労苦および自己の生命への危険と、他方の金銭の支払い、子供を持つことへの期待および精子の提供と、果たしてどちらがより大きいとすべきなのか。

法廷は古典的というべき争点をも正視している。

本法廷は、メリッサに対するスターン家の教育とホワイトヘッド家の教育とを比較するという下級審の論点の可否にも、関心を持つ。この相違が考慮に値する要素であることは疑いない。しかし、子供の最善の利害という配慮は、インテリを増やすためではなく、人生を幸福に感じると考えられる完成した人格を作る目的のために存在するものであることを見逃すべきではない。「最善の利害」にはいかなる理想化された生活様式もあらかじめ含まれてはいない。それは人間が将来に期待しうる幸福に関する、多様な要素への考慮を通じて決定されるべきものである。安定さ、愛情、家族の幸福、なかでも自立の確保、などのすべてが将来の幸福の予想に関しては大学教育よりはるかに高い地位を占めるものである。

この時点で誰もが、ホワイトヘッド夫人側の勝利を高らかに宣言する判決が下ると期待しても、当然だろう。しかし法廷は、最後の段階でするりとこれを回避した。メアリー・ベスは愛情を与えることはできるが、安定や自立の可能性を与えることはできない、と。参考人たちはことごとく彼女に不利であり、また彼女自身の証人も意見が割れ、なかでも「ベビーM」のために法廷が選任した、いかなる偏見からも利害からも自由な三人の後見人が、すべて一致しかつ説得的にスターン家が幼児の身柄を引き取るべきであると勧告した」。他の点では申し分なく説得的で正気の弁論が、この段階でたわごとと化した。ともかくも、良識と健全な論旨を披露した判事たちも法廷参考人やその他の同じ階級に属する同類たちとともに、メリッサ（今はそのような名前になった幼児）がブルーミングデールのスターン家に引き取られていくのを心の底から引き留める判断を下すことができなかった。サルコフ判事という主役の専門家を葬り去りはしたが、彼らは結局別の「専門家たち」に依存して自分たち自身が展開した論理の帰結から逃れ、ベビーMを「子供の最善の利益」の名においてスターン家に引き渡すことに成功した。

それとともに、彼らはホワイトヘッド夫人の親権も完全に回復し、その結果彼女が子供に面会する権利を認めた。彼らが述べるには彼女は「法の認めた母」である。さらに彼らは皮肉にも次のように付け加える。彼女は「過去に（非合法でおそらく潜在的な犯罪というべき）代理母契約を結んだことによっていささかも処罰されてはならない」。もちろんこれは訪問権に関してだけのことであり、それまでの訴訟の全過程によっていささかどころか完全に罰せられていたのである。すなわち、そもそもの始めに無知な判事によって一方的法廷命令を出され、その結果ベビーMが一年半もの間スターン家に止められ、その結果定着した状態を乱さないようにという理由が幼児をそこに止める主要な論拠になったのである。ただし、訪問権の問題はさらに別の下級審に差し戻され、弁護士のスコロフとスターン家は激しく争い、その結果当時すでに再婚し妊娠していたメアリー・ベスが再び激しい言葉でなじられることになった（下級審の判事は、今や問題は訪問権の問題ではなくその権利をどこまで制限するかだと非難の言葉を浴びせたほどであった）が、結局子供が夏期に母親とともにメアリー・ベスを訪問することを含む寛大な訪問権が認められることになった。

新生殖技術——セックス抜きの子供

ベビーM事件については以上の通りである。私たちは、人類学が困難な係争を解決するのに貢献しようとつとめる努力には、有益さと同時に限界もあることを見た。私たちの事件記録はこれで終わりである。しかし、私たちは「代理母」はNRTといわれるいくつもある新生殖技術の中の一つにすぎないこと、またそれらのすべてがほぼ同じような問題を引き起こすということを、認識しなければならない。試験管ベビーと呼ばれる方法では、精子と卵子とが試験管の中に入れられ、それによって受精した卵子が例えば不妊症の女性の子宮に移植されるが、これが一九七八年にイギリスのオールダムで完成して以来今日まで、不妊症の「治療法」として希望の的となってきた。だが、この不妊症の女性の卵子は、夫の精子とともに簡単な人工授精技術によって金銭を支払われる代理母の子宮にも移植することができる。このことは考慮すべき難問を提起する。なぜなら、この場合には代理母は妊娠する子供に対してなんらの生殖細胞も提供していないからである。にもかかわらず、彼女は私たちの理解する生みの母であり、また子宮内の絆も出生時の絆も形成される。彼女の生まれてきた子供に対する要求は、法廷でどのように弁論されるべきであろうか。ここでは養子縁組に関する法に関しては何も違反がない。なぜならこの場合精子提供者の妻——ベッチー・スターンに相当する——は同時に出生する子供の遺伝上の母でもあるから。遺伝学上の親の要求と、遺伝上何の関わりも持たない代理母の要求とをどのようにして比較することができるだろうか。男性の精子提供というささやかな貢献と女性が輸卵管から卵子数個を採取させるという貢献とが、九カ月の妊娠期間や胎児を育て出産するという危険に釣り合うものだろうか。またこの場合には代理母は卵子を提供しなかったからといって、赤子を「自分のもの」だと考えないといえるだろうか。

もっと奇妙なシナリオを想定することもできる（このような場合に起きうる法的混乱については、ホリンガーやロバートソンを参照[†90]）。不妊の夫と、妊娠可能だが何かの事情で出産ができない妻とを考えてみよう。妻から採取した卵子を精子提供者の精子と一緒に代理母の胎内に移植するとする。この場合には「四人」の関係者を考慮しなければならない。遺伝上の母親と、彼女の配偶者である子供をほしがっている社会的な父親と、遺伝上の父親である精子提供者（多分匿名であろうが）と、実際の生みの親である代理母とである。さらにもっと不自然な場合として、おのおの匿名の男女二人から提供された精子と卵子を受精させ、それを代理母に移植し、代理母はそこから生まれる子供を養子として二人の（多分不妊の）社会的父母に引き渡すケースを考えることもできる。この場合には関係者は五人であり、その誰もが残りの四人の誰とも性行為を持っていない。冷凍精子を使用した場合には子供はすでに死亡した男の子でありうるし、冷凍した受精卵を使用した場合には両親はとっくに亡くなっている場合もありうる。冷凍精子と冷凍卵子が結合させられた場合には、子供は受精した瞬間から孤児だということができる。インキュベータ技術が進めば、代理母も飛ばして、セックスをともなわないだけでなく母親も必要としない子供を作ることさえ可能になる。こうなれば私たちは文字通りハックスレーの国に住むことになるのだ。現時点ではまだ「レンタルの子宮」が必要であるから、私たちは本章で論じた問題、すなわち生みの母は子供に対する要求を提起することができるかという論点に直面することになる。

いくつかの国で代理母を規制したり禁止する立法がなされたところから見て、これらの場所ではそれが性愛、結婚、家族、および親子の関係の「正常さ」に関する公衆の常識に有害であると考えられているようである。一九八四年にすでに、有名なイギリスの「ウオーノック報告」[91]がこの問題（および胎児診断）を検討しイギリス議会に提出した。議会はこれを受けて、胎児診断は容認したが代理母を犯罪とした。これらの問題は各方面に大きな波紋を引き起こしたが、コンセンサスはまだ得られていない。科学者や医師たちおよび増加する不妊のカップルは「進歩」を要求し、他方反対派はこのような技術を「非人道的」としたり「自然に反する」としている。カトリック教会は明らかに反対派の先頭である。面白いことにフェミニストたちはこの問題で分裂している。あるものたちはこれは女性を出産の必要性から「解放」し、キャリアを通じた「自己実現」を可能にするものと見なしている。別のものたちは、代理母は「女性同士の同志愛」と女性の助けあいの崇高な姿であるという。だがさらに他のものたちは、女性の母としての役割に対する攻撃であり女性をさらなる「家父長的」支配に引き渡すものだと攻撃する。特にこの場合は医師の職業が攻撃者としてフェミニストを激昂させる（これには理由がなくはないが）（スタンワース参照[92]）。

新生殖技術に関して激しい議論があることは驚くに当たらない。技術のこの飛躍は——他の技術の場合と同様——家族、結婚、「合法的生殖」、さらには個人などの観念の変化に突然私たちを直面させる。男も女も、自分のどこまでが自分なのか分からなくなる。もし私が卵子を第三者に「売却」した場合、私はこの売却した卵子から生じる結果に果たしてなんらかの権利や義務を持つのだろうか。精子についても同じことがいえる。私が精子を寄付したなら（実際私なら売るより寄付する方が可能性があるが）私はそれによって生まれてきた子供に、親としての義務を負っているのだろうか。私たち——少なくとも大多数の私たち——は、ただこのような可能性が、家族や愛情や子孫に関する伝統的な（またしばしば宗教的背景を持った）観念からあまりにも遠いと感じるばかりである。

とはいえ、このようなことが実行されたとしても、そもそも何が「自然」かという確たる基準を持たない以上、それらを不自然だとして非難することができるだろうか。また私たちの研究が相対主義にもとづくとされ、いかなる定義を下してもそれを社会的・文化的構成物にすぎないとされる以上、果たして私たちはそのような基準を持つことができるのだろうか。例えば、私は、核家族が神聖な「自然の」存在とはいえないという意見に賛成である。私自身同じことを三〇年以上述べてきた。同時に、哺乳類の行動を研究するものとして、「母親」とは同じような社会的・文化的文脈によって作られる概念構成物だという意見には反対するだろう。まずなによりも、哺乳類を真剣に観察すれば、たとえ遺伝子が誰に由来したものであろうと、生みの親は子供との絆を子宮においても出産においても形成するものであり、したがって子供と「自然な」関係を持つものであると考える。もしこの仮説が正しければ（科学的命題であるという前提だからこれは意見ではなく、誤りであれば当然是正されるものであるが）、これは最低限の私たちの出発点になりうる。

これに反対するものたちは私に、この説は人間が「包括適応度の最大化」を追求するものだという、いいかえれば自分自身の遺伝子の複製（遺伝による同等の遺伝子の継承）が他人の中に残ることを追求するものだという「社会生物学」に反すると述べた。だから自分の遺伝子を含まない子を宿した「母親」というのはおかしいというわけである。これに対しては、私はこの異論は社会生物学の誤読にもとづくものであり、社会生物学はたしかに「遺伝子」に関する利害を強調するが（これはハミルトンの貢献である）[†93]、同時に「親であること」に関する利害にも関心を持つものである（これはトリバーズの貢献である）[†94]と答えるであろう。そして後者こそベビーM事件において私たちが関心を寄せたものである。その上、私たちは社会生物学が述べる遺伝子を前提とした命題は、行動の直接的動機ではないという事実も直視しなければならない――もっとも社会生物学者たちはあたかもそれが直接の動機であるかのように記述してひとびとを混乱させるのだが。人間を含めてどの動物も、「包括適応度」を追求して行動したりはしない。私たちが追求するのは何か目前にある目標であり、それらの目標が達成されれば結果的に私たちの生殖上の適応度が最適化されるのである。かくして私たちは、性行為や隠れ家や食糧やテリトリーやなわばりや伴侶や愛情や尊敬や血縁関係（親族との絆）などを、追求するのである。もちろん私たちは子供を子供として求めるが、それは決して私たちの生殖上の適応度を最大化するためではない。子供を持つのを好ましく感じるから持つのである。あるいは後継者は大事だから持つのである（ビル・スターンの動機である）。あるいは老後の助けを考えたり、大家族がステータスシンボルだと考えたり、その他のさまざまな目前の動機から子供を持つのである。これらのすべてが達成されればたしかに自分の遺伝子の一部を（すくなくとも関わりのある遺伝子を）次の世代に残すことになるだろう。もちろん私たちの「社会」の男子が、自分が後ろ盾になっている遺伝子が本当に自分のものであるかどうかに関心を持つかどうかは別問題である。これは実際文化によって異なるものであり、必ずしも「父権性」か「母権性」かによって直接変化するものではない（多くの父権性社会では男子はだれが実際の遺伝上の父親かに関わりなく、妻が生んだ子供に対する権利を主張する）。しかしそれは本質的な問題ではない。自然は絶対的な正確さというよりは大づかみな仕方で作用する。人間が子供を自分の子だと考えて育てれば、たいていの場合子供はそうなるのであり、親族選択が作用するにはこれで十分なのである。一〇〇％である必要などない。どのみち人類進化の大部分の歴史において、誰が子供の父かを決定する確実な方法などはなかったのである。

目前の動機と究極の動機という問題に戻ろう。私たちはおそらく生殖における成功を最大化しようと意図するであろうが、このような最大化を直接の「動機」として追求するかどうかは、疑わしいのである。例えば避妊法を利用するものや、さらにはホモセクシュアルのものでさえ、セックスへの熱中度が落ちるとはいえない。また結婚していないものも子供を求めているものも、同じように身分や資産に関心を持っている、などなどである。人間の行動にとっては、このような「直近の」目標に対する機構が問題なのである。性によって生殖を行う生物はすべて、実際に自分の遺伝子が加わっているかどうかに関わりなく生殖を行う。生殖において遺伝子の参与が問題になるのは、長期的な関心に限られるのである。他方人間はそのような長期の遺伝子に関する関心によって動機づけられるのではない。性愛とか渇望とか所有や権力の快楽とか愛情とか同志的連帯などなどによって動機づけられるのである。遺伝子はそれらと独立して行動するのである。だから、私たちが見たように妊娠と出産を経験した女性が「特別に」子供と絆を結ぶのである。一旦絆が結ばれれば、彼女は子供の遺伝子が自分のものでないことを知ったからといってそれを拒否することは考えられない。子供はすでに「母親らしい」反応を喚起しており、これは血の繋がらない子供が養子として引き取られた両親の反応を喚起するのと同じことなのである。したがって遺伝子上の関係があるかどうかは、これらの直接の——特に絆という——機構に関しては参考とすべきではない。

こうして結論は結局一夫多妻事件の場合と同じところに帰着する。すなわち、制度に注目するのは、例えば核家族のような制度に関心を集中するのは、おそらく場違いなのである。他の文化には、子供に父親が必要とは考えないとか、父親がすでに死亡していても子供が産まれるのはかまわない、といった考えを抱くものも存在する。しかしそれは重要な問題ではない。これらの文化もまた、上に列挙した目前の動機のような直接的な要求を満たそうとつとめる。しかし、これを達成する制度的形態は非常に異なるであろう（これらこそはたしかに文化的構築物なのである）。にもかかわらず、これらの制度形態はそもそも個々人の基本的要求を満たさなければ、重大な文化的混乱に陥る。相対主義が通用しなくなるのはこのような場合である。形態は多様でも、文化的構築物は生物学的な現実に根を下ろしていなければならず、さもなければ確実に崩壊してしまうのである。そのようなわけで、新生殖技術が生き残るかどうかは、根本に横たわる生物学的現実を助けうるか、それとも破壊するかにかかっている。私たちが見たのは一つの事例にすぎず、そこから判明したのは契約（という文化的構築物）の名において絆を結んだ母と子を引き裂くのであればその試みは失敗するだろうということ、すくなくとも失敗して当然だということである。同じ原則は他の新生殖技術にもいえるであろう。それらは私たちの中に進化によってプログラムされた、未来の世代を生産するための直接の動機を促進するであろうか、それとも妨害するであろうか。このことに関しては、比較民族誌学は人間の許容しうる変化の限界——事実相当に広いものだが——を教える上で有益でありうるだろう。

これまでの新生殖技術に関する議論は大部分法的なものであり、限定されたものであった。例えば現実には代理母は禁止された。私たちのやったことはまたしても哲人支配者のようなことである。だがベビーM事件を見てもわかるように、私たちは問題点が何であるのかを事前に知らないことがほとんどである。だから慣習法に関してケースバイケースのアプローチをすることの方が、想定される問題を一気に解決しようとする立法上の巨大理論よりも実際的な解決策を示唆する場合が多い。私自身の代理母問題に関する意見をあえて述べさせてもらえるなら、私はこれが多くの場合に満足しうる結果をおさめている以上廃止すべきだとは思っていない。だが当然ながら、私は代理母が子供（自分と血縁があろうがなかろうが）を手放すことを望まない場合に子を引き渡させるべきではないと考える。これがこの問題におけるモラルだと思える。私たちはとっくに死亡し、財産が他の親族の間ですでに分配された億万長者（とその愛人）の胎児が冷凍され、再び解凍されたその胎児が遺産相続から除外された従姉妹の娘の体内に抜け目ない弁護士によって移植させられる、といった事件も扱わなければならないことがあるかもしれない。マイクル・クライトンはすでにこのような事件を小説化しようとしている。

偉大な小説家であることを別にして、クライトンはすぐれた科学者でもある。私たちは彼が恐るべき『ジュラシック・パーク』（一九九〇）の導入部において、バイオテクノロジーの研究がほとんど無監視で行われた結果、合衆国だけで二〇〇〇に及ぶ研究機関のうち五〇〇以上の民間研究機関が年間五〇億ドル以上を使っている、という彼の心からの叫びにも耳を傾ける必要がある。

〔一九七六年になって〕突然、誰も彼もが金持ちになりたがっているかのようであった。毎週新しい会社の設立がアナウンスされ、科学者たちは遺伝子研究に殺到した。一九八六年には、すくなくとも六四人の国立アカデミー会員を含む三六二名の科学者が、バイオテクノロジー企業の諮問委員会のいすに座った。役員待遇を持つものや顧問の役についたものはその数倍に上る。

クライトンは、昔の「純粋」科学者の超然たる態度を新手のバイオテク産業に殺到する科学者の態度と比較している。成功した企業の獲得する代償は年間で価格に換算し一〇〇〇%も跳ね上がった(これは彼のではなく私の予測であるが)。クライトンは過去の超然たる科学者の態度について続けている。

今やそのようなものは存在しない。今ではビジネスと提携関係を持たない分子生物学者も研究機関もなくなった。時代が変わったのだ。遺伝子研究は怒濤のようなスピードで進んでいる。だがそれは秘密のうちに、あわただしく、そして利益のために進められている。

彼は、その結果多くの仕事が無思慮でくだらなくなったと述べ(色の薄い鱒が流れの中でよく見えるように遺伝子を加工するとか)、なかでももっとも深刻なのはそれらの「仕事に歯止めがかからないことだ。監視するものが誰もいない。法の規制もない。世界中、アメリカでも他の国でも一貫した政策が見あたらない……だが一番問題なのは科学者自身の中に看視の目が欠けてしまったことだ。ほとんどすべての遺伝子研究にたずさわる科学者が、同時に遺伝子工学のビジネスに関与している。利害関係のない観察者がいない。誰もが利害関係者になった」。

これもまた契約のなせるわざだといえる。

第2部

世代継承

系譜の方程式

親族をめぐる法、慣習、慣行の状態を観察するには、生殖が適切な出発点になる。生殖がなければ親族もないからである。これまでに、生殖のあり方をめぐる人々の熱心な主張と、生殖結果に対する権利の主張から引き起こされるいざこざを見てきた。しかし、人類学者はそれだけではなくそのあとに起きる問題にも同様の、もしくはより多くの関心を持っている。すなわち親族の連続性、子供の未来、子供の子供の未来、などの問題である。特にイギリス人類学は、その起源以来、親族を心理学的な意味づけというよりは法的次元の問題として研究してきた。この伝統はイギリスの親族研究に由来するものであり、それはまた法学者、特に相互に深刻に対立した二人の法学者が設定し、一九世紀と二〇世紀の初頭を彩った世代継承に関する論争に端を発するものであった。

ジョン・ファーガソン・マクレナンは、その名が示すとおりスコットランド人である。彼は法学を学んだのちスコットランドの法案起草者として生計を立てていた。つまり彼の仕事は議会で通過した法律をスコットランドの法に適合するように書き直すことであった（スコットランドの法とイングランドの法は、結婚、殺人、相続など重要な分野で人々が驚くほど異なっている）。だが彼が本当に情熱を持っていたのはスコットランド啓蒙学派（ヒューム、ケームズ、ファーガソン、ミラー、アダム・スミス、スチュアートなど）の「人間を道徳的に改良する」という仕事を継承することであった。この目的のために、彼は結婚と世代継承の「起源と発展」とを知り、この二つがいかに連続するのかを知ろうとした。彼は手始めに「略奪結婚」の歴史を研究し、この種の結婚がいかなる制度を生み出したかを結論づけようとした。彼は大陸の同様な思想家とは独立に、私たちの親族制度が乱婚から「母権制」（母系のみにもとづく親族）をへて「父権制」（父系のみにもとづく親族）へ進むという発展形態論を提起した（マクレナン参照）。[†1] もっとも後になって、男女両方が作る現代の核家族が制度化されるが。これはアメリカの法学者L・H・モーガンの提起した[†2]図式と酷似しており、やがてこれがエンゲルスによって取り上げられてマルクス主義の家族の起源に関する説の基盤となった（エンゲルス参照。またクレーダーも参照）。[†3] モーガンとマクレナンの間では細部——主に特定の親族用語の重要性——に関しての論争はあったものの、この進歩図式の概略と、対象となる種族の法、規則、慣習を重視すべきだという点に関しては基本的に一致していた。

イギリス学派のもう一方の生みの親はいうまでもなくケンブリッジ大学欽定ローマ法教授にして同大学トリニティ・カレッジ寮長、四法学院ローマ法・法理学講師であったヘンリー・サムナー・メイン卿である。私の長女はトリニティで哲学を学んでいたが、はじめてそこに彼女を訪問した際には私はメーンの胸像の前でうやうやしく立ち止まり、しばし黙禱したものであった。彼女がなぜメーンにそのように敬意を払うのかと訊ねた。彼女から執拗に（ただし懐疑的に）うながされて、私はメーンの後世に大きな影響を与えたローマ契約法に関する学説を語った。この学説に関しては第二章で彼の

『古代法』にふれつつ論じておいた（同時にメインも参照せよ）。[†4] もちろん社会科学の中ではメインとその学説はよく知られている。しかし法の進化説や機能主義を離れて心理学主義、象徴主義、構造主義、ポストモダニズム（まだ他にもあるが）などになるにつれてメインの名は多かれ少なかれ忘れ去られ、「思想史」の分野に格下げになっている。しかし歴史とは思想の歴史に他ならず、偉大な思想を忘れることは自分を危険にさらすことである。説教はそのくらいにして、本論に入ろう。

メインは「人類の普遍的歴史」には関心がなかったから、発展段階説には興味を示さなかった。なぜなら彼は意義があるのはある特定の人々、すなわちアーリア人、正しくいうとインドヨーロッパ語族だけだと考えていたからである。東のインド人から西のケルト人まで、この特定の人々の間の起源的親族形態は「家父長制拡大家族」であった。この形態はヨーロッパやインドの一部に一九世紀後半まで残っていた。また彼は数年間インド総督評議会の法律委員――総督の閣僚に相当する――としてインドに暮らし、そこで古代法と当時の状態とを研究している。

マクレナンはアーリア人も他と同じように「母権制」の段階を通ってきたと考えていたから、メインの説を受け入れることはできなかった。一方歴史意識がより強かったメインは、この説を証明する証拠がないとした。しかし、彼らの見解が異なっていたことは別にして、重要なのは二人の法学者――およびアメリカのモーガン――が非ヨーロッパ人の親族制度を研究するに当たって法に力点を置いたことであり、また「父権制」と「母権制」の相違、今日のいい方でいえば母系制の継承と父系制の継承の区別を明らかにしたことである。

今日のこの表現はA・R・ラドクリフ＝ブラウンが始めたわけではないが、彼はこの用語の内容を一九三五年の論文の中で明確にし体系化した。この論文は彼がシカゴ大学に在職した当時、内容も法的で法に関わる読者を対象にしていた『アイオワ法律評論』[†5]に発表された。ラドクリフ＝ブラウン[†6]はメーンと同じケンブリッジ出身で、法の論述に力点を置く傾向を継承し、他方で先駆者たち、さらにはケンブリッジでの恩師であったW・H・R・リヴァーズの持っていた発展論や社会進化論に関する関心を放棄した。彼はオーストラリアの原住民カリエラ族の集落を論じた際にも、物に対する権利と人に対する権利とを区別する必要があるとした。彼はこれらの集落は「財産」を所有する「法人」であり、相続を決定する世代継承に関する法を制定する必要があるのだ、とした。

ラドクリフ＝ブラウンによれば、父系の家族と母系の家族が争うことによる損害を社会が回避するには世代継承に関して二つの方法のどちらかを選ぶしかないとされた。すなわち母系をとるか父系をとるかのどちらかである。継承される対象が異なる場合には両方が使われることはありうる。例えば動産が一方のラインを通じ、不動産は別のラインを通じるというように（ラドクリフ＝ブラウンのいう相続とは、具象的財産および非具象的財産の継承であった）。彼はまたどちらのラインに従うかは多くの場合絶対的なことではないと知っていたが、にもかかわらず「勝義の」権利、義務、所有などは必ずどちらかでなければならないとした。こうして「単系」という術語が生まれ、それ以来「単系相続集団」というのがイギリスの人類学者にとってほとんど強迫観念のようになった。ラドクリフ＝ブラウン自身はこのような集団の起源に関して知ろうとはしなかった。それについて私たちは何も知らない、というのが彼の主張である。だが彼は、私たちはその「社会学的起源」すなわち「機能」について、いいかえれば存在意義については語ることができる、とした。その存在意義とは、社会的な葛藤を回避するための重複のない世代継承の原則であったことは右に見た通りである。ラドクリフ＝ブラウンは単系でない制度を（私たちのアングロサクソンに由来するものも含めて）すべて逸脱と見なし――すくなくとも彼にとって理解が「困難である」と見なし――て退けた。だが彼のこのような欠陥は見直され、今では単系ではない――しかもその数はラドクリフ＝ブラウンが想像した以上にのぼる――制度が存在し、各々独自の方法で破壊的な葛藤を回避することにも長けていることが、知られている。ただ彼が、単系継承はすぐれた世代継承の制度であり「権利義務」関係を整理するにあたって積極的な長所を持っていることに私たちの目を向けさせたのは事実である。

彼は著作の冒頭で、私たちが「非ヨーロッパ系の人々の法や習慣を正しく理解するためには」自分たちの法の観念でそれらを解釈することを避ける必要があると強調している。だが実際に彼がしたことは、これら非ヨーロッパ系の人々の理解のために私たちの法観念の適用を計ることであった。単系相続集団が現実に「法人」であると見なすことができるかどうかは疑問の余地があるが、それにしてもこのような方法で制度を論じることによってラドクリフ＝ブラウンは論述の水準を引き上げ、社会進化論者が非ヨーロッパ系親族を過去の発展段階の遺物としたことを否定した。

ただし、彼は「非ヨーロッパ系」という際に正しくは「現代の非ヨーロッパ系」と述べるべきであった。というのも、彼自身が父系相続の事例を叙述するにあたって古代ギリシャ（ゲノス）や古代ローマ（ゲンス）に例を求めているからである。西ヨーロッパの伝統の先駆者となったこれら二つの社会は、インドヨーロッパ系の遊牧民から派生して二つの半島に定着し、高度の都市型文明を作っていた。多くの点で、しかも長い間、彼らはルーツに忠実であった。マクレナンはローマ人の間に残っていた略奪結婚を著作に引用したし、またメインはインドヨーロッパ語族の家父長制起源を説明するにあたって太古のローマ法を参考にした。事実私たちの制度は単系で父系制の相続を行っていた部族に由来するという起源を考慮しないと、その初期の歴史をよく理解できない（執拗な母権制論者によって、ギリシャ史に母系制の段階があった――彼らはなぜかローマ人には同じ試みをしようとしない――ことを発見しようとする試みが何度も繰り返されているが、ギリシャ人に母系制があった証拠はない。このような考えは宗教的慣習に関する誤解が原因になっており――とくに他の点では洞察に富むジェーン・ハリソン[†7]の場合がそうである――また伝説として残されている義理の息子による相続などについても誤解がある。もっともこの問題は目下の私たちの主題には本質的でない）。

インドヨーロッパ系のギリシャ人とローマ人がその起源から世代継承において父系制を採用してきたという知識は、どのような歴史上の問題の解決に役立つだろうか。つぎのギリシャ悲劇のアンティゴネーとヨーロッパの個人主義を扱った章で、私は古代ギリシャ人を「外国人」と見なし、彼らが「親族」とか「家族」とかの言葉で表現したものを、後世の私たちが自分たちの非常に異質の用語で理解することを止めれば、ラドクリフ＝ブラウンの論点は全く正しいことを簡単な方法で示そうとした。もし私の見解が正しければ、ヒロインのアンティゴネーは父系制の世代継承や権利義務を擁護しようとしているのだと考えると、この悲劇ははじめてよく理解することができる。これまでも彼女は「神の法」を守ろうとした人物としてたびたび批評家の賞賛を集めてきたが、問題となっている法が父系制の法であったということは考察されたことがなかった。もっともソポクレースがこの悲劇を書いたとき（紀元前五世紀）には、それはすでにアルカイックな時代に属するものになっていたが。

それとともに、ここで問題は大きくなるが、今日の私たちの「個人主義」に関する解釈が、ソポクレースの描くアンティゴネーの反抗を考察するならば、間違っているのではないかということが疑われる。実際私たちが見ているのは、先にも述べたように「親族法」と「国家法」との間の長い長い闘争の一部にすぎないのである。ギリシャの悲劇作家たちにはそのことが充分分かっており、しかもそれを美しく表現した。この戦いは今もなお続いており、個人が国家と戦うだけでなく親族集団も国家と戦うのである。メーンが述べたような、集権化した国家にとって好都合な理想的な個人としての契約者は——またその企業版はとくにそうであるが——ずっと後に舞台に登場するものである。彼らの親族集団からの解放は完全ではないのである。先進工業国ではたしかにそれに近い状態になってはいるが、にもかかわらずベビーM事件で考察したように、私たちはこの終わらない問題をめぐる戦いの中で引き裂かれているのである。だから、ベビーM事件と悲劇作品アンティゴネーの間には見かけよりははるかに大きな連続性があるのである。「親族と国家との戦い」は「生きて」いるのであり、未来も続くであろう。それと同時に、この章は一九世紀にはじまりリチャード・バートン卿、ジェームズ・フレーザー卿、グラッドストーン氏、ギルバート・マレー、ジェーン・ハリソンへと続く人類学と古典作品との間の長い恋愛の伝統に属している。この伝統は古典考古学者によって助けられるとともに、そそのかされたものである。現代の趣味から見ればやや「ヴィクトリア風」にすぎる点はあるが、よき伝統ではある。

私はアンティゴネーに関する章で、ソポクレースのギリシャ語の「本当の意味」に関する議論に立ち入らなければならない。これに関しては専門家にも一致がなく、私自身はまた古代ギリシャ語の専門家ではない。私は不安なティーンエイジャーとして頭の中を次のラグビーの試合のことで一杯にしながら、四〇年前の冬の雨の中で、国語のクラスで使い古したギリシャ語やラテン語の本の、自分に当てられたページにいやいや取り組んだときのかすかな記憶に頼るしかない。しかし、ある種のこと例えば自転車の乗りかたのようなものは、忘れることがない。イギリスの旧式なグラマー・スクールが今日の進歩した教育の基準から見ると悪かったように見えても、学生を古典に触れさせた長所があったことは確かである。私はチェースとフィリップスの『新ギリシャ語入門』（一九八二）を使用した補習に参加したが、とくに違和感を感じることはなかった。その途中に、私は何年か昔にかえって好きなギリシャ古典をくり返しくり返し読みふけった。ソポクレースがなかでもやはり一番の好みであったが。そんなわけで、古典語の専門家でないことは気にせずにトライするしかない。そのようななかで、私はジョージ・スタイナーから大きな勇気をさずけられた。彼は私を大いに励ましてくれただけでなく、自身ギリシャ語学者でないにもかかわらず、これまでに書かれた最高のアンティゴネー論を出版している。すぐれたギリシャ語学者であっても他の問題に（例えば人類学や法に関して）知識がなければ障碍になるということは、あとで分かってもらえるはずだ。もっとも、昔々じめじめして眠い教室で学んだとき、先生であった怒りっぽい古典語の大家が私をにらんだときの、辛抱強くはあるがぞっとする軽蔑の表情を思い出して、私がびくびくしていることは事実だ（最近私にとってもっともうれしかったのは、イギリスで最新のかつ最も独創的なホメーロスとソポクレースの翻訳者であるロバート・フェイグルスが、私が訳した『アンティゴネー』の最初の一行を「決定訳」だと評したと聞いたことである。こんなにまれで甘美な瞬間は大事にしたくなる）。

ともかく、よかれ悪しかれこのような古典学が私たちに与えるのは本質的に人類学的な感受性である。これらは各々独自の言語を通して、私たちを不思議な古代の別世界につれていき、ひとこと毎にその別世界を親しいものに変えてくれる。これらの文化が私たちにとって先祖にあたる以上、今日の私たちに至るまでのプロセスでそれらにどっぷり浸っていた以上、私たちがここから学ぶものは単なる「比較」などではなく、何といえばよいか、文化的遺伝情報とでもいうべきものである。私たちは古典語をいやいやながら学んでいるにせよ、文化の上の先祖に接しているのである。どんな口当たりのよい「西欧文明論」の講義にもこれと同じことは期待できない。

古典語の教育を受けることには、リチャード・ジェンキンスが『ヴィクトリア時代人と古代ギリシャ』[†8]という優れた研究で述べているように、別の有益な副産物もある（彼の珠玉の作品『三大古典詩人』[†9]も参照すべきである）。その副産物とは、古典語教育がヴィクトリア時代の古典教育のプランと連続性を持っており、別の意味では理解しにくい点があるヴィクトリア時代人が、どのように世界を見ていたかを理解させてくれることである。「時間が私たちをヴィクトリア時代人と引き離したので」、と彼は書いている。

彼らが何を考え感じていたかを想像することがますます難しくなっている。二〇年前にはイギリスの相当数の学校がヴィクトリア時代の古典教育というべきものを、ラテン語・ギリシャ語の散文や詩の精読というかたちで提供していた。この教育を受けたものは、結果的にヴィクトリア期の紳士の精神がどのようにして作られたかということの一半を知ることができた。今日では、旧式のシステムをなお提供している学校は少ない。おそらく存在しないといってよい。

遺憾ながらこれは事実である。私たちの直接の祖先でありながら、私たちが懸命にそこから変わろうとしているヴィクトリア時代人、さらにそれよりもっと遠いが強力なギリシャ・ローマ人は、どうしようもなく私たちから遠ざかりつつある。歴史は睡眠時間へと、いやもっと適切にはジェンダー差別用語を削り落とし衛生処理された麗々しい教科書の中のかすかな傷のようなものへと、変わりつつある。古い時代が去ることはやむをえないのかもしれないが、私は個人的にこの損失を痛む。過去は「民族誌上の他者」および私たち自身の部族的祖先の両方を、私たちの身近にもたらしてくれるものであり、文化の相違の背後にある共通の人間的本質をまばゆいばかりに開示してくれるものだ。本題に戻り先に進もう。

同様に、最後の章の主題に関しても、母方のオジ（avunculate）とはいかなる存在かという関心を持つのは不可解に聞こえるかもしれないが、これも実は私たちがこの特異な現代的主題に対していだく不安と無関係ではないのである。その一つの理由は、この関心が私たちを母系制の世代継承という問題の核心に引き戻し、ギリシャ人の父系制継承に対する関心との均衡を取ってくれるからである。母親の兄弟がその母の子供たちに対して持つ「特別な関係」は、父系制の社会にも父系母系双方が行われる社会にも見られるものであり、したがって私たちはこの関係が持つ基礎的な性質と派生的な性質とに関心を抱かざるをえず、それはひいては人間の親族集団の本質とは何かという問題に、私たちを直面させるのである。その上で、私たちがこのような関係の中に「他に置き換えることが不可能な特別の」何かを発見したとすると、この特別な要素はいかなる家族法、養子縁組に関する法、世代継承と相続に関する法、親権に関する法、などなどの議論の中においても、中核をなすべきものなのである。

私は一九五〇年代後半に行った、ニューメキシコ州のコチティ・インディアンの母系親族集団に関する自分自身の研究を想起する。当時私の先生方や同僚たちのほとんどは、アフリカ、ニューギニア、中国、オーストラリアなどの父系制社会の研究に従事していた。私自身も母系制の原理についてマスターしてはいたが、それでもなおどちらかというと母系制親族が特殊だという感想を拭いきれないでいた。しかしコチティ（およびナバホ、アパッチ）社会を経験した後には、このコロンブス以前の北米大陸で支配的であった親族組織は大変自然であり、また人間的でもあるという考えに改宗させられたのである。

私はコチティのクランの一つ（樫――ハパニ hapanyi）に養子にされた。最初はそれをただのもてなし程度に考えていた。だが正式な儀礼が挙行され、私はそれが非常に真剣なものであることを理解した。女性たちによる養子縁組の儀礼が終わると、クランの男性最長老者と女性最長老者とが私に向かって語りかけた。女性の長老は女たちを代表して、次のように述べた（以下はケレサン語からの自由な翻訳である）。

おまえは私たちの子、私たちの兄弟、私たちのニェニェ（女性が母の兄弟姉妹の息子を呼ぶ言葉）。おまえは私たちを食べさせたり家の手入れをする必要はない。それは私たちの夫がする。

だがおまえは私たちの子供の世話をし、彼らが古いしきたりを学び、新しいことに抜け目なく立ち向かうようしつけるのだ。彼らが結婚して子供たちに親切に、年老いた者に親切に、また悪霊から安全であるように守るのだ。

男の長老は次のように述べた。

おまえは今から私たちのナワ（男子と彼の母の兄弟たちの関係を指す、ニェニェと対をなす言葉）。私たちは永遠におまえの親戚。年長者の世話をし、子供たちを教育するのだ。おまえは自分のクランの女と結婚してはならず、そのことについては私たちの教えをあおぎなさい。おまえは「姉妹たち」の子供を世話し、彼らに正しい道を教えるのだ。おまえの「母たち」とナワに、おまえに対して正しい道を行わせるのだ。おまえはハパニであり、おまえの姉妹の子供たちも、雲の中のシワンナ（祖先の霊）に加わり人々（クランの成員）とともに永遠に踊るときまで、ハパニなのだ。

この時以来、「姉妹の息子」と「母の兄弟」というものがどういうことかを——当の社会に関わりのない外部の者としてだけでなく——内部の者の経験として感じることができるようになった。私はそれが難しいことでも奇妙なことでもなかったと証言できる。私にとってはしきたりとしてごく自然なものであった。若者たちは「古い習慣」からこぼれそうになる。年長者たちは、私がそのことに関心を持ち、彼らを説得して習慣に戻らせる義務があると考えているのだ。私は彼らのために、こうしたことを記した本を書いた。[†10] それが、ヨーロッパに島流しになったものが自分のクランに、自分の姉妹の息子たちにしてやれる精一杯のことであった。もちろん変化の波はあまりに強く、一冊の本だけではそれをくい止めることはできないだろう。とはいえ、古い習慣を本に記録し、それらの習慣がどのように役に立つのかを記録することができる。それらはすくなくともスペイン人神父やアメリカのテレビが教えるものより、はるかに有益である。

私はこのようなシステムが「人間らしい」といった。もちろんシステムは個々にすべて異なっている。だが、例えばコチティのものにもナバホのものにも不義の子という概念は存在しない。不義の子という観念は、スペインの神父とその後のアメリカのミッションが彼らに教えたものにすぎない。子供に母がいれば、その子にはクランがある。重要なのはそれだけだ。社会的なパーテル〔父親 pater〕は必要なら後から作ることができる。その上、父と母の兄弟（父は父系の側を、母の兄弟は母系のクランを代表する）の間で分業が行われることは、すべての男の役割を父に振り当てるよりははるかに健康な「男の役割モデル」を形成しえている。さらに、母親は二人の（または二組の）男たちの力を自分と子供たちの社会的、経済的、および精神的な必要を満たすために「正当に」求めることができる。

「親の役割」を父と兄弟とで分担するこのやり方は、私にはとりわけて人間的に思えたし、今でもそう考えている。だがこのやり方は、後に見るが、おそらく人間の祖先であった霊長類に存在する要素だったはずであり、私たちはこれを人間のシステムに作りかえたものであろう。

南アフリカにおける母の兄弟に関する講演を一九二四年に行ってこの議論に先鞭をつけたのは、またしてもラドクリフ＝ブラウンであった。この講演は親族研究に関する単なる講義であったばかりでなく、一九世紀の「社会進化論の思弁を捨てて、権利義務」に関する法観念に基礎をおく「機能主義」のアプローチに荷担しようと願うものたちの大集合地点となった。同時に、これは「心的態度」の理論とその拡張に依拠することになり、やがてのちのマードック[†11]などに影響を与えた。マードックはこれを行動主義心理学や「刺激一般化説」と結合させた。今日では人類学でこうしたものが論じられることはほとんどなく、新奇なものを求めつづけようとさらに一層奇妙な偶像の追求に走るようになっている。にもかかわらず、これは今日の社会生物学の論争にいたる道の一つであり、このアプローチはジョン・ベックストロームの相続を主題とした作品[†12]のように、法の研究に寄与した興味深いものの一つであった。ラドクリフ＝ブラウンがアイオワの法律家に示したノートや南アフリカ科学振興委員会に対して行った講演の中で提示した問題は、私たち人類学者がより実りの多い研究領域へ移動すると決めたからといってなおその意義を失わない問題提起であった。

母系制の継承や母の兄弟は、数少ない「原始的」部族に特有の制度ではない。これらは私たち自身のものを含むあらゆる世代継承の制度をつき動かす普遍的な力によって作られるものであり、固有の状況に応じて固有の表現形態をとるものである。これらは、あまり適切な比喩ではないが、どこか劣性遺伝子に似ている。あらゆる社会行動の中に遺伝子として潜在しているが、ある有利な環境のもとにおいてしか発現しない。発現していないにもかかわらず、または微弱にしか発現していないにもかかわらず、あらゆる社会はこの遺伝子の「保有者」である。発現にはわずかな環境変化があればよい。

私たちが相続の法を決めようとするとき、選択肢はそう多くない。例えば財産を自分のすべての子供たちに与えるか、息子たちだけに与えるか、それとも（ほとんど起こらないケースだが）娘たちだけに与えるか、などである。また兄弟姉妹の子供に与える場合もある。この場合父系制の社会では兄弟であるが、もう一つの選択肢、すなわち姉妹の子供たちに与える（これはたいていの場合母の兄弟から姉妹の息子へという形を取る）というケースも、少数派とはいえ充分な数の社会で行われており、私たちの次の関心はこれに注がれる。

ラドクリフ＝ブラウンはこの財産のやりとりには「明快さ」が求められると主張した。つまり彼は、男性の系統か女性の系統かという二つの場合しかないと考えたのである。私たちは今日両方に分割する相続制度もあることを知っており、また統制が利かない場合には彼が予見したような問題が起きることも知っている。同時にその問題が巧みに処理され、相続財産――とくに土地――の分散が回避されることも知っている。

コチティとの意外な経験の後、私は両系統の（同族全体で相続する）北西アイルランドのトーリー島民についてまた同じような経験をした。彼らはこのシステムを維持し、その過度な適用を使用権の運用によって巧みに回避している。土地に対する権利はすべての相続人が持っているが、それを相続者の全体が行使することを避けているのである†13。ここでも、公然と両系統の親族制度が現実のシステムとしてもイデオロギーとしても守られており、また潜在的な母方のオジの制度が事実上結婚の際の住居によって決定されている。だがラドクリフ＝ブラウンが述べたようには、同じことが父系社会に存在しないわけではない。あたかも社会に潜在する遺伝子が部分的に発現したかのように、夫と彼の姉妹の息子の関係が特別視されることは、その関係が母系社会だけでなく父系社会にも存在することを示すのである。

ここでは以下の章の内容をこれ以上述べる必要はないであろう。しかし主題がきわめて広範なものであるから、私の論述に含まれない部分に関して読者はさまざまな結論を持ちうるであろう。だが私は次のふたつの章で、私たちに常識的とされることとエキゾティックとされることとの間は、人類学の術語の中ではたったひとまたぎの距離しかないことを示したいのである。人間に関することで人類学に縁のないことはなく、他者が他者であることを絶対として強調する現代の風潮は、私には大きな間違いだと思える。ポゴ〔米国漫画のキャラクター〕のせりふにもある。「他人に出会ったら彼は私たちだった」。

第3章

乙女とゴッドファーザー——ギリシャ悲劇における親族の掟と国家法、およびその後

現代ではアンティゴネーの事件を扱うのは、クレオーンの三百代言のような連中だ。

——デュレンマット

親族か個人か——対立の当事者は誰か

私は著書『親族と結婚』改訂版[†1]の序章の終わりで、やや修辞過剰であったが次のように書いた。

親族と権威の戦いは伝説の中に生きている。物語の中で、親族は教会や国家など官僚的権威を相手に戦う。権威を掘り崩し、挑戦し、攪乱する。マフィアは「ファミリー」への完全な忠誠心を要求するから人々の興味をそそるのだ。国家が国民の保護に失敗すると、ひとびとは確実な親族のつながりを希求する。

この辺で充分だろう。私は同じような論調で、親族の「活力」と「破壊力」について多くを書いて

きた。ところが、同僚たちの何人かから、急所をつくある論点を示された。彼らは、おまえのいう戦いとは、すくなくとも西欧世界においては「個人」と国家や教会との戦いではないのか、というのである。

たしかに社会科学でも歴史でも、個人主義の起源と発展は絶えず議論の中心になってきた。人類学自身からの最近の寄与は、デュモンのすぐれた作品『個人主義に関するエッセイ』[2]である。個人主義のこの発展の中で、親族——クラン、拡大家族、などなど——は国家と同様に個人主義の敵であった、とされる。進歩する個人は、完全な自立を獲得するために国家のくびきと同様に親族のくびきもかなぐり捨てねばならなかった——「身分」と対立する「契約」というメインの古典的な図式についてはすでに論じた通りである。私たちは、子供が不適切な養育や教育をしたことで親を訴えることができるほど、あるいは胎児が母親に対立する権利を主張できるほど、自立的な個人が公認の単位となった社会に生きているのではないか、と私は訊ねられたのである。

二つのことを答えておきたい。第一点は、これほど極端に個人主義を強調するのは私にはアングロサクソンの特殊事情に思えるということ。一般に考えられているルネサンスの人文主義とか、プロテスタントの宗教改革とか、ジョン・ロックの哲学とか、産業革命とか、などなどの結果だというのは正しくないのではないか。マクファーレンたち[3]がいうように、それはアングロサクソン人の部族習慣にまでさかのぼり、イギリスにもたらされてそこでノルマン人の影響を比較的受けることなく続いてきたものに根元が求められるべきではないか。アングロサクソンには（ジュート族やフリジア族などとともに）強い、独立性の高い親族が存在したことがなかった。個人の戦士を基礎とする部族が優勢であった。タキトゥスはたしかにそう考えている。家族は（もちろんつねに）存在したが、強い独立した拡大家族はなかった。これらの部族では親族は単系ではなく古典的な同族制であり、シブ（ジッペ）は個人中心の集団で血族ではなかった。[†4] 土地の個人所有は、大陸ではそのようなものが知られていなかった頃のイギリス史の古い過去にまでさかのぼる。相続制度が年下の息子たちを相続から排除した結果、巨大な貴族的クランを形成することがなかった。チューダー王朝はヨーロッパの君主制の中では、貴族たちを懐柔して実力主義の官僚制を作ろうとした最初のものの一つであった。一八世紀の大貴族の中では、ホイッグ党による寡頭制が国家の力に対抗する親族集団を代表するものと考えられるが、しかしそれとても深刻な反対勢力というには遠く、一九世紀のすさまじい個人主義の伸張の中で、彼らの二、三男たちが間断なく中産階級に流れ込み消滅した。

スコットランドのクランはカロデンの戦い〔一七四六〕で決定的な敗北を喫し、ハイランド地方の掃討戦で寸断されて多くのクランの成員がカナダに逃れた。こうしてここの親族世界も命運尽きた（ただし、ウオルター・スコット卿のイマジネーションを受けて、ヴィクトリア女王がドイツ系の夫とともに、金儲けに夢中の衣服業者のでっち上げたハイランド地方「純正」の衣装に着飾るような話なら別であるが）。にもかかわらず、アーガイル公爵がキャンベル・クランの頭領として五〇〇〇人の忠誠な戦士に君臨したといった想像が、イギリス人の頭に絶大な影響を及ぼす。ちょうどアメリカのマフィアの頭領が想像をかき立てるようなものである（事実を知るものは、彼が指揮できたのは下院議員の四〇議席だったことを理解している。にもかかわらず、その背後に両刃の剣を構えたスコットランド高地人たちを見たがる）。

第二点は、私たちはこのような特殊な歴史の結果に影響されて、世界を個人と国家との必然的な闘争という目で見たがる傾向があるということである。その戦いも、願わくは個人が、その自立を侵そうとする国家（および国教会）に勝利するという図式である。デュモンはこれを宗教的個人主義の思想の世俗化だと見る。だが以上に見たように、その「思想」なるものはすでに宗教がそれを同化する以前に、また（カルビン以後に）世俗化が進行する前からアングロサクソンの制度の中に存在していたものなのである。ジョン・ロックが私たちの政治哲学の中心になるのは、彼がこのような戦いの表現をし、かつそれを個人の側に立って行ったからであって、それ以外に独創的ところがあったからではない。スペンサーとミルとマーシャルが、左右両翼の全体主義に対する思想的闘争を継続した（このあたりの事情についてはいまでも最適なパーソンズの言を参照[†5]）。もちろん私たちは問題に決着をつけたわけではなく、いまだに適切な均衡は何かと悩みつづけている。それは現在の私たち「特有の」政治生活に関する問題であり、私たちの哲学者の心に取り憑いた問題なのである。それならば——ここからが第二点の要なのであるが——私たちはこの単純化された見方を他の世界全体に押しつけてよいものだろうか。またこれは私たち自身の社会に関してさえ単純すぎるのではないだろうか。なぜなら、個人と国家の間には最低でも家族があるのであり、多くの場合もっとさまざまなものが介在するからである。私たちの法システムがいかに個人化しようと、例えばこの法システムは家族をどんな形であれ社会制度の独特な形態として認識せずにはいられないのであり、この形態には契約というおきまりの個人主義的ルールは多くの場合通用しないのである。アングロサクソン以外の制度においては、家族はより大きな役割を担っている。たとえ私が指摘する親族と国家の戦いがつねに存在するにせよ、である。

さらに別のパラドックスも存在する。私はしばしば、国家は家族を破壊するのではなく奨励するのではないかと指摘される。それはそうだろう。だがこれは私の論点に障碍とはならない。私の論点は、国家が嫌悪するのは家族ではなく親族だというところにあるのだから。実際、国家は自立した核家族を奨励するために親族の本質部分を攻撃している。親族の本質とは、血縁の（または半血縁の）紐帯が家族をこえて強力で実効ある親族集団にまで拡大することにある。別の表現を用いるならば、国家の目から見て好ましい親族集団の最高レベルとは核家族なのである。だが核家族とは、実際は生殖と子供の社会化を実現する上では親族集団のぎりぎり最低のレベルでしかない。正確にいうと、生殖と社会化は国家を扶養者として母子集団だけですますことが可能である。しかしこれは国家の目的ではないし、国家にはたいへん厄介な問題すなわち福祉システムを要求することになる。国家は（ユートピアでなく現実の国家は）男性が母子集団の扶養者として行動することを望み、それがなされないときには制裁を科すのである。理由はまったく経済的なものだ。にもかかわらず、すでに見たように国家は通常男性が複数の母子集団を扶養すること、すなわち一夫多妻制を嫌う。複数を扶養できるのに、なぜ国家はそれを嫌うのかと問う人がいるかもしれない。なぜなら、宗教的理由は措くとしても、国家は大きな親族集団が形成される可能性に顔をしかめ、やっきになって大規模相続財産を分解し、モルモン教徒の実験のようなものを法や軍隊を使って非行として糾弾するのである（イスラム社会は『コーラン』が四人の妻までを持つ一夫多妻制を公認する特別なケースである。だが、イスラム原理主義の復活以前のイスラム国家の「近代化推進型」指導者や議会はその実行を法や戒律を通じて止めさせようと夢中になっていた。そのような史実にもかかわらず、イスラム社会は基本的に個人が親族集団を仲介として国家に作用する社会である)。[†6] だからこのパラドックスは、国家(または教会)は親族をその最小単位である核家族にまで分解しておきながら、基本となる「親族の価値」だけは支持しようとつとめるところにあるのである。

私たちの知的生活の大部分が、政治哲学から文芸批評まで、この一七世紀後半の個人対国家というアングロサクソンの世界観によって歪曲されていると、私はいいたい。このモデルを押しつけることから、私たちは歴史の中で起きていること、別の社会で起きていることを正しく見ることができなくなっている。人類学者として、私たちはまず最初にこのモデルに懐疑的である必要があり、開かれた心で、この古典的な対立とされているものの真相を新しく解釈する可能性をさぐる必要がある。

アンティゴネーの問題——乙女の動機は何か

当然ながら私たちはギリシャ人のことから始めなければならない。特に、多くの批評家がギリシャ悲劇を「個人と国家」の闘争の最初の文学的認識と理解しているから、なおさらそうである。たしかにギリシャのポリスは、親族や部族に依存しない真の意味の国家組織の最初の事例であり、このような闘争のイデオロギーに対する感受性が起きたとしてもおかしくないところである。マルクスもそう考えたようだ。偉大な古典学者で、人類学的思考をギリシャ研究に導入したE・R・ドッズは、私たちが見ようとしている問題を次のような美文にしている。

ギリシャ人がまったく気まぐれな神の力という古い観念から脱却し、新しい国家のための掟として獲得したコスモスの正義という観念が、かくも未開な家族の観念としか結合しえなかったことはなんという不幸か。なぜならこの新しい観念は宗教的感情と宗教的掟の重圧をかなぐり捨て、人格の権利、人格の義務という思想を身につけた真の個人の台頭を意味したからである。グロッツが示したように……個人をクランや家族のくびきから解放したことはギリシャの合理主義が達成したひとつの大きな成果であり、これについてわれわれはアテーナイの民主主義に感謝すべきである。だがこの解放が法において達成された後も、古い宗教的連帯の亡霊はつきまとった。[†7]

つきまとったのは宗教心だけではない。だがドッズはこの作品で、美文のかぎりを尽くして私たちの思考を支配した「進歩的個人」の観念を表現している。すなわち、個人は親族と家族の束縛から解放されなければ「新しい国家の道徳」に参加し、また同時にここでの主題である「個人対国家」という主題のもとに成立する闘争に参加しうる、真の人格となることができない。ドッズにとってはこの進歩的闘争の中で、親族という「未開の」価値は障碍でしかないのである。

この新しい個人主義の起源を追求するとき、批評家たちはソポクレースの『アンティゴネー』に範を求めたがる。これが、ポリスの非人格的法の支配に対する、芽生えつつあったほとんど実存主義的ともいえるほど個人化した闘争の原型のように見えるのであるらしく、たしかにそれには政治的理由がなくもない。というのも、この作品は『オイディプース王』『コロノスのオイディプース』を含む有名なテーバイ「三部作」のひとつであり、オイディプース伝説はたしかに人類学者にとって、進化、構造、精神分析など別の主題に関係する興味深い対象であり、格好の出発点だといえるだろう。

というわけで、最初に『アンティゴネー』を見ることにする。私がこの作業に従事する刺激を受けたのは、ジョージ・スタイナーによる目を見張らせるような『アンティゴネー』[†8]をくり返しくり返し読んでからである。この作品は、先に章の冒頭で引用した私の親族集団に関する大胆な見解の発表と同じ年(一九八三年)に完成した。ソポクレースの傑作——あるものはこの作品と密接に関連し、あるものはゆるやかに関連する——の研究につづくこの『アンティゴネー』全体に関する徹底的な分析の後には、どのような『アンティゴネー』論もソポクレース作品論も、それまでと同じであることはできない。レーブ古典選書に付けられた解説による悲劇の内容は次の通りである。

先のテーバイ王オイディプースの娘アンティゴネーは、テーバイを攻撃し殺された弟ポリュネイケースの遺骸を、オイディプースに代わって王座についたクレオーンの意に反して葬ろうとする。そのさなかに彼女はクレオーンの番人に見つかり、王の前に引き立てられる。彼女は、自分はいかなる人間の法にも束縛されない永遠の法にしたがっていたのだと申し立てる。クレオーンは傲然と、彼女を石の牢獄につなぐよう命令する。クレオーンの息子でアンティゴネーと婚約しているハイモーンが彼女の命乞いをしたが聞き入れられず、自分も彼女とともに死ぬと脅す。それを予言者テイレシアースに告げられ、クレオーンは息子を案じてアンティゴネーを牢獄から釈放すべく急ぐ。だが時すでに遅く、アンティゴネーは首をくくって死に、ハイモーンもそのかたわらに自殺している。クレオーンは宮殿に帰り、王妃が息子の死を知って自害したことを知る。[†9]

劇の初演は紀元前四四〇年であり、したがって『テーバイ三部作』（正確には三部作でなく関連し合った作品群）の中で最初に上演されたことになるが、実際にはこの作品がカドモス一家のものたちで悲運のオイディプースと、彼の母であり妻であるイオカステーの子供たちを襲った悲劇のクライマックスである。そこで私たちはどうしても事情を明らかにするために（その際には同じようなアトレウス家の悲運にも一顧を与えなければならないが）やがてオイディプース自身に戻らねばならない。しかし今はその子供たち――娘のアンティゴネーとイスメーネー、息子のエテオクレースとポリュネイケース――の行動が提起する問題のいくつかを見ることにしよう。

プロットは右に記したように単純である（ただしクレオーンに忠実な兄のエテオクレースは、すでに王位を目指して反逆した弟ポリュネイケースと戦って死んでおり、クレオーンは彼に栄誉を与えず葬らせている、という重要な情報が欠けているが）。一五三〇年以来膨大な量の評論、翻案、翻訳などで脚光を浴びるのはアンティゴネーとクレオーンとの葛藤劇である。批評家も翻案家もどちらかに肩入れするが、もちろん圧倒的にアンティゴネーに味方するものが多い。クレオーンを評価したのはおそらく『宗教哲学講義』第二部（II. 3. a.）の中のヘーゲルだが、それでも「悲劇」は双方に正義があるところに起きるという有名な定式で引き分けとしている。彼によればクレオーンは「国家の必然性」に動かされて責任ある統治者として行動し、一方アンティゴネーは深い家族への忠誠心に動かされた良心の人とされる。舞台向けのアヌイ〔二〇世紀フランスの劇作家〕による最新の解釈ではアンティゴネーは個人の「参与」という原理に従って行動する実存主義のヒロインであり、クレオーンはここでも国家の権威とポリスの法の理性的代表ということになっている。この劇が占領下のパリで上演された際には、レジスタンスもドイツ人も同じように熱烈に拍手を送った。

クレオーンとアンティゴネーとの争いが注目される割には、誰も真剣に「個人対国家」という構図を掲げようとしない。この劇に多くの内容があることはもちろんであり、スタイナーは「人間の条件に内在する定数」として五項目の対立図式を掲げ、悲劇とはこのいくつかを扱うものだとする。[†10]

男対女
年令対若さ
社会対個人
生者対死者
人間対神

彼はのちにこの対立図式を「男らしさ対女らしさ」「年を取ること対若さ」「個人の自立性対社会の集合性」「実存対道徳」「人間対神」と言いなおした。彼は、『アンティゴネー』の偉大さはこれらすべての対立を内包することだと主張する（もしスタイナーがレヴィ＝ストロースの弟子であったら、この劇がこれらの対立――謎めいたいい方をすれば「二項対立」を「止揚する」というであろうが、スタイナーはなかなか老獪でそのような過剰解釈をしない）。私は彼の考えは正しく、とくに『アンティゴネー』についてはその中の主要なテーマを比較的よく要約しえていると思う。にもかかわらず、私は彼が「国家」との対立に直面しているのは「個人」であるとしている点、いいかえれば「個人の自立性対社会の集合性」が扱われているとしている点に注意を喚起したい。他の多くの批評家と同様、スタイナーもアンティゴネーが「家族の価値」のために立ち上がったと見るが、同時にその「問題」が「国家の必然性」に立ち向かう個人の良心であるとする。『アンティゴネー』のテキストに関するもっとも権威ある批評家リチャード・ジェブ卿が序言で端的に述べているのと同じことである。

> プロットの単純さは二つの原則が対立しあう明快さのせいである。クレオーンは国家の法に従う義務を表現し、アンティゴネーは個人の良心に忠実である義務を表現する（強調は彼のもの）[11]。

初期のヘーゲルは、問題を男性＝国家に対する女性＝家族のように見ている点で面白い。ギリシャ人の考えでは死者は国家の力から家族の神のもとに移行する、というのである。この移行により、家族の中の死者を弔い冥府への旅を確実にする至高の義務は、女性が負っているとする。だが、過去には国家がたとえ死者であろうとその身体に対する権利を放棄しようとしなかった時代があった、とヘーゲルはいう。これがアンティゴネーのプロットを駆り立てるエネルギーなのだ、というのである（ヘーゲルの論旨に関する上質の英文文献としてブラッドレーを参照[12]）。クレオーン（国家）は、正常な政治的理由から外国の軍勢を母国に対し差し向けた廉でポリュネイケースを見せしめにしようとした。彼の行為は、ポリスがあらゆる代償を厭わず守られねばならないという「法」に従うものである。そこでクレオーンはポリュネイケースの屍を葬ることを禁じ、それによりこの目的を達成しようとする。その結果、より大きく深刻な法を犯すことになる。すなわち一族の成員は自己の親族に属する死者の屍を葬らねばならない、という掟である。

アルギヌゥサイの海戦〔紀元前四〇六年〕で輝かしい勝利を上げたアテーナイの司令官たちに何が起きたかを思い出してみよう。艦隊を壊滅させかねない嵐の襲来に直面して軍船を安全な港に避難させることを命じ、そのため戦死したアテーナイの水兵たちの屍を収容することを怠った。そして彼らはこの不敬の咎によって裁判にかけられ処罰された。このとき、クレオーン同様につねに神に敬虔であったソクラテスがこの裁判を司った。彼はひとびとの怒りを制して立ち上がり、この裁判を投票に付すことを拒絶した。その後、皮肉なことに彼は同じ法廷で不敬の罪により死刑を宣告された。彼が裁かれたこの裁判の折りに（詳細はプラトン『ソクラテスの弁明』参照）、ソクラテスは以前の裁判の例を引きつつ、自分がいかに政治家に向いていないかについて語っている（さらに皮肉なことに、彼は自分のフラトリアが順番に当たっていなければあのような裁判を主宰することはなかっただろうと語っている。フラトリアは半親族集団である。これについては後に詳しく述べる）。ともあれ、ここでは個人と国家の対立があることは間違いない。私が問題にしているのはアンティゴネーの場合にも同じ性質の対立が存在するかどうかということである。

アルギヌゥサイの提督たちの事例は、高名な批評家たちの言にもかかわらず、アンティゴネーの事例が何を意味するかをよく物語り、ソポクレースの真意を教えてくれる。当然だが、私たちは危険な、だが共通の土俵に立っている。すなわち、私たちはいかにして前五世紀のアテーナイ人が考えたことを知ることができ、あるいはさらに重要なことだが、当時の観客はこのアテーナイ人が述べようとしたことをいかに感じ取ったか、という設問である。もっとも、このような土俵は人類学者がしばしば立たされてきたものである。私たちはもう長い間、異国の神話作者が何を物語ろうとしたかを知ろうとつとめてきた。その方法や解釈に関してはまだ一致が得られたとはいえないのだが。だがここでは、私たちにはいくつかのテキストと歴史の断片とがある。それらは、従来の研究が獲得しえたすべてに匹敵するほど大きな手がかりである。ひるまずに先に進むことにしよう。

死者の埋葬——彼女は兄の保護者である

埋葬は親族の義務であり、とくに女性親族の義務である（これは戦士が「家に帰ること」、母の子宮に帰ることの象徴である）。これが「個人対国家」という戦いの基本構図を理解させてくれる「道具立て」の一部であったことは、すでに述べた。どのみちアンティゴネーが国家に対立すべき理由を持っていたことは確かであり、その理由は彼女が深刻に受け止めるような何かであったことも確かである。しかし批評家たちの多くの解説を聞いていると、彼女が充分強く意識するようなことなら、問題が何であってもよかったのではないかという印象を持たざるをえない。私は、批評家たちは馬車を馬の前に繋ごうとしているのではないかと述べようとしているのである。私がいおうとしているのは、親族による埋葬は悲劇の意味の本質そのものであり、アンティゴネーであれクレオーンであれの「個人性」は彼らがその「親族集団」の、あるいは「国家」の役割を演じている「スタイル」にすぎないということなのである。いいかえれば、批評家たちはスタイルと本質とを混同しているということである。アンティゴネーは、読むものの共感の性質に従って訴求力の強い勇敢なヒロインとも取れるし、不愉快で頑固な宗教的ファナティックとも取れる。同様にクレオーンも理性の体現者のようにも取れるし、いまわしいサディストとも取れる（もっとも、私はヘーゲルの権威ある意見とは反対に、ソポクレースはクレオーンを私たちに悪者として理解させようとしていることに疑問の余地がないと感じているが）。とにかくこれらの個人的スタイルは当面の問題ではない。それは悲劇の主要な主題に対する脇道になっているだけである。

だがこれによって、ソポクレースは演劇的見地からアンティゴネーの宗教的熱狂を妹のイスメーネーの現実主義と対比させることに見事に成功している。「そう、恐ろしいことです。でも私たちにはどうしようもありませんし、耐えて生きるしかありません」とイスメーネーはいう。アンティゴネーにはこのような現実主義は無縁である。ポリュネイケースの亡骸が埋葬「されねばならぬ」ということしか念頭にない。ここにはたしかに個性の違いはある。しかしこの悲劇は、近代演劇（例えば『夜への長い旅路』〔オニール〕）の場合のようにこの相違を「主題」とするものではない。それはプロットに色彩と効果を加えるものではあっても、主題そのものではないのである。アンティゴネーの自己主張への固執が問題なのではなく、「神の掟」への固執が問題なのでもない。彼女はこの時代の実存主義のヒロインではないし、血気盛んな「アンガージュマン」にこだわっているわけでもない。まして国家権力に抵抗する個人主義至上論者でもないのである。このような比較はともかくとして、彼女は要するに外なる声のすべてに勝る内なる声に耳を傾けるジャンヌダルクではないのである。アンティゴネーはジャンヌダルクのことを気が触れていると考えるだろうし、何の注意も払わなかったはずである。真相はまさに逆である。アンティゴネーは個人の良心の名において国家に抵抗しているのでも、法に逆らっているのでもなく、宗教的義務の名において掟を守ろうとしているのである。私が読んだかぎり、彼女は自分の親族集団に対する義務を最大限に全うしようとしている確固たる忠誠心を持つ女性の、至高の模範なのである。たとえその結果政治権力との対立に直面し死に導かれようと、意に介さない。彼女は国法より高次の法を知っており、テイレシアース（盲目の、後天的に両性具有の予言者で、彼もまた『オイディプース王』の主要な舞台回しである）が登場してはじめてクレオーンも彼女の心を悟るが、時すでに遅かったのである。アンティゴネー、ハイモーン（クレオーンの息子でアンティゴネーの許婚者）、エウリュディケー（クレオーンの妃）すべてが死んでしまう。

アンティゴネーは死によって嫌疑が晴れる。だが、嫌疑が晴れたのは彼女の良心ではなく、彼女が個人を越えた法に忠誠だったことである。その法はほとんど自然そのものの法というべきであり、すくなくとも神聖な性格のものである。彼女がソポクレースにとってヒロインであり同時に悲劇的であったのは、この理由からである。私がいつも驚かされるのは、彼女が何度もくり返して自分は「個人として」行動しているのでも「反逆者として」行動しようとしているのでもなく、神聖な法に従っているのだと主張していることが、女性らしい本能的、衝動的行動の表現だと解釈される事実である——もちろんクレオーンの男性らしい「分別」と対比させられてである。批評家たちはこれをアンティゴネーに対する一種の好意的解釈としてのべるのではあるが、このような批評家たちは性的差別の廉で咎められてしかるべきである。彼らののべることは、この人々が自分の特殊な「個人対国家」という色眼鏡で見ており、だからアンティゴネーの劇中人物としてのスタイルしか見ることができないのだという私の論点の雄弁な証拠である。

何度もくり返すように、これは悲劇の主題ではない。妹イスメーネーも、アンティゴネーとは異なった「スタイル」を持っているにもかかわらず、最後にはアンティゴネーの抗議に同調する。これも、彼女が個人として国家に対して自己主張すべきだと考えたからではなく、姉の宗教的義務に対する忠実さにうたれたからである。彼女はクレオーンに自分も姉と同じ運命にさらしてくれと懇願する。イスメーネーのこの行動は批評家たちの称賛を浴びることがほとんどない。アンティゴネーも彼女に邪険な態度を取っているし、クレオーンも彼女の願いを単なるジェスチャーとして退ける。だがこの行動も私の論点を支持するものである。ソポクレースにとって「個人」は劇中の彼らの葛藤という演劇的効果のためであり、悲劇の主題ではない。だからイスメーネーがクレオーンに自分もアンティゴネーとともに墓に生き埋めにしてほしいと、涙ながらに懇願する場面を、私は劇中のハイライトだと感じる。この場面になってディオニューソスの劇場を埋めた七〇〇〇人のアテーナイ人観客は、安堵のため息と賞賛と同意をかくさなかったにちがいない。ラーイオス家でただ独りの生き残った女性が、よく理解できる個人としての女らしい恐怖を克服して自分の義務に立ち戻ったのである。こうして包囲されたクレオーンは、この時から受け身の状態になる。

叙事詩の主題――そこには国家は存在しない

ギリシャ悲劇からは『イーリアス』と『オデュッセイア』の言葉のこだまが響いてくるが、アンティゴネーの主題はこれらの叙事詩からは成立しえない。個人対国家であれ親族組織対国家であれ、これらについては国家が存在しないからである。部族社会と部族に対する忠誠心があるだけである。この状態でも人々が部族の掟に服従しないことはありえようが、それはむしろ子供が親に従わないようなものであり、市民が国家組織を否定するようなこととは別の問題である。支配者も支配者に従うのも、神聖な掟に従うものと考えられているからである。

アンティゴネーは、このアルカイックな世界に属している。だからポリスの体現者であるクレオーンは彼女を許すことができない。『イーリアス』にはアンティゴネーが現れることはありえない。なぜなら全員が神の掟に従っているからである。国家が独自の世俗的目的を掲げて出現することもない。したがってクレオーンも存在しないのである。

ギリシャについて学ぶ学徒は、アンティゴネーとクレオーンに対してアキレウスとアガメムノーンという二つの大きな対立の相違を考えよといわれるとそのような事実に気がつく。彼らはたいていアキレウスを誤解する。アキレウスがアガメムノーンに対して正当な個人的不満を持っているとは考えるが、アキレウスがなぜ「同胞ギリシャ人」のために戦うことを拒否する行動に出るのかを理解できない。アキレウスにはいかなる国家主義的意味の「同胞ギリシャ人」も存在しない、ということを指摘する必要がある。この観念は私たちに特有のものであり、アキレウスも他のギリシャ人もこのような観念を持たない。トロイアに遠征したギリシャ人たちは、ギリシャの部族同盟が（縁故のある）部族長たちのゆるやかな集合体であることを知っており、同時にアガメムノーンは、たしかに「仲間の中の第一人者 primus inter pares」よりはましであるものの、例えばアイルランドの王のようなもの──同盟内の部族長たちに対する限られた影響力は持つものの、ほとんど祭祀上のリーダーである以上ではない存在だ、ということも知っていた。彼は軍勢を率いて戦をすることはできるが、彼らをそこに止めておく権力は持たないのである。

ギリシャ人たちは「偉大な愛国的戦争」、すなわち国家主義的な戦いなどに従事していたのではなく、小アジア海岸への侵略に従事していたのであり、『イーリアス』に物語られたトロイアの占領はその中の一部である。だからアキレウスは「同胞ギリシャ人」を犠牲にするといわれようとも、あのように自分の主張を通す正当な理由を持っているのである。モーゼズ・フィンレー卿は、例によって簡潔に次のように述べる[13]。

> そのような社会的義務の概念は本質的に英雄的なものでないというのが事実だ。社会的義務の概念は、侵略者からの防衛という一点に関して他のすべてを凌駕することが許される共同体という新しい要因を、反映するものである。続く時代には共同体がギリシャ人の脇役から主役に変化し、英雄が急速に消滅した。なぜなら英雄の名誉は純粋に個人的なものであり、彼はそのためにだけ生き、そのためにだけ戦うものだから（家族への執着は許される。だがそれも、家族が彼自身と不可分だからである）。共同体の名誉はこれとまったく質の異なるものであり、異なった力量と道徳の秩序を要求する。実際、共同体は英雄を飼い慣らし、武勇の自由な発揮を制約することによってはじめて発展しえた。飼い慣らされた英雄とは形容矛盾にすぎない。

だが、このような「新しい共同体」――初期の国家――は叙事詩の時代には存在しない。だから、ギリシャ人たちは彼らの英雄が戻ってくれることを願い、彼の参戦拒否をアガメムノーンが和平の機会としなかったことを惜しみはするが、英雄がいく度か国に帰ると脅し、やがて実際に帰国してしまったことを怪しみはしないのである。アガメムノーンもアキレウスが正しいことを認め、「ゼウスがこうせよと私に命じたのだ」とひとときの心得ちがいに許しを請うている。この部族社会時代のギリシャ人には、他のどの部族社会や部族連合や未開の祭祀君主制などの場合とも同じに、国家という問題は起きようがないのである。スペンサーが、また彼にしたがったデュルケムも、社会進化のこの時代には族長以外には個人が存在しなかったと述べているが、それは言いすぎかもしれない。だがその主張は理解できる。これが、『イーリアス』が族長たちの行動しか物語らない理由であり、またアリストテレスが悲劇とは「高貴な人格」のみしか扱わないものだと考えた理由である。『セールスマンの死』が悲劇の主題として理解されることはなかったであろうし、セールスマンや同じようなタイプの人は一九世紀まで喜劇特有の主役であった。

叙事詩では、たしかに個人と社会との争いが起きることは「可能」である。これが叙事詩の主題になることも多い。ただし、ここでの「社会」は「国家」のことではない（この区別を明確にしないことがロックやルソーの議論を不明確なものにしているとデュモンは――アーネスト・バーカー卿に従って――のべている）。むしろ社会とは文化であり、生活様式であり、ハヴロックの言葉を使用すれば「儀礼」なのである。[†14] 叙事詩はそれに違反したものに降りかかる恐ろしい結果を示すことによって、儀礼とは何かを教える。『イーリアス』においては儀礼を破り災難を招くのはアガメムノーン自身である。アキレウスはただアガメムノーンを侮辱し、また後にヘクトールの遺骸を奪うといういわば過剰な行動によって儀礼に違反しているにすぎない。しかしアキレウスのこれら二つの行動は、「怒り」に駆られた英雄にとっては「許される」程度のものであった[†15]。その上、アキレウスはこれらの違反を最後には償っている。アガメムノーンの詫びを（それとともにブリーセーイスがまだ処女だという信じがたい宣誓を）受け入れているし、またヘクトールの遺骸をプリアモスに返している。ここでも、儀礼の秩序における正しい埋葬の重要性を認識することができる（埋葬がギリシャ社会と「国家」を理解する手がかりであるという説明に関してモリスを参照[†16]）。

さらに、「個人対国家」という意味の闘争が個人と国家の争いの中に見られるわけでもない。クレオーンの事例も、彼は部族長としてではなく立憲王国の主席執行官のようなものとして、最終的にはポリスの市民のために行動している。彼は純粋な遺恨からでも個人的利益からでもなく、国家の必要性から行動している。二つの事例は、クレオーンがアガメムノーンと同様に仕掛ける側に相当し、アンティゴネーがアキレウス同様に仕掛けられた側になるという、広い儀礼の文脈の中での相似性を持つ（彼女も過剰に行動している）。これが、より古い叙事詩の価値を体現した人々に訴える部分であり、観客にはそのことがよく理解できたはずである。アンティゴネーは「国家の利害」と考えるものに抗っているのであり、クレオーンは「なされた行動」に否定的に反応している(34)。

私たちがこれら二つの事例を区別できなければ、大きな混乱は必至である。守られてきた神聖な習慣に背くことと、ポリスの規則を破ることとは、別問題である。クレオーンもそのことを知り、アンティゴネーの訴えの力を知っている。そこで彼は「都市の神」だけでなく「親族集団の神」（ゼウス・バシレウス）まで呼びおこし、彼自身が背いている「血縁の神」（ゼウス・ホマイモス）や「家の神」（ゼウス・ヘルケイオス）の矛先を偽善的にアンティゴネーに向けさせようとする。だが彼の訴えには限られた力しかない。王になるのは一人だけだが、家族は誰でも持っているからである。正しく埋葬することを禁じるのは、ポリスの神が要求できる正統な限界を超えているのである。

私たちが理解しなければならないことは、部族段階の忠誠心とは親族集団または半親族集団に基礎を置く人格的で家族的なものだということである。部族自体が概念として大きな親族集団であり、「個人」はその親族集団における地位と所属によって決まる存在なのであって、親族集団と国家との闘争はまだ発生していない。部族の戦士全員による「集会」はあったし、表面的にはそれがアゴラ〔広場〕でのポリスの討論会のように見えたであろう。事実、ホメロスのような詩人は『イーリアス』の場合のようにこのような集会の一部を朗唱していたのであろうし、逆に後のポリスの平等な成員による集会は、昔の部族の集会に起源を持っているはずである。もっとも『イーリアス』では、軍勢の集合は部族長たちの行動の生き証人として必要なのである。エリック・ハヴロックが指摘するように、口承文化の中では書きとめられるのではなく記憶される必要がある。だから本当に重要な決定に関しては、集団の記憶が証人として必要なのである。その上、「集会の空気」には指導者が軍勢をどこまで率いて行けるかを把握するために重要という意味あいもある。ただしこのような集会はポリスの市民による投票のための集会とは違う。フィンレーが指摘するように、[17]これらの集会は「受動的な参加者たち」である。「権利の擁護は純粋に私的な問題である」。ホメロスは、と彼は続ける「共同体の原理が変化し、正義がなんらかの公共的運営を必要とするようなぎりぎりの境界状態で叙事詩を作っている。ただし、彼が歌っているのはそれ以前の時代であり、ただその詩の中に後世の世論の力がかすかに感じられるだけである」。

詩人が『オデュッセイア』をつくった頃にはまだ「正義のなんらかの公共的運営」の必要性はさほど大きくなかったが、そのような思想は徐々にかたちを現しつつあった。イタケーの地ではすでにポリスが出現していた。はじめテーレマコスが〔母の〕求婚者たちへの苦情を、同情者のすくないアゴラでの集会に持ち込んだ。のち彼とオデュッセウスが求婚者たちを殺した時、彼らの支持者たちはアゴラに赴いて彼らの潔白を示そうとするが、口論や異論に出会った。というのも、そこにいたものの多くは求婚者たちの親族だったからである。この中に、世俗的国家の世俗的目的が見える。そして作品『オデュッセイア』の性格は、二人の英雄を支持する貧しい豚飼いの末に至るまで、その分だけ「個人的」だといえる。オデュッセウスは部族の「王」から、自分自身もポリスの政治社会に従う有力貴族へと変化している。この段階でも、「王」は必ずしも暴君の意味でテュラノスなのではない。彼はギリシャ人たちにとってあながち悪い為政者ではないし（もちろん最悪のケースではそれに変化する可能性があるが）、相続によって王位を獲得するのではなく全員の服従によって王位の正当性を獲得するものである。オイディプースもまた、劇の正確なタイトルが示しているように（この場合には私たちが見慣れているラテン語化された「王（Rex）」ではなく）テーバイ人にとっては「テュラノス」なのであることを記憶する必要がある。もし彼がテーバイ人にとってはじめから「王」であったなら、彼の称号は「バシレウス」でなければならない。クレオーンもまたテュラノスである。彼にはテーバイの王位を相続したという陰の部分があるが、これは単に簒奪者という設定からである。それにもかかわらず、クレオーンはポリスの首長であることにはかかわりなく、最終的にこの地位に応える存在であり、もはや部族長ではない。また暴君でもない。こうして、私たちはギリシャのポリスの完全な成立とともに「国家」なるものがたしかに存在したと断言できるが、しかし同じほど確立した自立的な個人の観念は、もっとはるかに後の時代の産物——プラトンやアリストテレス以後であり、またヘレニズム思想の成立期においてであったということができる。[†18] それにしても、ソクラテスの争いは個人とアテーナイ国家との争いであり、この決定的な点でアンティゴネーとクレオーンの場合とは異なっている。ソクラテスには、自分が争いの中で代弁すべき親族集団はないのである。ソクラテスは自分ひとりであり、ちょうどジャンヌダルク同様、自らの声、いいかえれば自分のデーモンだけに耳を傾けている。

以上を要約すると、ソポクレースの扱った神話時代のテーバイの「国家」とは、ホメロスが歌ったイタケーよりはやや事態が進み、かといってアテーナイのデモクラシーまでは進行していない状態にあった。ここでは（男子の）自由市民全員が投票するところまではいっておらず、しかし全員が集会して発言し、王が罰なしでは支配することができないところまでは進行していた。そしてそこには原始的な「正義の公共的運営」が存在した。クレオーンはそれを強制する法と警察とを持ち、王家のものも含めて全員がそれに従うことになっていた。これはすでに、フィンレーの叙述する相互扶助を基本とするアルカイックな社会から明白に一歩を踏み出している。こうして、私たちは「個人あるいは家族と国家」という対立図式について考えることが許される。そこには古典的な装いながら国家が、すなわち権力を合法的に行使する高位者が存在するからである。

悲劇の問題の行——奇異な詞とくやしがる近代の詩人たち

この問題には後に立ち返って、アテーナイにおける親族集団と政治制度の実体を考察することとするが、ここでしばらくの間悲劇の生のテキストを取り上げてそれが私の論点とどのように関係するかを見ることとしよう。そのために格好の出発点は冒頭の一行である。ある初期の批評はこの部分は「いたるところ混乱だらけ」として手を上げているが、ソポクレースが開幕劈頭の言葉を無駄にしそうな作家でないことを考えると、これは奇妙なことである。『アンティゴネー』は、十分遅れて行くのが粋だというような現代の劇場で公演されたものとは違う。それは神ディオニューソスに捧げる宗教儀礼の一部をなすものであり、七〇〇〇人の観衆が熱い太陽の下堅い石のベンチに座って喜劇やサテュロス劇とともに、賞に輝くこの悲劇を見ようと詰めかけているのである。なかでも『アンティゴネー』は、やがてあらゆる悲劇の中でもっとも有名になったものである。

これは世俗の娯楽でなく宗教的行事として演じられるのであり、観衆は人道的モラルを期待しているのではなく宗教的メッセージを期待している（この事実は劇の「意味」の解釈に役立つであろう）。静まり返った、むしろ敬虔な態度でかたずをのんでいる観衆の中で、アンティゴネーを演じる仮面を付けた男優が、同じようなイスメーネー役の役者に呼びかけるのである。

ソポクレースが解釈のできないようなせりふを観衆に聞かせるだろうか。そんなはずがないことは、彼の別の作品を見ても分かる。『オイディプース王』の冒頭のせりふは、テーバイ人がカドモスのリニージの成員であることを明瞭に告げている。

いにしえのカドモスに育まれた裔の子らよ

『コロノスのオイディプース』では、オイディプースが自ら老齢であり盲いていること、およびアンティゴネーとの関係を明瞭に述べている。

目の見えぬおいぼれ男の娘、アンティゴネーよ……

ではなぜ『アンティゴネー』の冒頭の一行についてだけ、批評家はお手上げになり翻訳家は混乱するのだろうか。この一行には非常に多種多様な訳がなされてきた。最近詩人で翻訳家のスティーブン・スペンダーは端的にこの行を放棄してこれなしの翻訳をしている。しかし私にはこの行はソポクレースが意図したところが伝わるし、人類学的にきわめて興味深いものである。

O koinon autadelphon Ismenes kara

以下にこの部分の翻訳の例を列挙し、訳者名と訳年を併記する。

私自身の血を分けた妹、私と命を同じくするもの。(キャンベル[†19]、一八九六)

イスメーネーよ、妹よ、私のいとしい妹よ。（ジェブ†[20]、一九〇〇）

イスメーネーよ、私の血と心臓よ。（スター†[21]、一九一二）

おお、妹イスメーネーよ、いとしいいとしい妹イスメーネーよ。（ワットリング†[22]、一九四七）

イスメーネーよ、いとしい妹よ。（フィッツとフィッツジェラルド†[23]、一九四七）

わたしの妹、私のイスメーネー。（ウイッコフ†[24]、一九五四）

おいで、イスメーネーよ、私自身のいとしい妹よ、こちらへ！（ロッシュ†[25]、一九五八）

私自身の血と肉――いとしい妹、いとしいイスメーネー。（フェーグル†[26]、一九八四）

（この中にイェーツも加えるべきであったかも知れないが、彼は原文からではなくフランス語から訳しているので有益な例とはならない[(35)]。）

もちろん「妹」と「イスメーネー」については一致が見られるが、その他はほとんど一致しない。翻訳家の好みはあろうが実は原文の行の中には所有格の名詞はない。ロッシュの（二回にわたる）呼びかけについては、原語にこだわるより詩的情感とニュアンスが重要だというだろうが、それにしてもこれは「翻訳」とはいいがたい。もっとも、語から語へとたどってみると逐語訳という意味の「翻訳」はたしかに不可能であることが分かる。あえてそれをすれば次のようになるだろう。

おお、同族の人、それ自身なる妹、イスメーネーの頭。

だがそれにしても最初の名詞から面倒である。というのも、「コイノン」は「親族のもの」を意味し、またはジェブによれば「同じ両親からの出自を表す」ものである。しかし同時に、それは語源的にたとえば「コイネー」、すなわち「対等な」あるいは「共通の」ことばで話し合う仲も意味し、したがって「対等さ」や「共同性」など、私たちが英語で「気の合う仲間」を言い表すものでもありうる。第二のことばは「妹」であるが、それを強める「まさに」「本当の」――文字通りなら「自身」とか「自己自身」――を意味する言葉をともなっている。この箇所は（固有名詞以外では）おそらく一番問題がすくない部分であろう。だが「イスメーネーの頭」についてはどう考えればよいだろうか。ヘルダーリンの普通とはいいにくい翻訳を別にすると「あたま」は字義通りには表現されず、どの翻訳家もこれを迂言法と取っている[†27]。前五世紀のアテーナイ人にとってこれが正確に何を意味したか私たちは知らない。ジェブさえラテン語の中に同じものを探そうとせざるをえなかった――彼は、これは「普通は尊敬、愛情、ないしその両方を意味する」としている。以降の翻訳家たちはこれに助けられ、拳々服膺しているようである。しかし、インドヨーロッパ語の中で親族の比喩として身体の部分がしばしば使用されることはよく知られている。「家族のかしら」というように。スタイナーは「逐語的」翻訳の試案として次のようなものを示唆しようとしている。

おお、私の本当の妹イスメーネーが共有する、共同の頭。

だが私は、これには長所と短所が共存しているように思える。所有格の名詞が突出しているし、もとのギリシャ語には、文法的にもそれ以外にも、この頭が共同や共有であると示唆するところはない。「コイノン」と「カラ」との考えられる関係は、どちらも「出自が同じである」ことを示しうる、という点ではないだろうか（「神性 godhead」という表現がある以上、「親族性 kinhead」というのがありうると考えてもよい）。このように、このせりふはソポクレースの観衆になにか強い内容を意味していたに違いなく、おそらく開口一番のせりふを強めていたはずである。頭が共通というよりも、アンティゴネーとイスメーネーが共通の「起源」をもつことを表現するものだったはずである。女神アテーナーはゼウスの頭から生まれたとされることを想起すべきだろう――そうだとすれば、これもギリシャ人の文脈の中ではそれほど唐突なものとはいえない（と同時に、ソポクレースが最初のせりふで執拗に親族を表すことばを導入としていることにも注意する必要がある。子たち、子、同族の人、などのように）。

それにもかかわらず、私たちはなおなぜアンティゴネーがあえてこの言葉を使用するのか、と問うことができよう。イスメーネーは彼女の本当の（完全な）妹である。彼女はそのことを知っている。

イスメーネーも知っている。ソポクレースも彼の観衆も知っている。つまりだからこそ、ここが問題なのである。ソポクレースは、二人が同じ血縁に属すること――出自により結ばれていることを高々と告げる一行のせりふで悲劇を開始することを選んでいる。まさにそれこそが悲劇の「主題」だからだ。もしこれを劇の「真の」主題だと見抜けなければ――アンティゴネーをジャンヌダルクと勘違いすれば――この行は不必要な過剰解釈になるのである。このせりふの直截で飾り気なさが力強さをもたらす。それは「観衆よ、この劇は親族集団、血縁者――とりわけ兄弟姉妹――を結びつける絆に関するものだ」と語りかけている。あたかも『オイディプース王』の冒頭のせりふがテーバイ人がカドモスの末裔として持つ絆と彼らが共有するのろい（さらに、オイディプースが自分をその血筋に繋がるとは思わず、そののろいに支配されているとは考えていないという、洗練されたアテーナイの観衆には理解できたはずのイロニー）を指し示しているように、このせりふは以上のような内容を指し示すものである。『アンティゴネー』の冒頭のせりふを聞くやいなや、私たちは次のような劇の核心に直面させられている。すなわち姉妹が、同じ血筋の中で生き残った最後の成員としてリニージの課す女性の義務をすべて果たすように、という。それが姉妹の責任であり、彼女らはそれを完全に、またためらうことなく果たさねばならない。これこそがアンティゴネーの言わんとするところであり、事実イスメーネーに詳細に語り続けるのである（興味深いことにギリシャ語の両数形で表現し、イスメーネーの異議に出会ってそれを止めてしまう）。(36)

しかしこれらのすべては最初の一行に映し出されており、観衆にそれに続く言い争いの意味がどこにあるかを指し示している。その様子はダン・テイラーがこの作品を一九八七年、ＢＢＣのテレビ番組に再現したときの言いかえに比較的よく捉えられている。

イスメーネーよ、お聞きなさい、私たちの血管には同じ血が流れている、オイディプースの血が。

スタイナー[28]とノックス[29]とはほぼこのように見えそうな見解の周辺をめぐっているので、彼らの「親族」に関する記述には長く引用する価値があるだろう——事実、劇のせりふを素直に受け取れば上述のような結論に達するのは避けがたいのである。にもかかわらず、これらの慧眼な批評家も、結局のところジャンヌダルク症候群の後遺症から来る過剰解釈に陥ってしまう。アンティゴネーこそ卓越した個人主義者だ、というわけである。こうした奇妙な事情に鑑みると、ヘルダーリンの優れたドイツ語の造語の方が、おそらくいちばんこのせりふの本質に近い、ということになる。

Gemeinsamschwesterliches, o Ismenes Haupt.
(おお、血縁の妹たるもの、イスメーネーの頭)

スタイナーはこれを「意志を持った怪物」と評しているが、私にはこれを正しく論評はできない。しかし人類学者たちは直ちにゲマインという言葉がゲマインシャフトの語幹であることを理解するに違いなく、この言葉はテンニース[30]以来ゲゼルシャフトとの対比において彼らに完全にお馴染みのものである。テンニースは血縁の上に成立する自然共同体と、個人の契約の上に成立する「アソシエーシヨン」との区別を強調した（区別だけということなら、既述したようにヘンリー・メインの別趣旨のバージョンもある）。これにしたがって見れば、ヘルダーリンの訳語によって把握されているのは「親族集団における姉妹たち」であり、イスメーネーの頭は訳されていないままであるものの、これも同じものを指している（私はこの言葉をバイリンガルのインフォーマント——私たちの学部長でもある——に示してそれとなく反応を求めたところ、彼は「姉妹の共同性」、と答えた）。ゲーテやシラーは、ヘルダーリンの一見ばかげた訳を見て大声で笑うであろうが、しかし実は彼の大胆な造語の方が、ゲーテの弱々しい「姉妹の中で一番いとしい妹よ」という訳より、はるかに核心に迫っていると考えられる。もし私が「頭」について何とか英語の中から同じニュアンスのものを探さねばならないとしたら、この一行を次のように訳すであろう。

O kinswomam, true sister-in descent, Ismene.
（おお、親族の女、出自の同じ実の妹、イスメーネー）

断っておくが、これは流暢な「文学的」翻訳を心がけたものでも、「逐語的」な翻訳を意図したものでもない。これは、ちょうどアテーナイ人が独特の言葉を持っていたのと同様に他の人々には分かりにくい用語を持っている人類学者たちに向けた訳である。「出自」という独特の専門用語を強調することによって、私はそのような特別の人々に特別の意味を伝える必要があったのである。ちょうどソポクレースが自分の特別の観衆に、彼自身の集団独自の言葉である「頭」を使用して語りかけたように。私のこの作業には意識下の作用がはたらいている。だが、意見の分かれるこの悲劇冒頭の一行の意味を追求する作業の間は、この作用をそのままにしておこう（「頭」という語の突きつける問題を読者に説明しようと試みる間、いいかえればこのような言葉の字義通りの意味は分かっているものの、その慣用法を理解することができないという問題を解こうと試みる間、私は人類学者をはじめとする読者に、今から二〇〇〇年後の批評家が、失われた文明である現代のテキストの断片を手にし、文脈が分からないままに「スクエア」の反対である「クール」や、「ストレート」と対比された「ゲイ」などの言葉を見いだした様子を想像してもらいたいと思う。おそらく彼は身もだえするような工夫をしてこれらの言葉の対比を理解しようとするにちがいない）。

この有名な、また異論に満ちた一行に近づくひとつの方法は、おそらくヘーゲルを経由するものであろう。彼は「二つの善が一つの悪を生む」という弁証法的分析のゆえに批判の対象とされてきたが、彼自身の言葉によれば、この格闘は家族と国家の間、より正確にいうと家族的価値と市民的価値との間の闘争であると主張した。このヘーゲルもその際に社会を過度に個人主義化することに抗議した。ところが、そのヘーゲルにしても、ことアンティゴネーのこととなると同じ個人主義化に陥ることを避けられなかった。だから、スタイナーはヘーゲルが「戦争国家」と、「家族の擁護」を目的とする「私的権利」とを対比させているとした。だがどうしてもここで言及される「家族」とは、真の主題と考えられている個人にとっての心理的拠り所にすぎないといった印象を拭うことができないものである。だから、スタイナーはヘーゲルの所論を要約しながら、「ポリスと個人との対立それ自体が、絶対者の現象世界への関わり合いを表している」と述べることになる。以下同じような論述が続いて

いる。(37)

実際には、ここの問題は「家族」であって個人ではない。だが家族とは一体何で「ある」のか。批評の中で、家族の価値に関して多くが語られた。ヘーゲルは、また彼にしたがった多くのものも、国家は人間を行為にしたがって判断するが、家族は人間をそれ自体として評価する、とした。この論旨の中で、兄と妹との関係は、純粋に他者それ自身を価値として存在する男女の非エロス的関係であって至高であり、人間の弁証法の両極である、などなどと論じられる。現代の遺伝学の見地からは、ヘーゲルのいう兄妹は互いに生殖上の関心を持たないから「自己利害による疎外」が存在しない、という主張には疑問が出るにちがいない。事実両者は互いに正確に計量できる包括適応度最大化のための（r = .25 の）利害関係を持っている〔第四章も参照〕。それはそれとしても、このような数値もヘーゲルの「非生殖的」図式同様に、『アンティゴネー』の中の「家族」あるいは「親族」の真の意味を理解する助けになってはくれない。

私たちは、英語の中にラテン語とゲルマン語の二つの遺産を持っている点で、かえってしまつが悪い状態に陥っているともいえるのかもしれない。なぜなら、この遺産が私たちに「family 家族」と「household 家庭」という二つの語を持たせているからである。言語は二つの語を持つと、原意に存在しようがしまいが、それぞれの語を区別する概念内容を与えるものである（例えば「牛」は生きた動物で「牛肉」はその食用部分を表すようになる）。他の多くの言語は、英語圏の人類学者を惨めに混乱させるこの「家族と家庭」の区別をしない。ローマ語の“familia”は、ギリシャ語の“oikos”と同様に、家庭と切り離した別の何かを意味するものではない。また、家庭には親戚、召使い、および奴隷も含まれうる。OEDがいまだに“family”の第一義として「家庭の成員。両親、子供、召使いなど」とすることをよしとしているのは面白い。語源的にも、これら二つの語は「近隣」を意味する原インドヨーロッパ語の*fa-または*ha-として関連しており(サンスクリット語のdha-)、それらの派生形から指小形が作られている(パートリッジ)。[†31] それに対して、一方の“household”と他方の“sib”や“Sippe”(ゲルマン系の語で親族)、“curia”や“gens”(ラテン語の親族、氏族)、“phratria”、“genneta”(ギリシャ語の親族、氏族)などとの間には、ゲルマン語においてもギリシャ・ラテン語においても、中間的な“family”の概念は存在しない(同じことは、この言語文化グループの中で私がよく知っているケルト語についてもあてはまる)。もちろんどれにも「relatives 縁者」に相当する言葉(cognati, kind, muintir)はあるが、これらは集団概念ではない。これらの中で“family”だけが共同生活する単位を意味している。

「house 家」という語は周知のように“The House of Stuart”のように、しばしば貴族の家系を表現するための比喩として使用される。だがこの場合もまた、これは「家族」とも「家庭」とも関係なく、「出自」のことである。仮に、わが国の批評家たちが「家族の価値」を「親族集団の価値」といいかえたとしても、その方がたしかにより正確ではあろうが、なおかつ私たちは「親族集団の価値のどれか」と聞き返さねばならない。ヘーゲルとその支持者が述べる特殊な価値は、たしかに親族集団一般に適用できるであろう。しかし誰もが知っていることだが、誰が親族で誰がそうでないのか。さらに、この広いカテゴリーの中では、どの範囲を親族と見るかについては多様な場合が考えられる。仮にそのような価値があるとして、それは誰に対して適用されるのか。漠然と「家族の価値」を語るのは回答にならない。とりわけ、現代の批評家が念頭に置いているのは近代の「家族」の概念であることが分かっており、そのような概念は前五世紀のギリシャ人の間には存在もしなかった(38)。

というわけで、スタイナーはヘーゲルの支持者に向けて「死において、夫、息子、あるいは兄弟はポリスの手から家族の手へと帰る」と書いている†32。これらの男子たちは「女性」の責任に帰するが、この時、姉妹の責任は「最高の神聖さを獲得する」としている。なるほどこれは「絶対者が現象世界に関わる」などという命題が通用する世界では正しいのかもしれないが、ギリシャ人にとっては正しいといえるだろうか。またどの時代のギリシャ人にも正しいといえるだろうか。

実際は、ソポクレースの観衆であった前五世紀のギリシャ人に対して、これは多少は真理に近かったといえるかもしれない。なぜなら、親族関係に基礎を置く集団が衰退し、クレイステネースの改革後は恣意的な関係にもとづく集団や地域的集団（都市国家の中の町 demes）へと置き換えられつつあったからである†33。だがこの場合にも、これらの集団の成員は父親から息子へと引き継がれることが多く、女性は排除されていた。ソポクレースも女性が結婚とともに父親の家から「追放」の運命になると雄弁に描いている（断片五八三。他は失われた戯曲『テレウス』の部分）。厳密な意味で家父長的ではないにしても家父長的な生活意識が、市民と契約関係が親族と身分を置き換えた後には、アテーナイ人の間に充満した。とはいえ、私たちはここでアンティゴネーと彼女をめぐる人々が、古い貴族的な王朝的時代に属し、そこでは少なくとも厳密な術語的意味で父系制の親族が支配的であった時代に属していることを思い出さねばならない。この特徴は、ソポクレースの時代にもゲネタイ(gennetai)、すなわち神職など重要な都市の信仰を独占する貴族的宗教集団の形をとって存続していた。だからソポクレースの観客は、アンティゴネーが彼らの多くのものの生活を支配している世俗的なデモクラシーの概念ではなく、親族集団に関する原始の貴族的観念を反映していると見なしたにちがいない。アンティゴネーが庶民の娘でないことを思い出す必要がある。彼女は、神々からさほど遠く離れていない王家の王女なのであり、（父系制の）カドモス家の直系の子孫である。カドモスの妻ハルモニアーを通じてアレースとアプロディーテーの血を引き、またカドモスの父アゲノール王を通して薄幸の女神イオとゼウス自身に繋がる家系を持っている。彼女はまた、ゼウスの別の気まぐれによってディオニューソスのいとこでもあり、そのディオニューソスの祭りに、アンティゴネーの劇は公演されたのである。

以上のことを充分念頭に置いた上で、次に、昔から論争の絶えないせりふを検討しよう。このせりふはアンティゴネーが自分の運命に関する悲しくも美しい嘆きを口にする際に現れ、この嘆きは何度もくり返されるもの（八九一―九二八行）である。彼女はこの嘆きを、高貴な使命感にはあまりにもふさわしくないように見える苦悩と決疑とで中断するので、ゲーテ以来この悲劇の愛好家の多くがこれは後世の加筆ではないかと主張してきたほどである。特にゲーテは、いずれかの学者がこの部分を後の加筆だと証明して問題に決着を付けてほしいと切望した。もっとも、このように疑うものたちも、なぜそのような加筆が必要だったのかを解き明かすことに成功してはいないのだが。だが動機がないにもかかわらず、学者たちの論争は終わる気配がなく、さまざまな「専門的」見解が、あるものはこの部分をソポクレースにふさわしくないとけなし、またあるものはこれこそソポクレースの卓越した本質だとして賞賛してきた。アリストテレスはこの部分が真筆であることをいささかも疑わず、アンティゴネーの決疑に敬意を払っている。私たちはこれだけで安らぐことができる。他のあらゆる人々をさしおいてアリストテレスがこれが「論理的である」としているのに、私たちがなぜこれに異議を唱えるのだろう。それに、アリストテレスが私たちのもっているものより初期の、より権威のある版を使っていたことも忘れてはならない。だがゲーテは依然として加筆説をとなえ続けたし、学者の中には彼の言に耳を傾ける義務を感じるものもいるようである。文献批判ではおそらく屈指のジェブは、ソポクレースの息子のイオフォーンかその近辺の「二流詩人」が犯人と考えているようだが、またしても、なぜ加筆の必要があったかの理由にはなにもふれていない。[†34] アリストテレスはなぜこれを肯定したのだろうか。私たち近代人の感受性が、ここでもまたソポクレースとその観衆にとって、またアリストテレスにとって、自明であったアルカイックで貴族的な事実に関する表現を理解するじゃまをしているのではないだろうか。

ここで、正確な参照の便宜を考えて原文を引用し〔邦訳は削除。凡例参照〕、その後にフェーグルズの訳を掲載しておく。[†35] この訳は原文に忠実で、また第一行目の訳のような難点を含まないと思えるからである。アンティゴネーは父と母と兄のエテオクレースの葬儀をしたこと、それにもかかわらず同じことをポリュネイケースにしようとして罰せられようとしていることをのべる。それに続いて問題の箇所のせりふがくる。

仮に私が子を持つ母親だったとしても、
夫が死んで亡骸が朽ちていったとしても、

町の人々に逆らってまで、こんな苦労を買って出たりはしなかったでしょうもの。
それはどういう理屈でかと申しますと、
夫なら、たとえ亡くなっても、ほかの夫に連れ添えます。
また、今の夫の子を失っても、別の夫の子を産めます。
ところが、父も母もみまかってしまっては、
もはや兄弟が得られる望みは、決してありません。

ゲーテ以来すべての批評家を悩ませたのは、何といっても、アンティゴネーが見たところあたかも明々白々と、首尾一貫性を欠いているということである。倫理観において「家族の価値」の崇高な擁護者というには、彼女が献身するはずの「家族」の半分を捨てるようなことを述べているように受け取れる。夫や子供は問題でない、といっているかのようである。もっとも、彼女は劇の全体を通じて夫や子供が「問題だ」ともいっていない。ただ兄を埋葬しなければならないといっているだけである。「家族」とか「家庭的」とかについての自分の観念を持ち込んで、「一貫性がない」と勝手に叫んでいるのは批評家たちである。だから、「一貫性の欠如」を正当化するかのようなこの「決疑論」にいきり立つのである。夫はほかにもいる、と彼女はいう。子供もほかの子供をもうけられる。だが両親が死んでしまった以上、もう兄弟は持つことができない、と。アリストテレスはこれをすぐれた主張と見なし、従うべき先例として引用した。私個人は、このくだりは不必要とさえ考える。彼女はこのように自己を弁護する必要などない、と。だが、もしかするとソポクレースは、観衆の中に彼女が言い

たいことを完全には理解できないものがいるかもしれないと、あるいは彼女が擁護する「家族の価値」とは何であるかについて注意をうながす必要があると、考えたのかもしれない。そこで、彼女の立場をより明確にするためにこの「決疑」を加えたのかもしれない。実際にはこれは決疑などではなく、単に問題を明確化しているだけである。

父系制のイデオロギー――彼が兄の父親である

この数行がソポクレースの筆になるものであることを疑わないものたちも、ここを表面通りに受け取るのには抵抗があるようだ。ソポクレースがこれを書いたことは間違いないが、この部分は「たしかに」一貫性を欠く、と彼らはいう。だから、私たちは充分に注意してこの一貫性の欠如なるものを説明し、この部分の意味が分かるようにしなければならない。ワットリング†36はその注解の中で、この部分はあるいは「偽者による加筆」かもしれないと主張しつつも、ではそもそも加筆の必要がなぜあったのかについて、何も述べていない。校注者の中にはこの部分が「論理的にも心理的にも不適切」と考えたものがいるに違いない、と彼はいう。しかし「アンティゴネーが、最後の絶望に駆られて一貫性のないことや無価値なことさえ口走るのだと想像すると、私にはこの部分は演劇的には正当なのだ」、というのが彼の主張である。これが正体なのだ。アンティゴネーの思考は一貫性がなく無意味だが、ソポクレースはこれによってアンティゴネーがのしかかるストレスでくずおれんばかりだということを私たちに理解させたかった、というわけだ。ではなぜ、と私たちはまたたずねる必要がある。

彼女が吐いたそれほど演劇的に巧妙で決疑論とも取れるせりふを、アリストテレスは論理的だと見なしたのだろうか、と。他の批評家たちも似たような主張になる。例えばスタイナーは、アンティゴネーの「孤立」を強調し、彼女のとり乱し方を「父親ゆずりの弁論の才能を、それよりやや浅いが瞬間的には目くるめくばかりに披瀝しているのだ」としている。[†37]「ヘロドトスにも匹敵する陳述」に彼女を駆り立てたのは彼女の置かれた「極限状態」のためだ。「彼女が巧妙に述べているのは、兄の死が他のすべての損失に比べて特別の意味を持っているという事実である」とされる。だが、彼女はこの中で他の「あらゆる」損失と比較しているだろうか。実際にはそうでない。彼女が比較しているのは、夫と子供を失うことだけである。彼女はこの中で母と父に関しても言及しているし、男子でさえあれば父親を考えないとは言っていない。ただ夫と子供を失っても……、といっているだけである。クレオーンに関しても、彼は明らかに彼女の母の兄弟に当たるが、彼女がクレオーンを埋葬という「死に対する献身」の対象にしていないことは明らかである。

不幸なことに彼女の父のオイディプースは兄弟や甥を持っていないが、もし彼女がこれらの人々を数に加えていたら（また除外しなかった場合でも）、私たちの論点は全く変わっていたであろう。というのも、彼女が貴族的な父系制の親族集団の原理を忠実に代弁していると想像すると、彼女が夫や子供を除外するのは完全に論理的だと見ることができるからである。これらの夫や子供は、「彼女自身の」父系の王家には属していない。いいかえれば彼女自身の父系のリニージには属さない。問題のリニージ――ギリシャ的表現を使用すれば「家」――とは、もちろんラブダコスとラーイオスの王家（これは最終的には『オイディプース王』最初の行に見えるようにカドモスに遡る）である。現代のもっとも洞察に富む批評であるノックスのものでは、このことが認識されている。

問題となっているのは彼女が自身の家族、すなわち悲劇的な、近親相姦を犯し、呪われたオイディプース家に、また特にその中でもっとも不幸な成員の一人である、屍を鳥や犬に曝したままの兄に対する熱狂的な献身である。[†38]

ノックスは、彼女が夫や子供は問題でないというのはなんら仮定の話ではないとする。事実彼女はハイモーンとの婚約を犠牲にし、その結婚から生まれるであろう子供をも犠牲にしているからである、と。だがそのノックスでさえ、このせりふをアンティゴネーが自分の「絶対の孤独」を意識する「自己発見の瞬間」だと見ている。彼女は「自分が背後から孤独で非合理的な衝動に駆られている」ことを見いだす、云々。ノックスは事実の核心に近づきながらも、まだ説明が足りないと感じているのだ。彼は、他のものたちと同様に、このせりふの意味を知らないためにそれを文字通りに受け取ることができないのである。

人類学者でない人々、父系制のイデオロギーについて明るくない人々のために、この王家の系図を父系制にもとづいて整理してみよう。

図3-1では、ラーイオスからカドモス（エウローペーの兄弟）にさかのぼる家系には、スパルトイ（カドモスが地に植えた竜の歯から現れた戦士たち）の一人エキーオーンにさかのぼるメノイケウスの「対をなす」家系がある。テーバイの王位は、結婚や簒奪によって、この二つの家系の間を往復

している。バーナルも指摘しているが、[†39] ヘシオドスも他のギリシャ人全体も歴史的事実としている伝説によると、カドモスはテーバイを開いたフェニキア人で、カナーン人のアルファベットをもたらしてそれをギリシャ人に教えたことになっている。もし必要なら、私たちはカドモスの家系をイオとゼウスの子であるアルゴスの王アゲノールまでさかのぼることができるだろう。大地からわき出したスパルトイとは、おそらくこの地にもともと住んでいた原住民（ペラスゴイ人？）のリニージであり、それが移住者によって王位を追われたり追い返したりすることを繰り返していた。[(39)] これらのリニージの間ではいくつか重要な通婚がなされ、そのさし迫ったものの一つがハイモーンとアンティゴネーの結婚であったに違いない。この結婚の失敗は悲劇の主題にふさわしく、当の王家そのものの歴史を終

図3-1

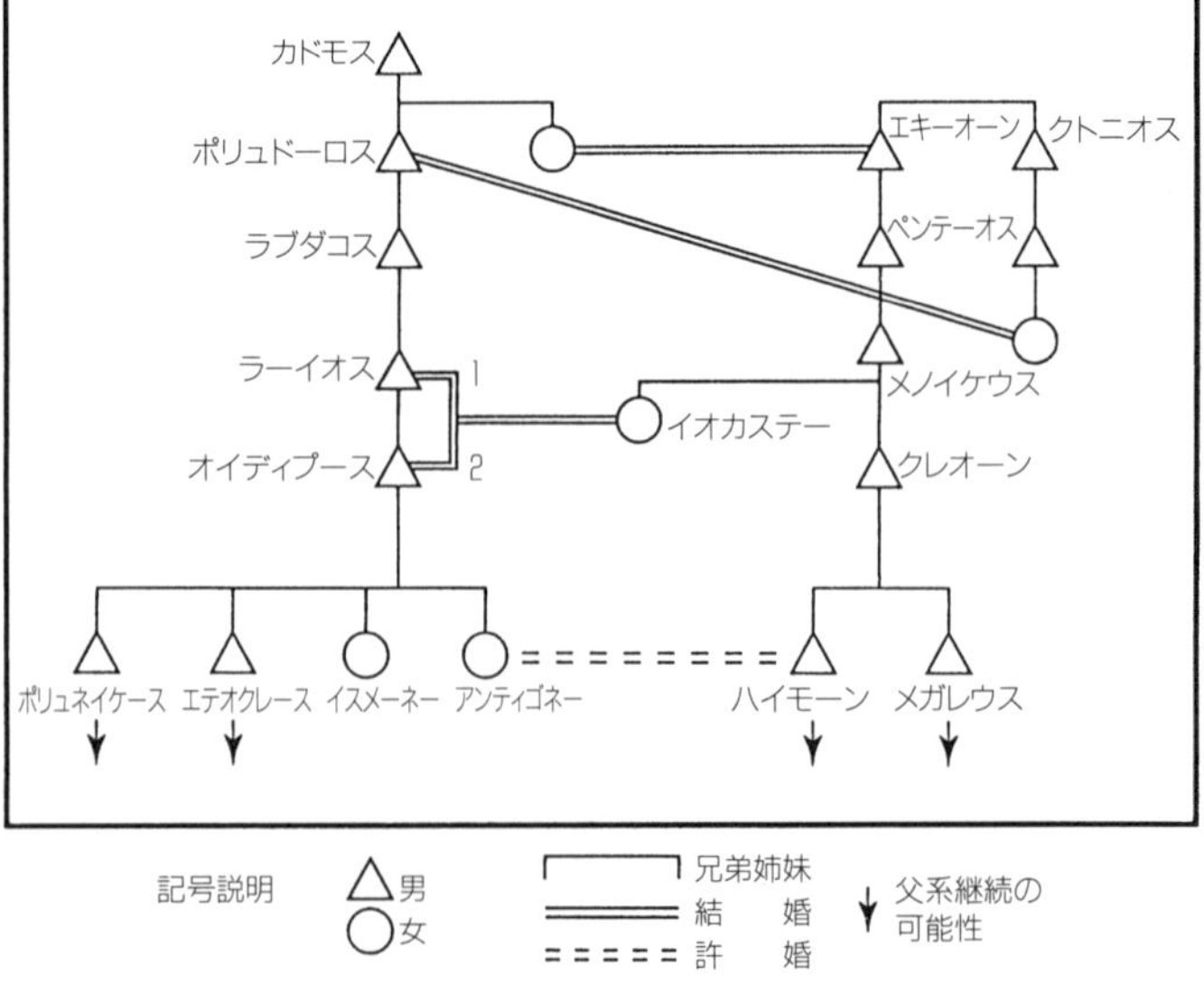

わらせるものであり、死と埋葬によってその極点に達するものであった（イスメーネーがどうなったかは不明であるが、クレオーンの家系には彼女と結婚してこのリニージを引き継ぐ男がいなかったから、当の王家の歴史に関してはイスメーネーは悲しい局外者になる）。

アンティゴネーの考え（すなわち父系制のイデオロギー）によれば、彼女自身が自分の兄弟の子供たち（そうした子供がいない場合以外は）に責任があるのであり、彼女の夫の子供（つまり自分の子供）に対して責任があるのではないのである。このことは、アンティゴネーがその家のお祓いの儀式に「参加しない」ことを意味しない。彼女は間違いなくそうした儀礼に参加したはずである。すでに述べたように、妻は完全に夫の家の一員になるのであり、その家の女たちと一緒になって成員の死を悼むことになっている。事実彼女は母のイオカステーの行うお祓いの儀式を手伝っている。だが、アンティゴネーが問題のせりふで述べていることは、そのような儀式を、国家に逆らい死に追いやられてまで自分が行う義務はない、ということである。彼女がその義務を感じるのは、自分の父系の親族に対してなのである。こうした問題に関しては、ギリシャの王家の女性は、普通の女性とは異なって、決して出身の「家系」から孤立した存在ではなかった。誰に嫁いでも、彼女は第一義的に父の家系の「むすめ」であり続け、そこに帰属し続けた。その一例として、アレキサンダー大王の母で、自分の夫であるマケドニア王フィリップに対する謀反を企てるためにしばしば父の家に帰っていた王妃オリュンピアを思い起こすのがよい。[†40]

だからアンティゴネーがあの決疑論的せりふの中で述べているのは、事実上「自分の兄弟たちが死んでしまったいまとなっては、カドモス・ラーイオス・オイディプースの王家が続くことは不可能になった。ポリュネイケースがその家系の最後の男であり、私の義務も彼のためにあった。息子や夫を持つことはできるであろうが、彼らはこの血筋を引く兄に代わることはできず、王家を継ぐこともできない。彼らはただ、自分たちの家系を続けられるだけである。だから私の兄に対する義務は絶対的で決定的なものなのだ」ということである。このように、父系制のイデオロギーとその中の義務として見れば、彼女の「決疑論」はまったく論理的なのである。それは単なる事実の表明であって、文字通りの意味に取ることができるものである。この父系制のイデオロギーは、周知のようにギリシャだけでなく過去のインドヨーロッパ語族一般に深く根を張ったものであり、原インドヨーロッパ語族の「オマハ親族呼称」〔母の兄弟の子と母の兄弟が同じ呼称を持つ〕にその例が見られるものである。[41]

私がギリシャ悲劇の中にあるこの主題に注意を引かれたのは、アイスキュロスの『エウメニデス――恵み深い女神たち』のオレステースの例を通じてであった。この悲劇の中で、父（アガメムノーン）を殺された復讐に母（クリュタイメーストラー）を殺したオレステースに対する復讐の女神の追求を、アポローンが弁護する。オレステースは近親者殺しの復讐に来る女神たちの手に身を投げ出している。それが彼女たちの仕事だからである。厭わしい仕事ではあるが、近親殺しに罰を加えず放置するわけにはいかないからである。マクレナンの『古代史研究』[42]以来、多くの人類学者が悲劇のこの部分に魅せられてきた。ここで人類学的関心の的である問題の箇所を引用しよう。アポローンはオレステースを、女神アテーナーが公正な裁判を約束したアテーナイに連れてくる。復讐の女神たち――実際はコロス〔合唱〕が演じる――が告発者であり、アポローンが弁護人である。アテーナーは一二人のアテーナイ人を陪審として登壇させ、判事となる。復讐の女神（エリーニュエス）が最終論告を行い、アポローンが次のように弁護を行う。


コロスの長　まったく、この男の無罪赦免のために、どのような弁護をするつもりなのか。

同じ母の血が大地に流された後でも、
アルゴスの父親の屋敷に住まわせるつもりか。

町の者がみなで使う祭壇でこの男が利用できるものがあるのか。

一族〔フラトリア〕の用いるお祓いの水で、彼が受けることのできるものがあるか。


アポローン　この問題についても説明しよう。私の話がいかに正しいかよく理解するように。

いわゆる母と呼ばれる者は子の親ではない。

新たに植えつけられた子種の養い手なのだ。

親というのは種を植えつける役の者をいう。そして見ず知らずの男とのあいだで、
女の方が子種を受けた後、神が害を加えない限り、その胎児をつつがなく守る、

——これが母というものだ。

この説明の証となる事実をお前たちに見せてやろう。

父というのは、母がなくても子孫を残すことができる。すぐそばに、その証として
オリュンポスのゼウスの娘神がいるではないか。

母の闇の胎内で育てられたのでもなく、
いかなる女神も生みおとしたことのないような姫君であったのだ。

〔六五〇―六六〇行〕

スミスは脚注で、[43] 二つの興味深いコメントをしている。復讐の女神は、オレステースがどの「親族」、「クラン」または「兄弟」の中でお祓いの儀式を行うのかと問うている。「フラトリア」を「兄弟」と訳すのはそれなりに正しい。なぜなら、フラトリアが「ブラザー」に対するインドヨーロッパ系の語源（ラテン語のフラテルも同様の例である）に近いことは別にしても、スミスが指摘する通り、「フラトリアイには実際のか義理のかを問わず親族たちが共通の信仰、子孫、祭祀を通じて結合する」からである。ただし、人類学的意味ではフラトリアイは血縁集団ではない。その中にはどのような親族も含まれうるし、親族でないものも縁組みによって擬似的に親族となるからである――これは「コンパドラスゴ」制の一種であり、いいかえればゴッドファーザーの始源である。だから、女神たちがここで確かめているのは父系母系の双方か、血縁か、それとも義理のものかは別として、ある種の親族関係ではある。このことは、スミスの次の注と関連させると興味深くなる。彼は他のギリシャ悲劇作家（特にエウリーピデース）の生殖に関する父系制イデオロギーを引きながら述べている。「劇中のこのくだりは、紀元前五世紀のアテーナイ人が血縁関係を母系でたどる古い習慣を捨てていない証拠とされてきた（エリーニュエスの言葉に表れている）。もう一方はアポローンが代弁する父系制である」、と。

スミスは明らかにマクレナンたちの「母系制起源」説を念頭においていた。これはまた（都合よくフレーザーの味付けを使った）マリー・ルノーやロバート・グレーブズにも当てはまる。それがフェミニストたちによってリバイバルしていることは、いうまでもない。だが、これには歴史的証拠がないし、ギリシャの劇作家や観衆は、復讐の女神が母だけでなく「すべての」親殺しに復讐することを期待していたと考えるべき内在的証拠がある。女神たちは、なぜアガメムノーンを殺したクリュタイメーストラーを復讐のために追求しないのか、と問われている。それに対して、夫は妻の親族でないことが明白だから、と彼女らは答えている。ここで、アンティゴネーも同じ原則に従っていたことが思い出される。それに対して、アポローンの弁論は息子は母親の親族ではないと述べている。例えばアテーナーは母親の手を借りることなく、ゼウスの「頭」（またもや頭）から飛び出してきた。これは、アテーナイ人の陪審の評決が分かれたとき判事であるアテーナーを説得するのにそれほど難しいことではない。論点ではない。アポローンの主張によれば、罰せらるべきなのは父殺しだけであって母殺しではないのである〔劇中オレステースは無罪となる〕。

議論を先に進めると、この同じ問題を提起する『オイディプース王』の解釈の特異性に注意を引かれるだろう。批評家たちは、また特にフロイトは、オイディプースとイオカステーとの近親婚に熱中しているのだが、劇の原文には、これが仮に不注意による災難でなく犯罪だと仮定しても、ラーイオス殺しに匹敵するような重大な「犯罪」だと示唆するようなものは、何も見あたらない。テーバイから疫病を払うために神託が要求するのはラーイオスを殺したものを見つけること、すなわち父親殺しを見つけることである。近親相姦についてはひとことも言及されない。もちろんこのことを指摘するのは、ギリシャでは近親相姦は軽く見られたというためではなく、テーバイに災いをもたらしたとされるのは父殺しであり、近親相姦ではないことを指摘するためである。『コロノスのオイディプース』

で、クレオーンがイスメーネーの仲介を得てオイディプースに、テーバイの土地の外で埋葬されるよう帰ってくれと頼んでいることを思い出す必要がある。これは、オイディプースの骨を崇めるものたちとの戦いに勝利するであろう、とする予言への反応である。テーバイ人は墓を支配下におこうと必死になるが、オイディプースの父殺しの罪があまりにも重いため、その都市の中に止めておくことができない。このことははっきりと言明されている。近親相姦ではなく父親のテーバイ王を殺したことが、オイディプースの生まれ故郷である都市が彼を葬ることによって得られる豊かな報酬を受け取ることを、妨げるのである。オイディプースはもちろんこの願いを拒絶し、結局アテーナイが彼の亡骸と究極の勝利を勝ち取る。オイディプースが父殺しをしたのはアテーナイではなく、アテーナイ人たちにはこの危険はないからである。

『エウメニデス』の中の争いは、私が読んだかぎり、(エリーニュエスの主張する)母系制のイデオロギーと(アポローンの主張する)父系制のイデオロギーとの争いではなく、貴族/王家/神々の主張である後者と、フラトリアのイメージを基礎とした民衆の親族集団に関する観念との争いである。クレイステネースの改革後、「フラトリア」の比重が高まり、父系制の「ゲネタイ」の地位は低下した。アポローンがオレステースのために弁じていることは、本質的にアンティゴネーがポリュネイケースのために述べていることと同じである。すなわち、「デーモス」(民衆)にとって親族の観念がどうであろうと、またそれをエリーニュエス(復讐の女神)が支持しようと、それは王家にとって神聖なものである厳格な父系制の親族集団ではない、ということである。

ここで、先に指摘しておいた問題点を振り返ってみることが重要である。あらゆる社会において、

「親族集団」とは父と母の両方から見て同族であり、また同族と見なされるものをいう（ローマ人の「コグナーティ」のように）。しかし、その折りに指摘したように、さまざまの異なった「親族」がさまざまな目的のために存在する。例えばクレオーンはアンティゴネー（姉妹の娘に当たる）を自分の家族以外ではもっとも近い親族と認めるが、しかしこの親族観念は王位継承とか埋葬の義務に関しては該当しないものである。これらは厳密に父系制の問題であり、アンティゴネー自身がそう主張している。同じことをアポローンも主張している。人類学のうるさい術語を使いたいのであれば、これらは貴族的な「継承」の原則であり、エウメニデス的・民衆的な、ただの親族集団ではないのである。

構造主義の挑戦――ジグソーパズルを解くのは誰か

父系制社会の生殖に関するイデオロギーに関連して、アイスキュロスの劇中のせりふに言及していた当時、私はフィリップ・ボックのテーバイ悲劇に関する評論を読むまで、この問題を『アンティゴネー』[†44]の中の論争の多いくだりに結びつけて論じる意図は持っていなかった。ボックは、レヴィ＝ストロースのオイディプース神話に関する議論を批判するマイケル・キャロル[†45]の作品に対して、批判を行っていた。レヴィ＝ストロースは、この神話の構造主義的分析の中で、「親族集団の過大評価」と「親族集団の過小評価」という二つの要素の対立を見ていた。すなわち、オイディプースが母と結婚するのは親族集団の過大評価であり、父を殺害するのはその過小評価である。キャロルはこれを慎重に検討した結果、レヴィ＝ストロースのもうひとつの対立項である「土からの出生」対「〔男女による〕自然出生」を捨てる一方で、過大評価と過小評価の対立項を採用し、これを「父系制の肯定」対「父系制の否定」といいかえた。キャロルはこれが、前四世紀から六世紀のギリシャ人の中における「父系制に対するアンビバレンス」を示すと考えた。

私は父系制への着目に興味を引かれた。確かにこれは劇の中にある要素である。しかし、キャロルが提示している論点に対しては、私はさほど確信が持てなかった。キャロルは、「父系制に対するアンビバレンス」の論拠として物語の中に頻繁に見られる父系の親族殺しを上げている。オイディプースとラーイオスはその一例であり、エテオクレースとポリュネイケースがもうひとつの例であるとする。だが、これらの親族殺しは父系制に対するアンビバレンスの証拠となるであろうか。そうではない。このような殺害は、権力の継承が問題となればあらゆる父系制社会とその伝説の中に存在する。父系制の継承は、権力・権威への権利を正当化すると同時に、「系統の下位者」と上位者との間に立ちはだかるものでもある。アレキサンダー・ポープは『アーバスノート博士への書簡』で、「一人で支配する者は、トルコ人のように兄弟を王冠に近づけるな」と書いている〈スルタンは王位に就くとき異母兄弟をすべて殺したことで有名であった〉。〔東アフリカの〕ズールー族の歴史は、シャカ王の以前からその没落まで、多くの父系親族殺しに彩られている。[†46] しかし父系の殺人に血塗られたすべてのものが、父系制の原理に「アンビバレント」だっただろうか。私にはそうは見えない。むしろその反対が真理であろう。父系制の原理は、そのために首長があえて殺人を犯すほど重要なのである。権威に対する彼の要求を正当化するのは父系制の権力継承原理であり、その前に立ちはだかるのも父系の親族なのである。彼はこの原理そのものを決して疑わない。疑えば、自分の正当性に疑問を持つことになるからである。彼は端的に現在権力の座にあるものを拒否し、排除しようとする(これが、反抗と革命を区別するマックス・グラックマン[†47]の論点である)。

ギリシャ(またその他の国々)の伝説では、親族同士が年中殺し合っている(殺人の八〇%が「家族問題」であり、これは私たち自身の社会を含むあらゆる社会に共通の傾向である)。妻は夫を殺し、息子は母を殺し、母は子供を殺し、父は娘を殺す。こうしたことが、前五世紀のアテーナイにおける「結婚と家族の過小評価」を表すといえるだろうか。とても無理だろう。どこにもそのような根拠がない。その上——キャロル自身が正しく述べているように——しばしば言及されるクレイステネースの改革以後は貴族的な父系制集団は力が衰えていたという証拠があるから、これからアテーナイ人が父系制に「アンビバレント」になっていたとするのは不可能である。彼らはこれが貴族、特にアルカイックで神話的な貴族に適用される原則だと知っており、(あたかも私たちが王位継承の原理が、自分たちの民衆的生活には関係がなくとも、例えばジョン・オブ・ゴーントの王位継承がシェークスピアの歴史劇〔『リチャードII世』〕で鍵になると知っているのと同様に)劇の中でもそのように表現されているのである。前五世紀の悲劇における父殺しは、普通のアテーナイ人がどのみち自分に関係ない原理を、特に厳密な形での原理を「過小評価」した根拠などにはならない(ギリシャ社会は、すでに述べたように、厳密な意味の父系制ではなかったがそれでも圧倒的に父権制社会であった)。キャロルのもうひとつの論点(実はヘンリー・メイン卿から無断借用したものであるが)すなわち当時アテーナイでは社会組織の基盤として「土地」が「親族」に取って代わりつつあったということに関しては、ある程度までは正しいといえる(「都市 deme」と「フラトリア」を結びつけることは、クレイステネースの特筆すべき改革であった)。しかし、これはいかなる意味でも劇や伝説に反映されていない。それに、いずれにしても悲劇が前提にしているものは、これよりはるかに以前の出来事である(この点に関してはマレー参照[†48])。

というわけで、私もボック同様、レヴィ＝ストロースの二種類の対立項をキャロルの提示する二つに置き換えても何も解決するわけではないと考える。というよりも、それによって問題全体がかえって混乱し、劇の中の「父系制の強調」が分からなくなる。しかし、ここにはさらに深い争点が懸案となってもいる。すなわち、このような「構造的分析」とはいかなる性質のものであり、かついかなる妥当性があるか、という問題である。このような分析が、演劇や神話を生み出した人々の精神的または社会的現実に対応しているという保証は何か、という問題である。例えば、このやりとりが含む真のメッセージは「近親相姦と父殺しを何としても阻止せよ」といった単純なものではなく、「親族集団を過大評価しても過小評価してもいけない」というデリケートなものだとされる。レヴィ＝ストロースの論点は、一面ではよく理解できる。彼は秀抜な比喩を用いつつ、「表層」の物語はあたかもジグソーパズルのようなものであり、断片同士がどのように合わさるのかを知らない限り、支離滅裂で恣意的で首尾一貫性に欠けるように見える、ということを示す。しかしもし私たちが、このジグソーパズルを切る鋸やそれを上下させるカムシャフトを駆動する歯車などの運動規則を知っていたらどうだろう。その場合には私たちがすべき唯一のことは、表層の構図を研究することではなく、それを作成した運動規則の性質を発見することであるはずだ。オイディプース神話についても同様に、ジグソーパズルの断片である「神話素」は、母親と通じてはならないといった単純な道徳から産出されるのではなく、親族集団の過大評価と過小評価との間の、土からの出現と人間からの出生との間の、カムシャフトの規則性が生み出す「複雑な矛盾」から産出されるのである。

この主張はすべてきわめて巧妙なものではあるが、次のような問題も孕んでいる。すなわち「このジグソーパズルの定義が正しいことを、いかにして知りうるのか」ということである。理由はこれが決め手だからである。各部分は、実際のジグソーパズルのように単純なかたちで示されるのではないから、私たちは自分でそれを定義しなければならない。また、それらが「文」であると主張されても、だから自信が湧くというわけではない。文とは誰の文か。それは翻訳による文かも知れず、オリジナルと位相同型というわけにいかないかも知れない。それだけではない。分析者である私たちが定義に取りかかれば、定義はその同義反復であるかもしれないさまざまなカムシャフトの規則性を生み出すことにもなる。こうして、どこまで往復しても終わることがない。まさにこうして、キャロルは一方の対立項を捨て、もう一つをすこしいいかえた第三の対立項（親族集団と土地）を提示する。別の構造主義者たちはまた、自分たちの想像力を働かせて別の二項対立を提示している。

それに対してボックは、疑問の余地なく劇の中にある父系制の問題を取り上げ、具体的な社会的事実、すなわち通婚関係にある二つの父系制親族集団に関連させてその「意味」を解こうとする。彼の主要関心はこのことがオイディプース神話にどう影響しているかであるが、彼の図式（図3-2）は私自身が『アンティゴネー』の中にある父系制の問題を図示したものと非常に近いことがわかる（彼の図中の数字はテーバイの王位の順序を示す）。

ボックが述べていることは、テーバイ物語全体の内容は私たちがすでに確認した二つの父系制親族集団同士の敵対と通婚にのみ「関する」ものだ、ということに尽きる。ノックスのような抜け目ない批評家たちは、図3-3のようなものをソポクレースに従った「オイディプース家の系譜」として提示している。

見るとおり、この図ではメノイケウスがカドモスの直系の子孫としてラブダコスとともに上げられている。これに従うと、ラーイオスとクレオーンとが同じくメノイケウスの子孫ということになる。このような系図はエリーニュエスたちには通用するかもしれないが、メノイケウスがカドモスの「娘」の子孫であり、彼女を父の母とするペンテーオスの子であるという重要な事実を隠してしまう可能性がある。実際はメノイケウスとクレオーンはスパルトイであるエキーオーン家の子孫であってカドモス家の子孫にはならない。こうした些細な間違

図3-2

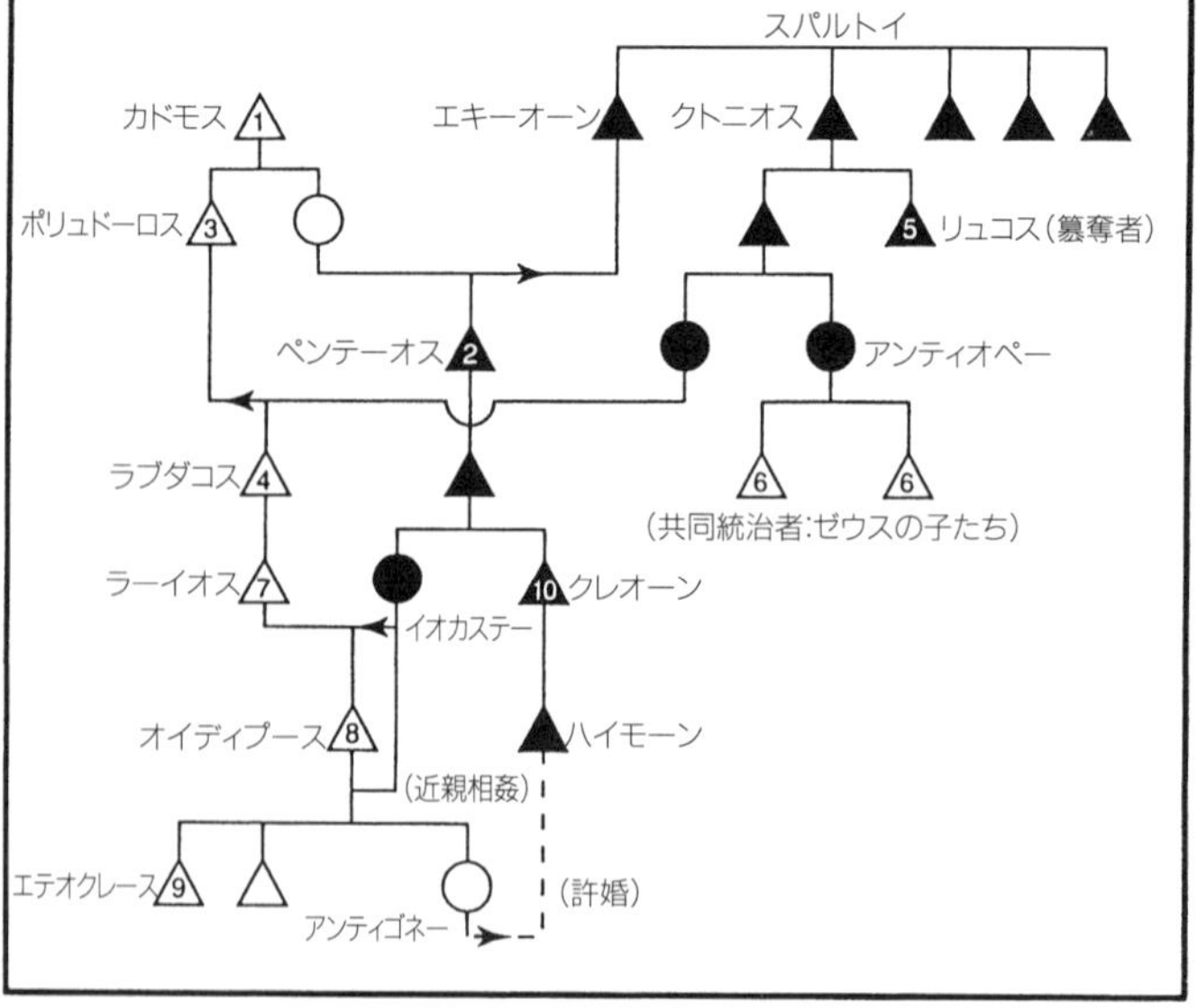

図３-３

ソポクレースによる
オイディプースの系図

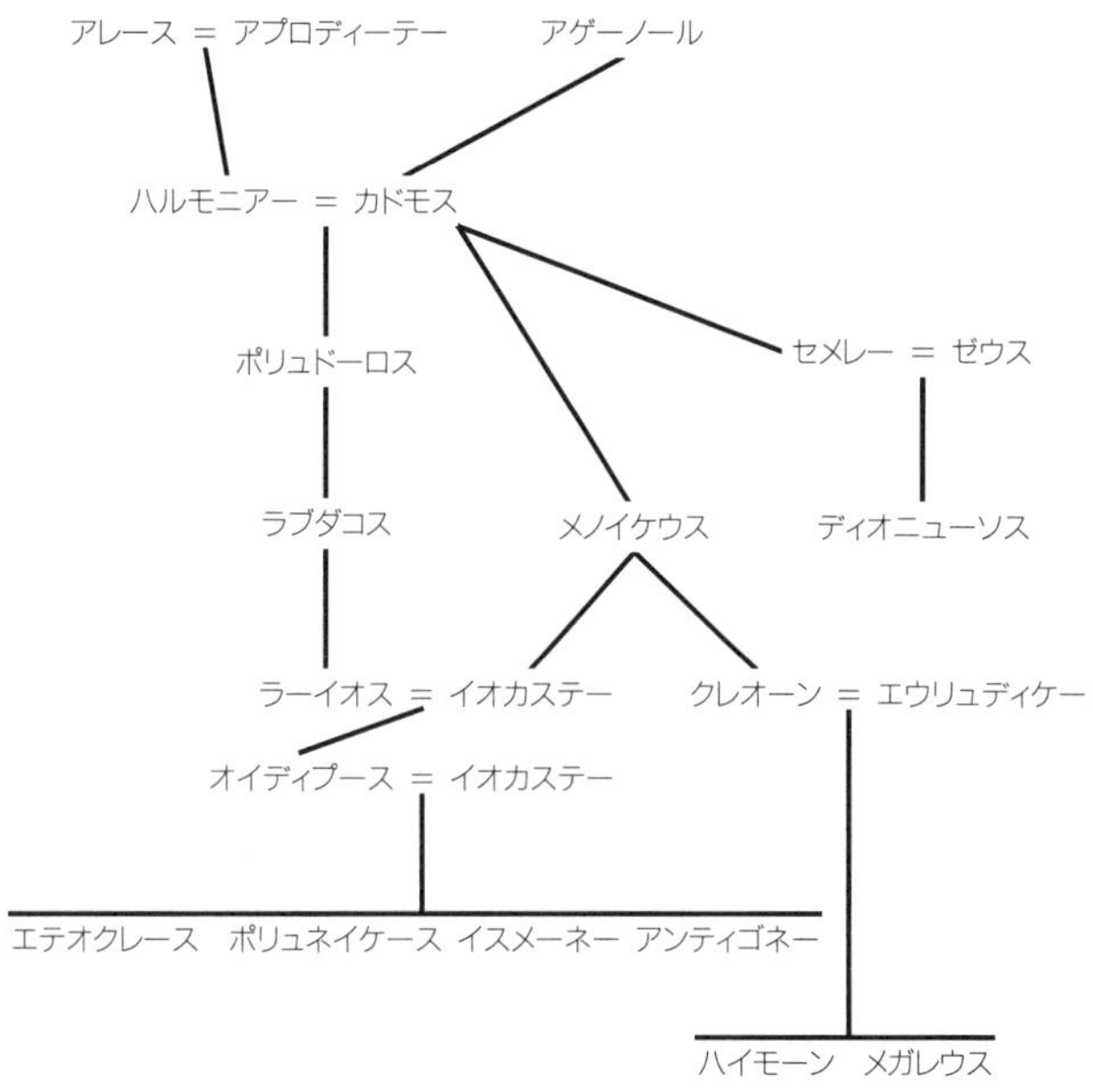

いが、アンティゴネーが（もちろん極限の自己発見の中で）述べる「呪われた家」とは何を指し、また彼女が〔夫や子供を〕除外する論理は何かという問題の解釈の際に、大きな違いとなりうるのである。

ボックはそれよりはるかに正確である。彼と私たちにはわずかな力点の相違があるが、神話には多くの異本があり、どれを正統とするかは容易に決められない問題である。例えば、ボックはハイモーンの兄弟メガレウスを加えていないが、彼はオイディプース神話には関係がないことは確かである。しかし、クレオーンがメガレウスを殺害したとされている点で『アンティゴネー』の解釈では重要であり、クレオーンを「子殺し」とすることは彼の専制的な性格を強調し、また「すべての」子供たち、したがって両家系全体を抹殺することを予見させる（メガレウスはエウリーピデースの『フェニキアの女たち』の中に、祖父の名前を取って「メノイケウス」の名で登場する）。他方、私はアンティオペーの二人の息子たちを加えなかった。彼らは伝説では確かに一時期テーバイを治めたが、テーバイ三部作の中には登場しない。だがその点を別にして、私たちがボックの秀逸な洞察――ここで問題になるのは通婚しつつもテーバイの王位を争う二つの父系（の家）の物語であること――を加え、それを私たちの論点に適用すればソポクレースの最初の行の解釈、アンティゴネーの「辻褄の合わないせりふ」、アポローンのオレステース弁護、などの解釈は大いにわかりやすくなる。それによってギリシャ悲劇を、以前には存在しなかった父系制のイデオロギーという観点から解釈することに首尾一貫性が生じるし、恣意的に読み込まれた「対立項」から恣意的に劇の「意味」を解釈することよりはるかに真相に近づくことができよう。

罪なきオイディプース——ラーイオスのソドミズム

先に進むにはもうひとつ解いておかねばならないことがある。私たちは父親殺しの重要さに言及し、それが近親相姦よりはるかに大きな穢れをもたらす「罪」であったと述べた。兄が弟を殺し、妻が夫を殺し、母が子供を殺すこともあろうが、そのどれもが同じほど穢れをもたらす力はない。オレステースは父殺しをしていないし、母殺しは関係なしと宣言された。それに対してオイディプースは、それと知らずにではあるが父殺しを犯し、それが穢れのもととなった。私たちは父系親族の殺害（特に兄弟や異母兄弟の殺害）が父系制につきものの現象であり、かえって父系制の原理を強化しこそすれ「過小評価」するものではないと述べたが、しかし息子が父を殺害することが父系制の原理の核心に対する衝撃と受け取られることに相違はない。これはもっとも重大な「罪」であり、父に対する反逆を構成するにすぎない母との相姦に比べてもはるかに重大である。しかし、オイディプースの物語には、すべてのギリシャ悲劇同様に、当面の人間の条件を超越する不可避なる運命というテーマが存在する。ひとたび運命の車輪が回転しはじめれば、それは最後の陰鬱な結末に至るまで止まることがない。そうした意味では、両家系の起点に立つフェニキア人のカドモスが、最初の致命的な過ちを犯している。その過ちは、おそらく彼が兄弟と妹エウローペーを捜索する〔父王アゲーノールの〕いいつけを拒んだこと（これは、レヴィ＝ストロースのいうところと反対に親族集団の「過小評価」と見ることができる）、歯を土に埋め、スパルトイを誕生させることになる竜を殺し、アレースを怒らせたことに対する呪いである。いずれにせよ、この呪いは家系につきまとっている。あたかもこの家系で誰が何をしても悲劇にしかならないかのような印象がある。そこから逃れる道はないのである。

オイディプースはこの呪いによって父殺しを犯す宿命だったのである。ラーイオス自身が息子の足を傷つけて山中に捨て、のちにこのオイディプースとの再会の筋書きを作り出している。その上にも、次のように問うてみることができる。ラーイオスはなぜ、父祖伝来の都市国家を穢し、近親相姦の罪を招き、それらの結果アンティゴネーとハイモーンがみな死に絶えるという運命に「さらされなければならない」のか、と。伝説には、これらが偶然により起きたと考える余地がない。ギリシャ悲劇には偶然とか事故という観念は存在せず、存在するのはただ運命である。[†49] オイディプースが寂しい旅の路上で父親に出会い、口論の末殺害するのも神託の告げた運命である。同様にラーイオスが息子を神の正義の具として殺されるのも、オイディプースに呪いの物語を続けさせるために運命が仕組んだものなのである。しかし、そもそもなぜラーイオスが、またその子や孫たちが「罰せられる」のか。ラーイオス自身は一体何をしたのか。

このような「スフィンクスの謎」への答は、王となったオイディプースから劇をはじめるソポクレースの中にはない。私はギリシャ神話を忘れてしまうほど長くそれから離れていたので、たまたまヴェリコフスキー[†50](39)の示唆を見るまでは、この理由に思い当たらなかった。彼はオイディプース伝説の異説の中から、ラーイオスがクリューシッポスという若者を誘惑してギリシャに男色をもたらした罪で糾弾されたというくだりを引いている。ラーイオスは、テーバイを追放されピサのペロプスのところに逃れていた頃、この若い戦車乗りを誘惑した。ヘーラーは、この罪だけを罰するためにテーバイにスフィンクスを遣わしたことになっている。また別の版では、オイディプースが父を殺したのは、この異例の出来事から若者を救おうとしてであったとされる（ヴェリコフスキーの引用する文献はベーテの『テーバイの英雄の歌』である。[51] ロバート・グレーブズは『ギリシャ神話』第二巻の中で古注釈家、アポロドーロス、ヒュギーヌス、アテナイオス、プルタークなどを引きながら同じ結論を出している）。[52] これはたしかに伝説が描くような過酷な運命の糸の縺れをもたらすものである。美徳を守るために、オイディプースは究極の罪である父殺しを犯し、彼個人の咎ではなくタブーが破られ、それに罰が加えられるために自分自身と都市全体と子孫のすべてが償いをさせられるのである。

オイディプースについても同じである。もともとのあってはならない犯罪は（カドモスやその後継者たちの罪を数えるまでもなく）、ラーイオスの男色であり、有名なテーバイの三百と呼ばれるホモセクシュアルの戦士たちを持つことでテーバイが犯した犯罪である。この犯罪に復讐する神（運命）の具となることで、オイディプースは心ならずも父殺しのタブーを破り、ソポクレースのテーバイ三部作が描く悲劇的な運命を自分と自分の子孫とに引き起こすのである。近親相姦はより深刻な父親殺しの罪の中で起きた偶然の、不運な出来事にすぎないことに注目すべきである。これは、テーバイに穢れをもたらした神託とも、従って神（運命）とも関係のない出来事である。とはいえ罪は罪であるから償われねばならず、オイディプースが自分の目をえぐるのは父殺しの償いではなく、この忌まわしい記憶を消すためである。

では、ソポクレースはなぜ近親相姦と同じほどむごたらしい方法でこの「ラーイオスの罪」を扱わなかったのであろうか。彼が、伝説の中のこの事実を自覚していたのはたしかだと考えてよいだろう。ちょうどホリンシェッド、プルターク、サクソ・グラマティクスなどがシェークスピアにとって劇の素材であったのと同様に、この伝説は彼にとって素材だったのであるから。だが、シェークスピアも同時代の好みに合わせるために、素材を脚色している。同じようにソポクレースも、ギリシャ社会の男色に対する価値観の変化に対応していると想像することができる。この点もまた、「父系制の過小評価」説が見逃している点である。父系制に対する最悪の裏切りの一つは、父系の継続を拒否することである。だから、概して父系社会は男色を成人儀礼などの目的で承認しながらも、「生活様式」としては嫌悪する。それは父系制による継承の根幹を脅かし、息子の必要性を否定するからである（旧約聖書の描くソドムの町を襲った惨劇を想起する必要はないだろう。これは父系制・父権制にもとづく社会の原型である。カドモスがセム族であること、より正確にはセム系の植民地の神話上の記憶を止めるものであることには留意しておくべきだろう）。こうした観念も、ギリシャでそうだったように、やがて生殖への要求も持つ性的生活全体の一部として組み込まれてゆく。すなわち、男色がなお厭わしいものとされることは変わらないものの、子孫を作る機能が果たされている限りで「性的リクリエーション」として許容されるようになるのである。さらに、父系制の継承が分割相続に変化し、少年との間の快楽と妻との間の生殖とのバランスが確保されるようになると、前五世紀のアテーナイでそうであったように、美的にすぐれた性のあり方としてあがめられるようにさえなる。このようにして、ソポクレースもアルカイックな父系制にともなう男色への嫌悪を悲劇の主題とすることを避けようとしたのであると思われる。

だがその結果、物語の中に亀裂が生じる。オイディプースの運命は偶然に支配されることになった。神の命じる冷酷な必然性から、不幸な偶然の所産に変化したのである。オイディプースは、神の正義の具として父親を殺さ「ねば」ならなかったのであり、そのことのためにこの罪と罪の帰結とを、あたかもキリストのような無垢さで引き受けねばならなかった、というのが真相である。この事実は、テーバイ三部作の最後で、オイディプースがコロノスで死する際に、冥府に赴く彼を神々が導くこと、また彼が自分を信頼して助けた人々（すなわちテーセウスに率いられたアテーナイ人など）に、救済ではないが（救済はずっと後世の観念）神々の恵みを与えていること、などによって裏書きされている。だがこれは、彼がそもそもどのような罪を償おうとしていたのかを知らなければ実際には感じ取ることができない。オイディプースが払った悲惨な犠牲が、ギリシャ人たちを自然の生殖に背いた罪から贖ったのであり、またキリスト教神学――これもギリシャ由来のもの――の場合と同じように、ギリシャ人は罪を犯し続け、だから償い続けることになるのである。この隠されたメッセージが、オイディプース伝説がコロノスで電撃的に終止するのを目撃していたアテーナイの観衆にも感じられたものであっただろうか。それを確証する方法はない。だがそうだったと仮定すれば、これは「親族集団の過小評価」などよりもはるかに説得的で衝撃的なカムシャフト背景説となりうるのではないか。またすくなくとも、ラーイオスの罪が何であるにせよ、父殺しが都市を汚染した要因の中で際だっていることは、ここで私が主張している「父系制による継承のイデオロギー」説を強く支持することはたしかなのである。

次の問題への「架け橋」として、オレステースの裁判における復讐の女神たちに戻って見よう。彼女たちは裁判に不服である。全く満足していない。侮辱され、アテーナイ人がひどい仕打ちを受けたことでアテーナーに激しく抗う。しかし、賢明なアテーナーは彼女たちに埋め合わせをする。アテーナーは彼女たちに名誉な役割を授け、彼女たちをいわばアテーナイの超自然の警察力とする。この時以降、エリーニュエスは単なる親族殺しへの復讐者ではなく、ポリスの平和の守り手となるのである。キトーがこの大団円を次のような美文で描写している。†53

こうして、アイスキュロスにとっては成熟したポリスこそが、法を満足させ、カオスを封じ込める手段となった。公共による正義が私的復讐に優越し、権威への要求が人間の本能と協調した。三部作は壮麗な野外劇によって幕を閉じる。恐ろしい復讐の女神たちは黒のローブを朱のローブに着替え、復讐者〔エリーニュエス〕ではなく「慈悲深い女たちEumenides」となる。ゼウスの敵ではなく、名誉ある献身的な使いとなる。ゼウスの完全な社会秩序を粗野な暴力から守るものとなる。アクロポリスの丘のこちら側の劇場に集まったアテーナイ市民たちの目の前で、その上市民たちの警護に案内されつつ、彼女たちは劇場を退出して丘の向こう側の新しい場所へと向かうのであった。

国家の登場と、同行する教会

「公共による正義が私的復讐に優越し」、とはまことにその通りのように聞こえるが、ここにもまた例の個人主義が忍び込んでいる。公共の正義が優越したものは「私的復讐」などではなく、親族を殺害したものに自動的に発動される神の罰なのだから。アテーナーの賢明な策によって、神の神聖な掟が持っていた親族殺害に関する争いの調停者の役割を国家が取り上げた。復讐の女神の役目は、特定の殺された親族による復讐から、単なる国家の保護一般へと水割りされた。その後は、このような問題を陪審員が裁くことになる。陪審員とはくじで選ばれた市民の一群であり、彼らが親族に対するどのような罪が報復に値するかを決めるのである。そして報復は国家またはその役人から、国家の目的のために、下されるのである。キトーからの引用文の「私的」を「コーサ・ノストラ」を意味するものと読み替えられれば、この文は許容できるものとなる。すなわち、個人の問題としての復讐ではなく、親族集団の問題、またはその神聖な代理人による復讐である。復讐の女神の懐柔は、親族集団そのものの懐柔の、卓抜なメタファーとなっている。アンティゴネーもオレステースも、やがてクレオーンの役人と取り引きすることになるのである。そして復讐の女神は、政府機関の役所のデスクに座る。それを説明するまでもない。それはすでに経験したであろう。

私が「コーサ・ノストラ」に言及したのは単なる修辞ではない。私は乙女（アンティゴネー）からゴッドファーザー（ドン・コルレオーネ）に到達する道を示唆したが、これは概括以上の方法で達成することはできない。なぜなら、このためには西欧世界の歴史全体を書き直す必要があり、今すぐそうする準備を持たないからである。私がいまできることは、将来歴史を書き直そうとする人が必要とするであろう問題点に関して、いくつかの示唆や手がかりを書いておくことである。そして私の最初の示唆として、このドン・コルレオーネがきわめて印象深いドンだということを述べておこう。たしかにこのドンは、ドン・キホーテ以後もっとも魅力的なドンである。彼もまた風車に向かって槍を構えるように、クレオーンの役人たちに突撃している。同時に彼は、現代の異常な非人間性に対してアナクロニックな価値観を主張する。彼は、マリオ・プーゾが愛情を込めて筆にし、マーロン・ブランドが魅力的に演じたある種の人間的暖かささえ持っている。たしかに彼はひとを殺している。だが殺されたのは死に値するものたちである。それに、ドン・キホーテは心の中では騎士なのであり、真の敵であれば殺すことをいとわなかったことを忘れてはならない。われらの二人のドンは戦士なのである。私たちはキホーテが騎士であることを認める――多分彼が無害であり善意だから――のだが、コルレオーネが騎士であることは認めようとしない（違うだろうか）。だがいずれにせよ、私は小説『ゴッドファーザー』の中の次のシーンを読者に思い出してもらいたいと思う。老ドンは、戦争（第二次大戦）で長男マイケルがいかに勇敢であったかを聞かされている。勇気ある行動で表彰され、名誉負傷賞を与えられ、栄誉賞を授けられ、その勇敢さは義務による献身を越えていたこと、などなど。老ドンは静かにそれらを聞き終わり、頭を横に振っていう「息子がしたことは他人のためにすぎない」。二五年間ニュージャージーに居住し、親密ではないかもしれないが複数の「マフィア」のメンバーと近い関係にあったマリオ・プーゾのこの本が、フィクションでなく本質的にドキュメンタリーだということは保証できる。彼も、多くのすぐれた話を祖母から聞かされたことや、それらがすべて実話であることを認めている。

地中海のいくつかの文化は、親族集団に関する価値観を、ヨーロッパではすくなくとも公式にそれが捨てられて以後も維持し続けた。この人々はどこに移民しても同じ価値観を持ち続け、それを行き先の習慣と混ぜ合わせた。数年前にコロンビアにいた頃、私はある友人の農場めぐりをする機会があった。この人も私たちのドンのリストに加えて差し支えない人で、実際にはドン・マリオと呼ばれていた(彼の小作人も召使いも被用者もみなそう呼んでいた)。彼の執事は(サボテンを防ぐために)鉄の覆いを持つ(コンキスタドール風の)あぶみを付けたロバに乗り、巨大な鉈とライフルを携え、さながら現代のキホーテのような風体で一族郎党全員に私を紹介してくれた。それはさながら、ありとあらゆる可能な親類縁者のリストを聞いているようであった。兄弟、甥、いとこ、いとこの妻たち、義理の息子、姪の夫たち、義理の兄弟、義理の兄弟の姪の夫の兄弟、などなどである。私は彼の説明をさえぎって、下手なスペイン語でたずねてみた。「貴方は血縁か姻戚でない人は雇わないのですか、ホアン」。「もちろんですよ、セニョール」と彼はためらわず答えた。「ドン・マリオから盗みを働いたらどうします」。たしかに、コロンビアでは警察を呼ぶわけにはいかない。国家が守れなければ、人々は親族集団の確実さに頼るのである。これは根拠なく言っているのではない。私は事実それが機能している現場を多々経験してきたのである。南米や中米で、イタリア(特にシチリアだがそれだけではない)で、アイルランドで、中東で。ルイジアナ州で経験したことさえある(ニューオーリンズ警察の腐敗を描いた注目すべき映画『ザ・ビッグ・イージー』を見た人は、そのドラマティックなエンディングを忘れないであろう。美人の地方検事補によって更正した一人のケージャンの警官が危険な麻薬ディーラーたちを署に連行するシーンで、自分のまわりを同じケージャンである叔父やいとこの警官たちに取り巻かせている)。これらの場所はいずれも国家が親族集団に対する支配を完成していない場所の代表例であり、国家が秩序を保証できないために他の集団に暴力の独占を譲っている例である。それらは、近代国家が強大化し中央集権化する中にわずかに残った最後の辺境であり、ギリシャにまでさかのぼって起源を目撃した親族集団と国家との長い長い戦いという私の主題にとっての、最終のプロセスなのである。

中世を通して、教会が結婚と親族に対する暫定的支配を勝ち取ろうと戦い、異教にもとづく慣習から支配をもぎ取ろうとつとめた。だが一九世紀になっても、ヨーロッパの多くの場所では必ずしも教会の思う通りになっていなかった。婚姻禁止の親等を設けたり、その範囲をむやみに拡大したり、これに対して（ルターが非難しているように）免罪符を売って金を得ようとしたのは、結婚が親族集団の外との間で行われるようにする方便であった（のちにナポレオン法典がある種の分割相続を規定し、この教会の傾向に竿をさす結果になった。第一執政としてのナポレオン自身は、革命派の主張する「平等」を促進するための完全な分割相続には反対であった。彼は核家族を強化したいと考え、また企業活動促進のために小家族の家産を保存させたかった。しかし、実際に民法典に規定された内容は妥協であった。相続は分割制であり、また従来「家族会議」の専決事項であった多くが国家の法廷に取り上げられた）[†54]。独身を制度化することで、教会は（理論上）親族集団を非合法化し、能力主義を推進した。もっとも「ネポティズム〔原意は教皇の甥〕」という言葉が発明され、教会上層部の各種の生殖活動を表現した——親族集団の逆襲——のであるが（このことをロバート・ブラウニングは「司教は聖プラクスド教会に墓を命じる」という詩の中で揶揄している）。もちろん、高位の神職者が親類にえこひいきすることがそれでなくなったわけではない。アイルランドの諺に「神父の姪ほどなうぬぼれはいない」というのがあるほどだ。とはいえ、教会が一方で「家族」を持ち上げながら親族集団に対する独自の形態の戦闘を継続したことは間違いない。メロビング王朝の後には、教会はヨーロッパの君主や貴族たちに一夫一婦制を合法的に受け入れさせようと説得を続けた。もっとも彼らの方はここでも、例えば庶子を合法化するなどによって反撃したが。しかし、教会は勝ち馬に乗っていた。進行する民主主義化が刻々に一夫多妻制を不人気にしたからである。一夫多妻制は、花嫁が富裕者や権力者にかたよるために配偶者不足を結果する。一夫一婦制は配偶者の平等分配に近い状態をつくるから、多くの場合庶民の人気を博しやすい。結婚や親族がある種の職業にふさわしくないという教会の流した観念は、ごく最近まで生き残った。オックスフォードやケンブリッジのカレッジ研究員は独身でなければならないし、カナダ騎馬警察でさえ入隊から七年間は独身を要求された（これらに関するすぐれた研究としては、ボールチを参照[†55]）。

程度の差こそあれ、いまや三勢力の三つ巴の戦いがヨーロッパ中で起きていた。すでに見たようにおびただしい紙幅が個人主義の台頭に関して費やされ、親族集団は個人主義と国家の両方の敵となったのである。ところが、これらの両方に対する親族集団の戦いについてはろくに何も書かれていない。国家は、時折個人を攻撃することがあるとはいえ、個人の方を単位として好む。この方が親族集団よりはるかに御しやすいという単純な理由からである。国家は、親族集団を核家族（またはそれ以下）に解消したがると同じ理由で、〔人格の〕法的単位を一八世紀型の個人に解消したがる。この社会契約の産物が、ロールズ[†56]の〔『正義論』（一九七一年）の〕ページの中で、またもやあられもなくがなり立てる――親族もセックスも年齢もなく、自分の生存以外のあらゆる属性を剝奪された個人として（驚くべきことに、こうすると万人が平等で自由で民主的な福祉国家へと到達できるらしい。社会契約は好みのどんなところにも応用可能らしい）。私が考えるに、この場合の真のパラドックスは国家が、すくなくともブルジョワ民主主義においては、個人を抑圧するどころか助長する点にある。もちろん、折々に特定の個人を迫害したり抑圧することは当然ある。もともとずっとそうしてきたのだから。にもかかわらず国家は、個人としての契約者の方を、規模も大きく力も強い親族集団よりはるかに脅したり統制したりしやすいという理由のゆえに好むのである。そのようなわけで、国民国家も当然のように個人主義の価値を称揚し、親族集団には猜疑の目を向けるようになった。最近になって、ちょうどモルモン教徒の一夫多妻制の権利を軽蔑とともに拒否したのとほぼ同じ頃、法は胎児を訴訟能力のある「人格」として認知した。このケースでは、個人と国家とは親族集団に対する闘争で連帯している。この点では、国家と個人とは親族に対する闘争において同盟していると考えうる（このことを問題として取り扱っている数少ない書物は、想像に難くないことだが、社会科学者の作品ではなく才能のあるアマチュア、アレックス・シャウマトフによるものである。特にその第六、七、八章を参照[†57]）。

国家は、しばしば独身主義で能力主義の教会を道具に利用してきたが、後になると教会に任せるより直接介入することが多くなった。教会に任せると時間がかかりすぎ、その上国家の方が中央集権的だからである。イギリスではチューダー王朝が貴族たちの家を懐柔し（この点に関してはヘンリー七世がおそらく最初の「近代的」国王といえるであろう）、完全に反貴族的で、自分が結婚しても小さな核家族を作る、野心家のブルジョワジー出身者たちを役人とする能力主義の政府を作りはじめた。フランスではブルボン王朝がこれに追随し、太陽王ルイ十四世のもとで王権が絶頂に達し、貴族たちはルイが作った金ぴかの宮廷喜劇に屈辱的敗北を喫した。やや遅れて、ピョートル大王のもとでロシアもボヤーリン〔貴族〕を手なずけて国家を最前列に進め、必要な場合には外国人やユダヤ人を役人として雇って、親族に基盤をおく「家」ではなく国王に忠実な政府を作った。国家が家族に干渉し、

「家長権 patria potestas」に国家への服従を強いうる地域が、国家権力の強大化にともなって徐々に拡大した。とはいえ、これらがしばしば時代錯誤的に残存しはしたが。大きな富に対する課税が強化され、やがて強力な親族集団に富を蓄積しておくことも事実上不可能になった。先に述べた長子相続の強制以後は、一人の相続者が富を蓄積する一方で、他の兄弟姉妹やその子孫がうち捨てられる結果になった。このような富に対するその後の課税制度は、親族集団がわずかに確保しえたものさえ剝奪し、貧困に陥れはしないまでも、政治的無能力に追いやった。ニクソン政権が大規模「財団」を攻撃したのは、国家に敵対しうる中枢をつぶすという数々の試みのうちの最近のひとつにすぎない。さらに、攻撃の的になってきたのは富裕で強力な人々だけというわけでもない。「家族に対する警察行為」(これはドンズロット[†58]の興味深い書物のタイトルなのだが)は休むことなく続けられ、やがて「家族関係法」や政府の施策が家族からほとんどの機能を取り上げてしまうところまで事態が進んだ。批評家の中には、レーガン政権が「家族経営農業」や「家族経営企業」に冷淡であったことを、大規模農場経営やビッグビジネスに荷担し、親族組織を敵視する国家の姿勢の最近の実例のひとつだとするものもいる。家族農業は、最低二人の親族同士である成人男子とその家族の人手を生産に必要とするので、ほとんどの場合「拡大」親族の様相を呈するものである。最近になって新手の「妊娠テクノロジー」が発展してきたが、これの規制という要求がついに生殖行為そのものの場へと国家を引き込んでいる。家族という有機体だけでなく、遺伝子そのものが法による規制の対象になるのである。

社会主義政府も、周知の理由から、親族集団に関してはまったく友好的でなかった。コミュニズムの家族廃止実験こそ長続きしなかったものの、その中で家族の果たす機能は無きに等しかった。にもかかわらずここでも、いくら禁じてもネポティズムが社会の疫病のように流行した。親族は死ぬかもしれないが、だまって横たわっているわけではない。私は中国や日本の歴史に詳しくないが、それらの国でも親族と国家との戦いは間違いなく起きていた。中国では、一人っ子政策による核家族が宗族と一夫多妻制とに終止符を打つ決め手とされた。さらに面白いことに日本では、企業組織に親族の価値観を吸収させるという独特の方法が、信じられないほどうまく機能した。「長いものには巻かれろ」というのが日本流であったらしく、実際の親族集団は衰退したが、その精神は企業組織の中で生き続け、この集団主義が近代産業では労働者と企業が「個人」として契約するという既成観念にあまりにも慣れていた私たちを当惑させた。

　伝統的原理が二百年前の華々しい儀式によって廃止されたアメリカでも、ケネディ「一族」がいまだに大衆の憧れの的となっている。ロバート・ケネディはよい弁護士ではあろうが、このことが彼が司法長官に就任した理由だと思っているものはどこにもいないし、エドワード・ケネディが一族のコネなしで一流の上院議員になれたかどうかも、控えめにいってもかなり疑わしい。ある軽口にいう通り、トップになるにはトップから出発せよ、ということだ。これは卓抜な親族集団の原理ではあるが、万人が平等に作られたというデモクラシーのもとでは、理論上は機能してはいけないものだろう。にもかかわらず、その個人が平等でないことは誰でも知っている。他のことはすべて措くとしても、個人は誰もがまわりに特定の親族を持っており、それぞれ他の人とは違うのである。ホッブズはこの点で誤っている。自然状態は万人の万人に対する戦争などではなく、人間の文明がいろいろ画策してそのような状態を作り出すことがあるのだ。ホッブズの主張も、個人主義の偏見の露骨な表現の中の一つにすぎない。もともと、初期の社会契約は個人と個人の間になされたのではなく、部族間でなされたものである。万人の万人に対する戦争などは存在しなかった。存在したとすれば常に、ある集団と別の集団との戦争であり、国家の出現までは、この集団とは必ず親族集団なのである。国家の出現とともに、戦争の様相が一変した。戦争は親族集団と国家そのものとで戦われることになったのである。究極の社会契約が結ばれるのは、多くのユートピア主義者が見た夢が実現し、親族が完全に中立化された後のことになるだろう。[†59] それは私たちの生きている間には無理だろうし、私たちの子孫の生きている間でも無理だろう。

伝説の中の親族集団──家族にすべてがある

この章の終わりの言葉として、親族集団は伝説の中に生き続けていることについて書こう。フランク・ハーバートの『デューン〔砂の惑星〕』シリーズの大人気は、多くの批評家たちが言っているようにエコロジーに関係があるからというせいだけではない。一連の複雑なプロットの中心になっているのは、ベネ・ジェセリットという不思議な、独身主義とはほど遠い修道女集団であり、彼女らはメシアを生み出すために時空を越えて血統と養育を支配している（この企ては失敗し、メシアはアトレイデス公爵家の一人となる。彼女たちは何と戦っているのか分かっているのに違いない）。これはたしかに一種の優生プログラムであるが、私的な手の中にあり（修道女集団はどの政府にも属さない）、プロットの大部分を占める王朝間の戦いでは、血統の高貴さが中心の役割を果たす（王家の子供の結婚もある）。怪物的なベネ・トレイラックスの繁殖でも親族集団と継承とが鍵をなす。彼らは精子を定期的に「発散」し、恐ろしいクローニング技術とを結合して奇妙な（女性がほとんどいない）繁殖を行っている。精子の秘密は宇宙に対する支配力にある。彼らはすべて血が繋がっており、やがて、全員が宇宙全体に存在する不信心者たちへの聖戦をめざす秘密のイスラム教徒――その一定の変形――だったことが判明する。『デューン』シリーズ全体が、事実上親族と社会との融合神話であることが見て取れる。

比類のないカート・ヴォネガットの小説もある。彼は同じ主題を、適切にも『スラップスティック』[†60]と名づけた小品の中で書いている。未来のどこかの時点で、地球がミニアチュア化された中国人によって重力をなくしたとき、合衆国大統領が就任最初の国事としてまるで中国式の固有名方式を制度化し、親族集団を再興することを決定する。彼の選挙キャンペーンスローガンは「もう私たちは孤独でない」というものであり、コンピュータでものの名と数字を組み合わせて一万種類のミドルネームを作る。同じミドルネームをもつ人々は同じ「家族」に属し、他の人々に家族の一員としての義務を持つ。家族のクラブが急速に繁栄し、人々はこの全計画に大変な熱心さで参加する。国家は反目する族長間の争いに分解してしまう。家族同士は殺し合うことを嫌い、人々が多くの反目する集団に分かれてしまうので、戦争は急に難しくなる。「国民国家は戦争を悲劇と考えられないらしいことが分かった……しかし家族は戦争を悲劇と考えられるし、そうする必要があるのだ」とヴォネガットは書いている。[†61]誰かが犯罪をおかすと、誰でもそれを知ったものが家族員を一〇人呼び集めてそれを鎮めてしまうので、警察は必要がなくなる。本の中でいちばん感動的で驚かされるのはインディアナポリスでのダフォディル家の「家族会議」を描写した部分である（ヴォネガットが描く大統領はこの町のダフォディル家の一員で、ウイルバー・ダフォディル11・スウェインという）。家族はまるで議会のように機能し、ロバートの掟というものに従って家族成員の中の問題を魅力的なプラグマティズムで解決していく。その上ヴォネガットは、互いに繋がりのない「親類」の話も書いている。親族は伝説の中に息づいているという私の論点（およびここに示したような小説家という神話作者が、もしかすると私たちの時代のもっとも鋭角な社会学者かもしれないという論点）をしめくくるにあたって、ヴォネガットの大統領が、自分と妹とがはじめて家族という考えに思い当たった時に書いたエッセイに言及するところを引用しておきたい。

私は夢中になった。アメリカの人工的拡大家族には何も新しいものはないと書いてあった。医者は医者同士で親類、弁護士は弁護士同士で親類、作家は作家同士で親類、体育家は体育家同士で親類、政治家は政治家同士で親類、などなどという。しかしエライザと私は、こんなのは悪い種類の親類だといい合った。彼らは子供も老人も妻も、弱いものはみな排除している。その上、彼らの関心は外から見るとまるで正気ではないほど特殊化している。「拡大家族とは、アメリカ人全体を数に比例してまんべんなく代表するものでなければならない。例えば一万のそのような家族を作れば一万の議会を作ることに等しく、その議会が今は少数の偽善者が議論していることを真剣に議論するだろう。その話題は人類の福利であるはずだ」、とエライザと私は書いていた。†62

私たちの問題に関連して引用すべきところはまだたくさんあるが、小説を読んでいない人の楽しみを奪わないために、このくらいにしておこう。私がいいたいのは、社会科学者の書いたものを読むのは止めて本当に洞察力のある人々が書いたものを読めば、親族集団は「伝説の中にいきいきと生きている」ことが理解できる、ということである。

ただ、もう一つだけ、私たちの時代最高のユートピア小説の一つ『帰郷 Always Coming Home』の中で、有名な人類学者の娘アーシュラ・クレーバー・ル・グインが、世界破局後に北部カリフォルニアのどこかで、人々が、父親の愛し研究したズニ族の集落（プエブロ）を手本にし、互いに緩やかに同盟した小さな村で、原始的な電子技術と、土占いの計器と、馬がひく汽車と、文字の使用制限とを利用しながら、人間のあらゆる情熱を満たす快適で多様な生活をしている様子を描いている、ということに触れておこう。この人々はもちろん族外婚の母系氏族を作っており、その氏族はまた各種の職人集団とも結びついている。偉大な人類学者クレーバーの一族である著者の描写には何も不足しているものがない。彼女もまた、学者であるかないかを問わず他の人々とともに、トム・ウルフのいう「ミー時代」のナルシシズム的個人主義のヒステリーが終わったあとには、親族への回帰があると感じている一人なのである。タイガーによれば、[†63]「家族の価値」への攻撃だと悪くいわれている養子を取って義理親となることからさえも、実際には一人の子供が普通よりそれぞれ二倍の両親と祖父母を持ち、たくさんの従兄弟姉妹・義理の兄弟姉妹を持つ拡大家族が生まれつつある、とされる。あるいはこの「結婚の崩壊」の副作用からさえ、私たちは本当に有機的な、親族に基礎をおく社会単位を作ることができるのかもしれない。いずれの時にか、『アンティゴネー』のような悲劇が私たちに、前五世紀のアテーナイ人にとってと同じように直接的な意味合いを持つときが来るのかもしれない。あのメアリー・ベス・ホワイトヘッドが勇敢に戦った、契約が母性に優先するという不合理への挑戦が、私たちの心を賛成反対どちらにせよ、数年にわたって捉えたのであるから。

第4章

姉妹の息子たちと猿のオジ

「アヴァンキュレート」の研究に関する六学説

*awos：母の兄弟または母の父よ、
父であり母に生を与える人、あるいは
母の父にしてその名誉を穢す敵を討つものよ、
私の親愛なる「母方の男」、母の父の氏族の男よ、
あなたの*nepos、あなたの妹／娘の息子である私はここにいる。
私に贈り物を与え、夏の訪問の日に養い、私を育てよ。

——フリードリッヒ『原インドヨーロッパ親族アルファ』†1

序論

一九五〇年代の英国の社会人類学部には、主題への標準的な導入の仕方があった。「インセストタブーの問題」をはじめとして、引っかかりそうな問題を次から次へと順番に提示する。学生はそれに関するスタンダードな定義をひとつふたつ読み、「それ」を片づけたら大急ぎで次の「母の兄弟」すなわちアヴァンキュレート（avunculate）の問題に進む。ここではラドクリフ＝ブラウンの「南アフ

リカにおける母の兄弟」を読むのが主眼とされ、ジュノー（Jonod, H. A.）が進化主義のゆえに誤っていたとするラドクリフ＝ブラウンの論難を読んで正しい説を学ぶ。こうして一九世紀人類学（というよりラドクリフ＝ブラウン以前の人類学）の研究全体が手っ取り早く批判され、学生は「機能主義」と真の科学をマスターできるというわけである。

　こうした学習の中で誰にも思いつけなくなるのが、二つの事項すなわちインセストタブーとアヴァンキュレートとを結びつけて考える、ということである。教室では次の課題はふつう「核家族」で、その頃には学生はみな現場に出かけている。その時代にはレヴィ＝ストロースはほとんど教えられておらず、翻訳もほとんどなかった。私が彼の「親族原子」論による二つの結びつけ、という興味深い企てに行き当たったのは、その後のことであった。図4-1にそれを示す。

　この原子の中には、出発点に母の兄弟が出てくる。なぜなら、インセストタブーの規則がこの兄と妹は両親にならないと決めているからである。妹は、この文化の基本作用によって、他の男に「引き渡」される。いいかえると、彼女の息子は間接的に兄が妹を放棄したから生まれたことになる。

　たしかに、ここにはインセストタブーとアヴァンキュレートとが同時

図4-1

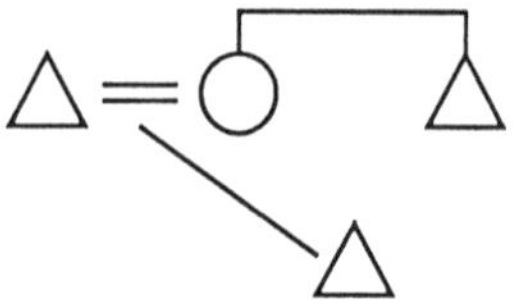

に存在するし、影のように核家族さえ存在している。すくなくとも社会的／遺伝的父である人物が脇にいることはいる。これは別に秘密ではないが、私自身は両性生殖を行う生物は近親間の婚姻を回避する傾向がある以上、インセストタブーと名づけられるものは研究の出発点としては適切でないと長い間主張してきた。たしかに、禁止にタブーという言葉が関係する限りでは、人間に特有といえるかもしれない。しかし、近親の婚姻を避ける傾向は人間だけに特有ではない。タブーがなくてもどのみち回避はするであろうから、タブーはレヴィ＝ストロースがいうように「自然」に対して「ノー」といっている文化の声ではなく、もし何かいうとすれば「ＯＫ」と言っているはずだ。

鎖の中の次のつながり――交換――は、たしかに重要である。しかしこれは結婚すなわち族外婚に関するものでインセストに関するものではない。それに関する議論は普通のものである。だが、私には何か割り切れないものが残った。もしこの原子から「第一起動因としてのインセストタブー」を取ってしまえば、何が残るだろうか。残るのは婚姻関係とアヴァンキュレートである。そのプリミティブな用語は、義理の関係およびそれからの派生、すなわち母の兄弟と妹の息子との関係である。婚姻関係もインセストも自然の中で発生する。そこで、アヴァンキュレートだけが文化に特有だ、という意外な結論を私たちは発見することになる。違うだろうか。私には、人類学の理論にとってインセストタブーと変わらぬほど重要なはずのこの関係を考察することが価値あることに思われる。まずそれがいかなることかを問い、さらに推論通りこれが人間が文化によって自然の中に踏み込んだ一歩ではないかと問うてみる必要があると思われる。デイヴィッド・シュナイダーはあるとき「もし霊長類が親族を持っているならぼくは猿のオジさんということになる」といった。彼は訳あって軽口をたたいただけだったが。それはそれとして、まずはじめにアヴァンキュレートに関して人類学がどのように考えるかを概観し、それからどのような問題が生じるかを見よう。私は、あらゆる角度から生じうる事実をすべて提示しよう。その前に、知っておくべきことがある。

これ以下で頻繁に用いることになるので、アヴァンキュレートという術語がもともとはラテン語で母の兄弟を意味する"avunculus"に由来することを知っておく価値があるだろう。このラテン語自体は、"avus"(祖父、祖先)に指小形語尾"-unculus"が加わったものである。この指小形語尾は"homunculus"(こびと)の例のように使用される。したがって文字通りでは、"avunculus"は「小さな祖父」を意味する。これがノルマン系のフランス語経由で英語に入ったが、その際に接尾語だけが保存された(-oncle)。だから、英語でだれかを"uncle"と呼ぶことは、語源的に考えればその人を小さいとだけ言っていることになる。祖父は忘れられているのである。母方のオジさんを祖父と同視することは、オマハ型の親族呼称では珍しいことではない。例えばクロー族の場合には母方のオジはしばしば「お兄さん」と同視される。これらの場合には、母方のオジはお祖父さんの縮小形か、または兄の上位形と同一視されているのである。

これに対応する妹の息子を意味するラテン語はもちろん"nepos"(英語のnephew)であり、これはもともと単に「子孫」を指すものであり、やがて特に「孫」を指すものとなった。この語も、母の兄弟(または母の父)を指す語根"*au-/*aw-"と同様に非常に古いインドヨーロッパ語、すなわちサンスクリット語の"napat"に由来する。ローマの親族用語は「双方向の規則」に従う。すなわち、もし私が母の兄を「お祖父さん」と呼べば、彼は私を「孫」と呼び返してくれる。これが、後者に相当するラテン語が「妹の息子」を意味する語に変化した理由である。だが、言葉の古い用法は驚くほど長続きする。オックスフォード英語辞典（OED）は一七世紀になっても、まだ、"nephew"が「孫」や「子供の息子」を意味する言葉として使われていたことを記録している（英語の姪 niece はラテン語の"nepta"に由来し、これもノルマン系のフランス語と古英語の"nefa"を経由して来た）。

日常の英語で私たちがラテン語に出会うのは、形容詞である「アヴァンキュラー」としてである。人類学では、「アヴァンキュレート」は母の兄弟と妹の息子との間に成立する特別な関係のすべてを指す言葉として使用される。もちろんこれには、母系社会では、妹の息子が母の兄の地位や称号や富や、また多くの場合その妻たちを継承する権利も含まれる。だが皮肉なことに、この問題が提起されたのは父系制社会での変形されたアヴァンキュレートに関してであった。先を続けよう。

進化主義者——母は発明の必然

社会進化主義者としてアヴァンキュレートを「母権制」の名残と見たのは、ジュノー[†2]が最初の人ではなかった。しかし、ラドクリフ＝ブラウンが彼だけを取り上げたために注目の的となった。彼は、モルガンやマクレナンに従って「母権制」「母の権利」が社会進化の上では「父権制」「父の権利」より早いとし、メインのようにその逆をよしとする説を唱えていた者たちとの間で行われていた論争を引き継いだ。この論点を再説する必要はないだろう。機能主義以後の人類学者はこの説を古くてむしろ笑止な説と見なした。もっとも、彼らを当惑させるかのように母系制はいくつかの分野で再考されることになったが。

この中で、はじめ母権制が優位とされる理由をあるものたちは論理的であると考えた。未開人は父が誰かに疑いを持つ可能性があり、その際には女性の出自をたどるに違いない、というものである。また別の場合には、母権制の方が本質的により生物学的だと考えられた。バッハオーフェンやブリフォールト[4]の場合がそうであり、彼らはその起源を自然の中にある「母権制群落」の中に見ようとした（デュルケムの師であったアルフレド・エスピナ[5]はより正確に、自然の中にはより大きなバランスが存在するから、異なった条件下では異なった家族形態が見いだされると考えたが、彼の興味深い生態学的見解は、愛弟子の学説の中には影響を留めなかった。彼の説はベルギーの社会学者たちによって継承された。しかし第一次大戦がこの社会生物学に終止符を打った。これに関してはクルックとゴス＝カスタードの研究参照[6]）。

ジュノーは、これもマクレナンに始まり、タイラー[7]によって厳密に定式化された「生き残り」説をも継承した。現在見られる「奇妙な」習慣は太古からの名残であり、したがって過去の習慣を知る手がかりになる、というものである。例えば象徴的に「花嫁を捕虜にする」習慣は、実際に花嫁が物理的に略取された時代の習慣の名残である、などとするものである。これら二つの考えを一つにすることによって、ジュノーは東南アフリカのバツォンガ族の間に見られるアヴァンキュレートの古典的な解釈をはじめて提唱した。バツォンガ族は、他の南バンツー族と同様に父系である。出自も継承も相続も厳密に男子の系統をたどる。それにもかかわらず、母の兄弟がその姉妹の息子の生活において特別の位置を与えられている。彼は、姉妹の息子に対して法外とも思われる特権を許す。息子は自分の母の兄弟の祭壇から肉を盗んでもかまわない——通常は極端な瀆神行為と考えられている。彼は母の兄弟の財や所有物を断りなく取ることができる。また母の兄弟の妻たちと寝ることさえできる。実際、彼女たちはこの息子に性交の手ほどきをすることを期待されている。最後に、彼は母の兄弟の娘と結婚する権利を持っている。

　上の最後の形式による結婚は、アフリカでも他の父系制社会でも一般的なものである。アフリカでは多くの場合、この結婚は図4-2に示すように〔父が〕妻の兄弟の娘と結婚することと平行して起きる。男は妻の兄弟の娘と結婚するか、またはその特権を息子にゆずるのである（すくなくともこのように説明することができる）。多くの他の社会では、これは単純に母の兄弟の娘と結婚する特権である。

　ジュノーはこの一見奇妙な習慣、すなわち「男子の系統のみに従う継承」を持つ父系制社会では、なぜ母の兄弟が姉妹の息子に対してこのような特別な役割を持つのか、を説明しようと試みた。そして彼の答えは、これは「母権制」の「名残」だ、というものであった。ツォンガはかつて母系制の社会で、そこからいまの（父系制の）状態に移行した際に、過去の社会習慣の名残をこのような母方のオジという形で保存したのである、と。

図4-2

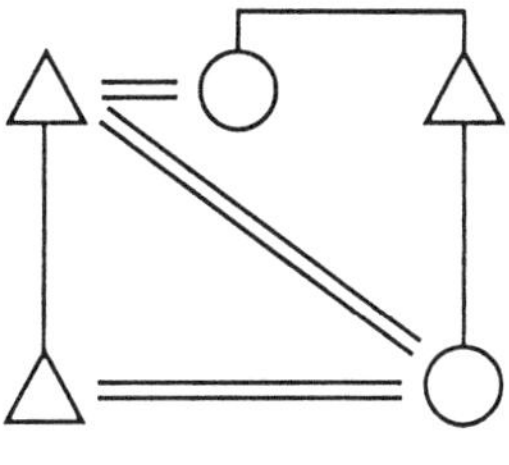

ジュノーは、父系制の継承は「父親の発見」とともに始まったという説を承認した。この事実は注目に値する。また私たちは、後ほどこの点が重要になることを見るであろう。というのも、母系制継承の優位に関する説には二つの見方があったからである。一つは、未開人は乱婚状態で生きていたので父親を特定できなかった、とする（マクレナン）。このような状態では、母系制の親族（女子のみの系統をたどる継承）のみが可能な方法である。したがってこの場合には「父親の不明さ」が母系の継承を選ばせる原因であり、また図4-3のように、母親の兄弟と姉妹の息子がいちばん近い男同士ということになる。

この中では結婚は存在が希薄である。この状態では自分の父親が誰かを知っているにはよほど賢い未開人を考えねばならないから、「集団婚」だけが可能であるように見える。もっとも未発達な集団形態はおそらく母系半族（部族が二つのグループに分かれ、子供は母親と同じグループに属する）であり、一つのグループに属する男すべてが、もう一つのグループの女すべてと結婚する。この見方は、未開人自身からの証言もある程度得ているように見える。ウイリアム・ペンがデラウエア族になぜ母系で出自をたどるのかをたずねたところ、「こうすれば子供が私生児にならないからだ」という答えがあった。[†8] このような推論から、「父親の不明さ」説は支

図4-3

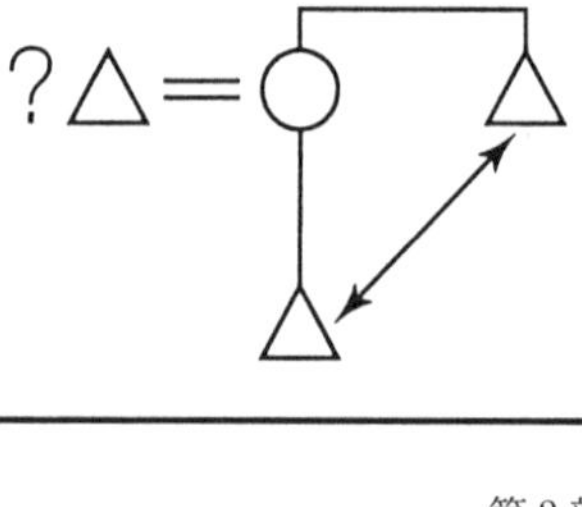

持されるようである。
しかし、この説には他の人々から、特にウエスタマークとハートランドから、根強く説得力のある反論がある。ウエスタマーク[†9]は反論の力点を、未開人は乱婚ではなく、特定のものとの婚姻関係や家族構成などが普遍的であると証明することにおいた。ハートランド[†10]は別の角度から反論したが、後の論述のためにそれを引用しておきたい。彼は『未開人の父性』という予言的な表題の著作第一巻の最終段落で、次のように書いている。

こうして、母権制は父性が不明確なところだけでなく、事実上確実であるところにも成立する。一方父権制は、父性が確実である場合に成立するだけではなく、不確かな場合にも、さらにはまた法的な父が子を身ごもらせたのではないことが分かっている場合にも成立する。父権制は、名目上の父親のために他の男が妻を懐妊させることを要求したり、またしばしば許容したりさえするのである。したがってこの事実から、父性が不確実であることは母系のみで出自を考える歴史的理由とはなりえないことが結論される。そこには、なんらかの別の理由が存在するのでなければならない。

彼は第二巻でこの別の理由を探求する。それが、有名な「未開人の性的無知」であることはいうまでもない。彼によれば、未開人は父の特定が不確実だから父性に関心を持たないのではなく、父について「無知」だから持たないのである。たしかに、もしそのような知識を持たないのであれば、多くの性交の中の特定の一回と、九カ月後に出生する子供とを結びつけて推論することは困難である。

今日では、私たちはこれらの事柄を別な形で考える。父系制の場合に力点が置かれるのは、誰が法的な父親（pater）であるかを確定することであって、それは誰が生物学的な父親（genitor）であるかにかかわらない。さらにまた私たちは、彼が「生殖に関する無知」と呼ぶ事柄は、生殖を「無視する」イデオロギーと呼ぶ方が正確であることも知っている。どちらの場合のイデオロギーも、継承の制度の相違から発生するイデオロギーなのである。母系制は、原則として生みの父が誰であるかに大きな関心を持たない。なぜなら、子供は母親の氏族に属すと決まっているからである。しかし父系制の場合には、子供は法的な父親（pater）を持つ必要がある。そうしないと、子供が「父親の氏族」を持って外婚制のルールに従ったり、優先的な結婚相手を持ったり、父系の半族集団を持ったりすることができなくなるからである。

それはそれとして、今の段階では私たちは「父の不明さ」が母系制の基盤であるとする説に対するハートランドの反論に留意しながらも、後段の参照事項として記憶しておくだけにしよう。ジュノーはこれらのどちらの説にも加わらなかった。彼にとっては、ツォンガに「父権制」が課されており、また彼が発見したアヴァンキュレートが母権制の名残である、というだけで充分であった。

機能主義者——父（とオジ）の復権

ジュノーより以前にさえ、進化主義者の論点はすでに嫌われるようになっていた。比較的最近になって、変化は起きるとすれば一方向、すなわち母系制から父系制へという方向に起きる、と主張したマードックによってこの見解が復活した。[11] 注意すべきなのは、これは母権制の普遍性という説に荷担したものではないことである。マードックの理論では、多くの社会は母系制などではないとされる。彼はただ変化が一方向に起きる、としただけである。マードックはバツォンガについてはその「起源」が母系制であったとした。私自身はこれに対して、アフリカにはある種の「双系制」が存在することを論じた。[12] だが、ジュノーとマードックの説にかき消された。

ラドクリフ＝ブラウンには、自分の原典に十分注意を払わない傾向、ときには剽窃というべき傾向があった。[13] だが彼の学者としての教歴が広範囲にわたっており、また驚くほど権威主義的だったせいで、彼の学説は燕京からケープタウンまで、またシドニー（シカゴ経由）からオックスフォードまで、世界各地の大学に「学派」として受け入れられた。彼のジュノーの説に対する批判は機能主義者の、進化主義者の学説に対する嫌悪の典型であり、彼はこのような学説を好んで（ダゴールド・スチュアート〔一八世紀スコットランドの哲学者〕の言葉を引きつつ）「憶測による歴史」と呼んだ。

彼の「南アフリカにおける母の兄弟」と題した論文は、一九二九年に発表された。[14] 彼はこの中で、姉妹の息子に与えられる特権的待遇は母系制の過去と何の関係もなく、むしろ実際にはそれと相容れないものだ、と主張した。母系制のもとにおいては、母系集団あるいは氏族の年長男子としての母の兄弟の役割は、本質的に「権威的」なものである（そのことはトロブリアンド島民に関してマリノフスキーによって確認された）。例えば、（中央）アフリカの母系制社会における母の兄弟は妹の息子を罰することができるし、奴隷に売ることとさえできた。この地位は、バツォンガのような父系制社会における母の兄弟の寛容な、あるいは「情愛型」の役割と対照的である。ラドクリフ＝ブラウンは、この差違が意味するものは社会進化の段階ではなく、二つの相互補完的な態度だと主張した。男子の系統、男子の権威に大きな力点を置き、継承もこの線にそって行われる社会は、これと同時に母の系統に属する男子の「情愛的」な関係に力を注ぐ傾向がある、とされる。多くのバンツー語族の言語では、母の兄弟は「マルーメ」すなわち「男のお母さん」と呼ばれる。どちらの系統も重視されるが確実に父権制であるアングロサクソンの制度では、母の長兄はほとんど神聖ともいうべき地位を持っている。『ホビットの冒険』を読んだ人は、アングロサクソンそのものであるフィリとキリがトーリンを、戦いの中で「彼が母の長兄であるために、盾と身体で」守って最後まで戦って死ぬ様子をおぼえているに違いない。ラテン語の祖父の縮小形はこの原則を反映したものであり、父方の父権に含まれない情愛型の人としたものである。また北部バツォンガでは彼は「マルーメ」ではなく「コクァナ（祖父）」として知られている。ラテン語の習慣を思わせて興味深い。

ラドクリフ＝ブラウンはこの秩序関係を「権威的」心理と「情愛的」心理とがバランスするという心的態度に関する説に一般化した。父系制社会では権威は父方にあり、父親、彼の兄弟姉妹、彼のリニージや氏族はすべて尊敬されねばならない。父親に対する心的態度が、これらすべての人々に「拡張される」というのである。オセアニアの父系制社会では、父の姉妹は「女のお父さん」を意味する言葉で呼ばれ、大きな尊敬を払われる。彼女の呪いは息子がもっとも恐れるものであり、それを避けるためなら何でもする。彼女は彼の結婚やその他の性的関係を取り仕切り、また彼のものを自由に取り上げる、という（オセアニアに立ち寄ったところで、ホカートが一九一五年の論文「太平洋における酋長と姉妹の息子」の中で、父系制のトンガ族――アフリカのツォンガ族とは別――における母の兄弟と妹の息子との間の特別な関係を取り上げ、これが酋長を神と見なす観念と関係するという「象徴的」解釈を行って、彼以前の母系制の名残とする説を退けていた、という事実を記録しておきたい。しかしこの論文は忘れ去られたらしく、学部生時代の私たちがこれに注意を向けることはなかった）。

以上のように、ラドクリフ＝ブラウンのこうした心的態度の「拡張」説ははなはだ誇大で、マードックさえこれを取り上げ、行動主義と結合させて「刺激の一般化」と銘打って持ち回った。もちろん、この場合には母親の系統は母親自身が拡張される対象になるわけである。彼女に対する情愛の念はすべて、彼女の親戚にも拡張され、母の兄弟に対する寛容で遊戯的な関係になり、また（しばしば）彼の娘との結婚にもつながるとされる。つまり、機能主義者の理論とは心理学理論の一種なのであり、より正確にいうと社会心理学理論なのである。マードックはこのことを正確に見ていた。

ラドクリフ＝ブラウンは、彼の父系制と逆の事例を自分では詳しく論じていないが、しかし論理的には当然母系制社会にも同じことが当てはまることになる。権威の座が母や母の兄弟の側にある以上、父親と彼の姉妹とは情愛と寛容との対象であり、また父の姉妹の娘が結婚の相手として好まれるに違いない。これについても、マリノフスキー[†15]がトロブリアンド島民の中では父親と父の姉妹とが寛容的であり、母の兄弟は権威的で恐れられている、という事例を提供した。もちろんここでは父の姉妹の娘との結婚が、特に酋長の場合に、好まれるのである（図4-4参照）。

心的態度のシステムが対称的であることから、当然母系制社会における父の姉妹は寛容な存在であり、逆に父系制社会においては権威的なものでなければならない。この「アミテイト（amitate ラテン語の amita から）〔オバ〕」の問題は、父の姉妹が少年の生活に、アフリカにおける母の兄弟と同じほど大きな陰を投げるオセアニアで、多くの人類学者たちの関心を集めた。

ラドクリフ＝ブラウン自身の師であるW・H・R・リヴァーズも、一九一〇年に「オセアニアにおける父の姉妹」という古典的な論文を書いている（この論文の大部分はリヴァーズの『メラネシア社会の歴史』に収録されている）。†16 この論文は、リヴァーズの立場がジュノー流の解釈と機能主義者の解釈との中間で動揺しているという点で興味深いものである（ラドクリフ＝ブラウンが意識的にか無意識にか、この論文のタイトルを手本にしたことはありうる）。モタ島（バンクス諸島の）には二つの敵対的な母系の半族があり、同時に少年とその父の姉妹との間に性関係を含む特別に寛容な関係が見られる。リヴァーズは最初、これは過去の父系制の「名残」であるとジュノーそっくりな論旨を展開している。しかし彼はすぐに、この論述は「形態の類似性」だけに関するものであって、文字通りに取らない方がよいと付け加えている。リヴァーズの関心は爪切りの問題により多く注がれている。モタ島では、父の姉妹が兄弟の息子の爪（とへその緒）の守り手になる。モタ島民は魔法、特に敵対的な半族からの魔法を恐れつつ生活しているから、これは小さな問題とはいえない。爪は魔法にと

図4-4

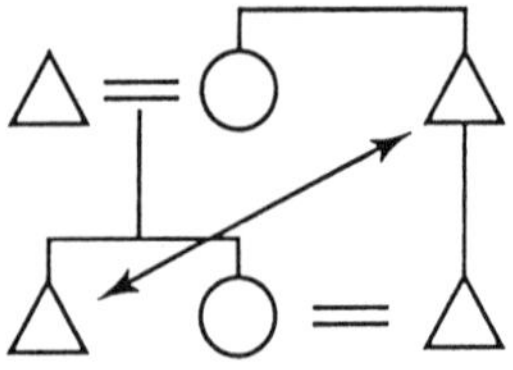

って格好の道具なのである。切った爪を持っているものは命を握っているにも等しい。そこで、父の姉妹（相手の半族に住む、彼のもっとも近い女性親族）が、自分の甥のこれらの貴重な対象物を守ることが適切であるとされる。こうして、リヴァーズは次のように述べる。

> 父との関係が認識されはじめたとき、彼の姉妹がこれらの対象物の受け取り手として選ばれ、姉妹がいる半族のメンバーがそれらを使って子供を傷つけることがないようにし、同時に彼女はこれらの対象物の所有を通じて子供に対する権力を獲得し、彼女がもっとも名誉高い親戚となる†17
> （傍点は私が付した）。

爪切りは別として、リヴァーズは親族の成員間に分業が見られることに注意を喚起してくれたとして、ラドクリフ＝ブラウンに感謝さえしている。リヴァーズは進化主義の伝統――「父性の発見」症候群――と、ラドクリフ＝ブラウンによって発展させられた機能主義との間で、おかしなほど動揺している。リヴァーズが真剣に考察している論点の一つは、父の姉妹の真の役割は、母の兄弟の妻の役割と同じ、というものである。いいかえると、まず母の兄弟が父の姉妹と結婚しており、次にその甥が母の兄弟の妻を相続することを許される。または彼女の娘と結婚することを許される。リヴァーズはこれをドラヴィダ族の間で見られる同じ形をした「交錯いとこ婚」になぞらえた。可能な二つの形態は図4-5に示すとおりである。

もちろん、リヴァーズが記述したような形態は、このような「二重交錯いとこ婚」が実行されているところでだけ可能である。その場合には、父の姉妹の娘と、母の兄弟の娘とが同一になる（なぜなら、母の兄弟が父の姉妹と結婚するのだから）。これはこれ自体で充分一般的だが、ラドクリフ＝ブラウンやリヴァーズが研究しえた事例のほとんどは、どちらか一方だけの交錯いとこグループだけであった。特徴的なことに、母系制社会では父の姉妹の娘、父系制社会では母の兄弟の娘、であった。

シカゴ大学でラドクリフ＝ブラウンの学生であったイッガンが、論文「ホピ族とそのリニージ規則」[†18]の中で機能主義者の立場を補強した。彼は、このプエブロ・インディアンが母系制の部族をなし、そこでは父の姉妹が、兄弟の息子の生活において、特にその性的および結婚に関する生活において、重要な役割を果たし、一方母の兄弟が権威的な役割を果たすのと対照的であるとした。そして、すくなくとも過去においては、父の姉妹の娘が結婚の相手として好まれていた、とした。

機能主義者は、些細な細部をめぐって内輪喧嘩をはじめた。例えばフォーツとその同調者たちは、父系制社会における姉

図4-5

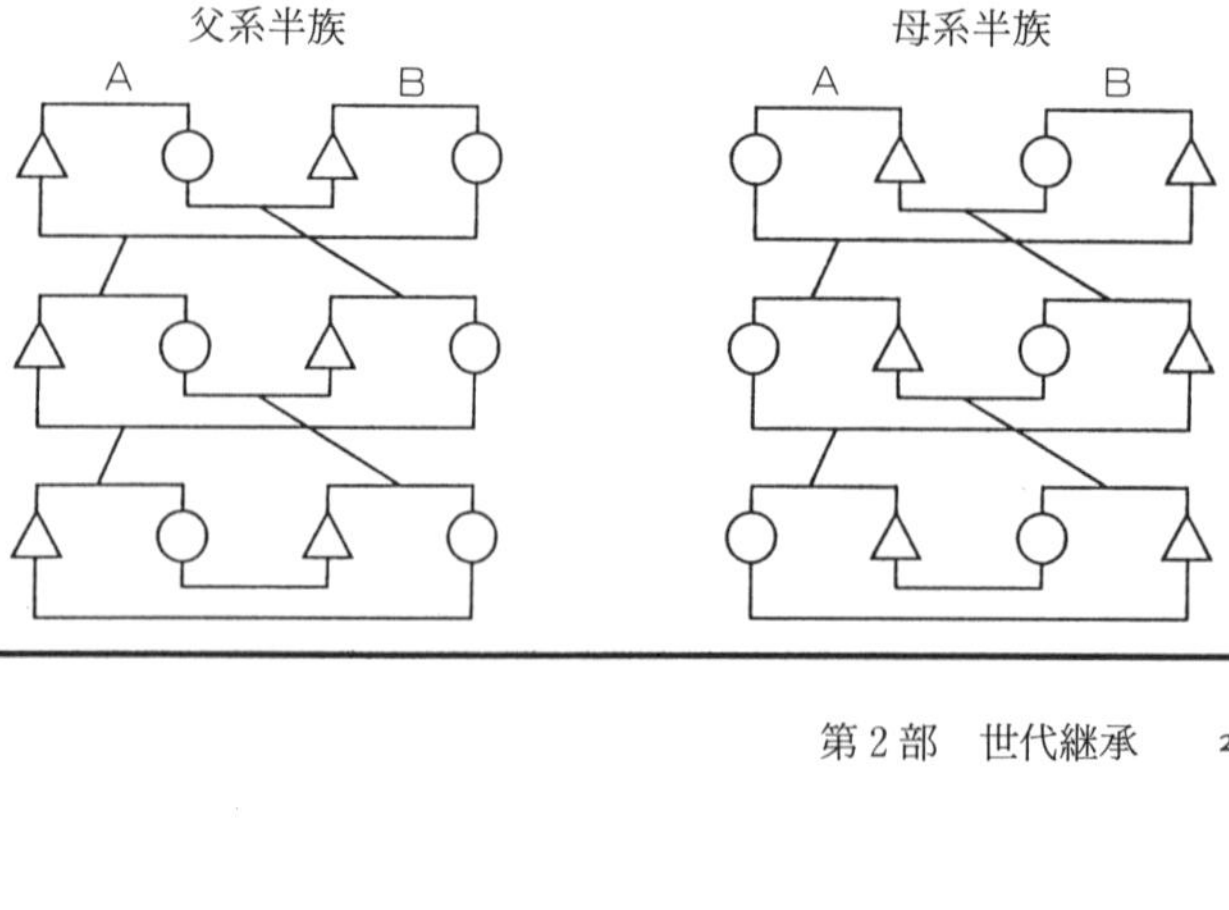

妹の息子の役割は、彼が「残余の子」の息子という地位を持っていることに由来するという。「残余の子」とは姉妹のことである。父系社会における姉妹は、自分の出身リニージに後継ぎを残すことができない。ではそのようなものたちの息子の地位は何か、というわけだ。答えは、「残余の子」からの「補足的枝分かれ」だというのである。[†19] その理由は、姉妹の息子は母の兄弟の父系制リニージ〔母の出身リニージ〕の正式なメンバーではないが、にもかかわらずこのリニージ出身の女の息子としてなんらかの地位を持っているはずであり、これがこの息子に特権的な地位を与えているのだ、というわけである。このような見解（ないしその変形）を擁護する例えばグッディのような学者は[†20]、ラドクリフ＝ブラウンの心的態度の「拡張」説は子供の世代の行動だけしか説明しておらず、親の世代を考えていない、と強く主張した。実際には甥がオジをどう見るかだけではなく、オジの側がどう「感じるか」も同様に重要なはずである。というわけで、母の兄弟の祭壇から犠牲を盗んでよいという「特権」は甥側からだけの説明にすぎず、対応する甥が母の兄弟に対してどのような義務を負うか、という問題を等閑視しているとグッディは指摘するのである。第一、甥は母の兄弟に犠牲の牛を捧げる義務があるではないか、と（グッディの論文は当時までに機能主義者内にどのような異論があったかに関するよい要約である）。

心的態度の拡張説は、論理的見地からも批判された。母系制社会でも母は父系制社会と同じほど寛容であるから、この母親に対する態度が母の兄弟にも「拡張」されない理由があろうとは考えられない。同様に、多くの父系制社会で、ホカートが指摘するように、オジの祭壇から供物を盗むこの行為は「寛容」などといった友好的なものではない。むしろしばしば敵対的ないし攻撃的要素を含んでいるのである。だからといって（タックスのように[21]）「アンビバレント」と述べるのは問題を混乱させるにすぎない。アンビバレントといえばすべての関係がアンビバレントである。

ホマンズとシュナイダーは一九五五年に、二種類の交錯いとこ婚に関して「心的態度の拡張」説を極端なところまで徹底させた。彼らは、母系制社会ではＦＺＤ（父の姉妹の娘）結婚がもっとも多く、父系制社会ではＭＢＤ（母の兄弟の娘）結婚がもっとも多いのはなぜかを説明しようとした。一方のリニージに「法的権威」がある時には、ラドクリフ＝ブラウンの説の通りもう一つのリニージに「情愛的寛容」の関係が成立するはずである。だから、子供たちは寛容という「拡張された心的態度」がある方の娘と結婚することを希望するはずである、という。それが母系制のもとではＦＺＤであり、父系制のもとではＭＢＤなのだ、と。彼らは、この論点を補強するために独特の「相互作用」という概念を使用する。少年は二つの異なったいとこグループと、権威‐情愛という構造に対応して異なった相互作用を行い、もっとも「情動的に適切な」相互作用を持ちうる相手と結婚するのだ、というのがそれである（ホマンズの「好ましいとする傾向がまずあってはじめて、相互作用は好ましさを生み出す」という有名な「法則」を記憶しておくとよい）。

これには、ニーダムなどをはじめとして[22]、批判が殺到した。批判のほとんどは、結婚の取り決め方は習慣によって決まった方法にもとづいて年長者が決めるものであり、少年は最後に意見を求められる人であるはずだ、という自明の問題を突くものであった。結婚は決まった分類に属する親族間で行われるもので、その相手は少年が相互作用を持てる相手ではないこと、また母系制のタイプ（ＭＢＤ）が優勢になるのは簡単なデモグラフィーから説明できること[23]、などがそれである。ただしホマンズとシュナイダーは、レヴィ＝ストロースが彼の「構造主義」の中で、デュルケムに従いつつ、MBD婚はその反対のFZDより「有機的連帯」を強化するがゆえに優勢になる、とした説をささやかながら批判しようとしたことは注目する価値がある。ホマンズとシュナイダーは、レヴィ＝ストロースの「究極因」ないし目的論的命題ではなく、アリストテレスのいう「作用因」を提示したかったのであり、それがラドクリフ＝ブラウンの心的態度の拡張説の中に見られると考えたのである。したがってこれは、構造主義者たちにいたる自然な中間項となった（ここで、一九七一年にジェームズ・J・フォックスが「植物としての姉妹の子供」というエッセイの中で興味深い「象徴論」的アプローチをしたことに留意しておくべきだろう。[†24] もっとも、人類学の未来にとって先見性の高いこの作品は、当時の論争の助けとはならなかったようだ）。

構造主義者——親族原子の分解

先に私たちは、レヴィ＝ストロースが「親族の原子」の中で母の兄弟と姉妹の息子とが「原始的」関係にあると論じたことを見た。彼はこれを、兄弟‐姉妹‐父‐息子という四つの役割システムの中で論じた〔図4‐1参照〕。これは機能主義者などが、父‐母‐兄弟‐姉妹という古典的な核家族ないし家族要素から出発しようとしたのと異なっていた。別の言葉で述べれば、機能主義者は婚姻関係を基本と考えていたのに対して、構造主義者はインセストタブーを基本と考え、これが論理的に先行すると考えているのである。実際、レヴィ＝ストロースの原子は「兄弟、姉妹、義理の兄弟、姉妹の息子」と見る方がより適切である。この図式を完成するには、現実にはもう一つの原子を加えなければならない。なぜなら、問題の母の兄弟の娘がこの図式に登場できるためには、兄弟が妻を持っていなければならないからである。こうして得られるもっとも原始的な交換の結果生じる「原始的」な単位は、図4-6のようなものになる。

　ある意味では、いったん義理の兄弟（姉妹の夫）が加えられると論理的に彼の姉妹も、また姉妹の娘も、加わることになり、その結果FZDが作用しはじめる。構造主義理論においては、インセストタブーからはじまったこのチェーンが人間社会の基本的な交換のシステムを構成する。兄弟は姉妹を失わざるをえないからである（もっともやがてこのタブーが交換の成果と見なされることになる――やや循環論法的だが、それが継続する）。兄弟-姉妹の関係がある意味ですべてを動かす根元――原子の核――である。「姉妹の息子」は兄弟が姉妹を放棄したおかげで存在するのであるから、その意味では甥とは彼の母の兄弟が直接に生み出したものということになる。かれが世に出るには父親の精液というささやかな助けが必要なだけである。こうしてアヴァンキュレート、すなわち母の兄弟と姉妹の息子との特別な関係〔オジと甥の関係〕は、もともとこの図式に含まれていることになる。それは何も特別な社会的事情によって活性化される必要がない

図4-6

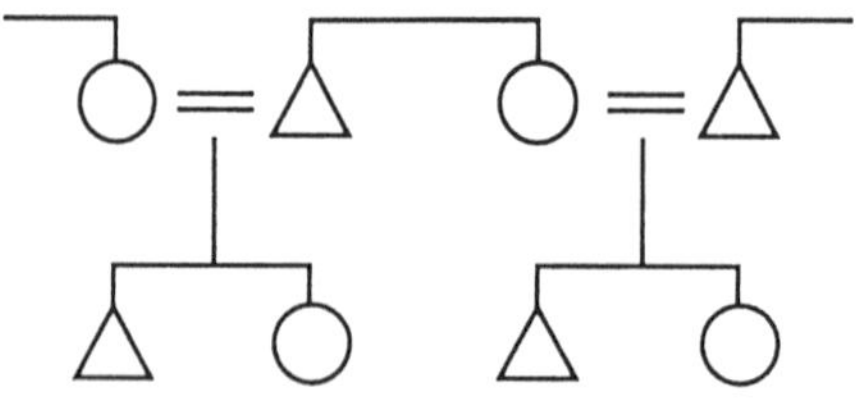

ものであり、核家族と同じほど原始的な項であって野蛮人のひねくれた心性が生み出した奇習などではない。私たちは父母にと同様強固に、母の兄弟に結びつけられているのである。社会状態の相違は、この関係に異なった「重み付け」をするだろう。しかし社会的危機の中では、これが基本的な関係となって立ち現れるだろう（レヴィ＝ストロースはこの証拠として中世の吟遊詩人の歌を引用している）。

その上この説によれば、これが重み付けられるあり方は世代継承関係の形態とは直接の関係を持たないことになる。実際、世界の大部分は、機能主義者が強迫観念のように夢中になった単系の継承には頼っていない。母系制でも父系制でもないのである。アングロサクソンの場合と同様に、継承においてはアヴァンキュレートが大きな役割を果たすのである。仮に機能主義者の論点が網羅的だとしても、このことだけは説明がつかない。ホマンズはこの事実を解決しようとして継承の形態ではなく「法的権威の座」（父対母の兄弟）を強調した。しかし、母系制社会以外では法的権威の座が母方のオジに一致することはほとんどないから、これはかえって問題を混乱させる。レヴィ＝ストロースにとっては、交錯いとこ婚の問題は心的態度の拡張などとは何の関係もなく、むしろ社会的要求への対応でしかない。「直接の」交換——図4-5の二重交錯いとこ婚のような——はむしろ「制約された」ものにすぎない。地理的条件（半族をさらに半々族に分割するとか、父系半族と母系半族を交錯させるとかの）以外には、二重交錯いとこ婚が発展することはありえないのである。それに反して、MBDとの結婚は「一般化された」形態である。これは数がいくつであっても問題ない。基礎となるA→B→C→Aという基本形に無限に加えていくことができるからである。FZDとの結婚はその中間にあり、数世代隔てて「短いサイクル」を作りだしうるだけである（詳細についてはフォックス参照）[25]。それゆえに、MBD結婚の優越は、アヴァンキュレートそのものと同様、交換の基礎条件自体の中にその理由があるのである。

レヴィ＝ストロースは「心的態度の構造」にも、単系の世代継承パターンと相関する必然性はないとする。心的態度の要点は、それが「原子」の中に対称的に分布することである。もしある関係が「プラス」（温かい、寛容、友好的）であれば、その対極にある関係は「マイナス」（峻厳、権威的、あるいは敵対的）になる。例えばトロブリアンドの事例では、兄弟と姉妹との関係はプラスである。したがって対極にある夫と妻の関係はマイナスになる。同じようにして、父と息子の関係はプラスであり、対称的に母方のオジと甥との関係はマイナスである。図4－7に見るとおりである。

この関係は継承関係と相関しない。野次馬たちの中には、ドブ島（パプアニューギニア）の偏屈な島民だけは例外で、あらゆる関係がマイナスだというが、これはフォーチュンが自分のそこでの経験を曲解しているに違いない[26]。

レヴィ＝ストロースは、中世の吟遊詩人の歌に表れたアヴァンキュレ

図4－7

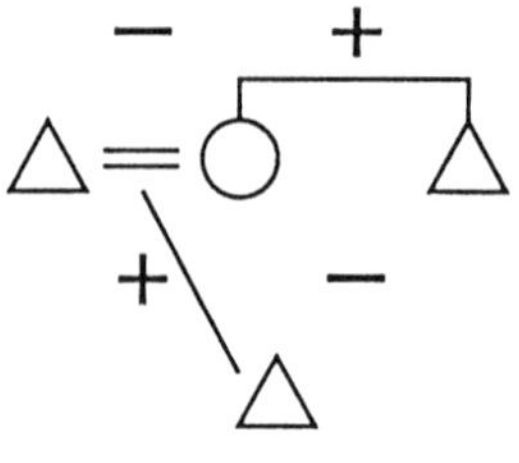

ートの、他の関係に解消できない特質に言及している。たしかに多くの物語（ローマンス）や叙事詩の中では、この関係に対する重視が見られる。アイルランドのサガの中には、アイルランド王コンコバールの妹の息子である若者ク・フーリンが登場する。彼の初期の功績は、王宮の戦士としての地位を確保するためのものであった。ディアルマッドが（魔法をかけて）自分の母の兄弟であるフィン・マックールのところからグラーニャを盗みだす場面から、この英雄がアドニスそっくりに大猪の牙にかかって倒れるまでの偉大な叙事詩が開幕する。この物語から発生したと考えられる話の中でも、トリスタンが同じように（媚薬のために）母方のオジであるマルケ王からイソルデを盗み出す。この物語が、近代のすべての「ラブ・ロマンス」の基礎をなした。パルジファルは傷を負った聖杯の騎士アンフォルタスの妹の息子である。最後にパルジファルは聖槍を取り戻し、オジ王が安らかに死ぬと、あとを継いで聖杯を守る王となる（聖杯物語の女性たちは、嫁いでいる場合にはその出自を明かすことが多いが、男性たちは出自がかならずしも明瞭でない。だからローエングリンは妻にしつこく禁断の出自を訊ねられると、最初の白鳥に乗ってモンサルバート城に帰らねばならなかった）。

以上のすべてが、「アンビバレンス」説を唱えたいものにとっては豊富な資料になることだろう。しかし私たちは、当面これらのサガの中に見られ――読者は当然もっと多くの例に思い当たっているであろうが――その物語作家たちが「特別」だと考えた父親と息子の関係の共通性に、端的に注意を向けておこう。これらの中では、多くの場合父親は分かっていないか、ないしは言及されていない。いいかえると、ハートランドが長文で論じているように、英雄たちは魔術や神から誕生する。この結果、地上では母の兄弟がもっとも近い男の近親者ということになる。これらのサガには、レヴィ＝ストロース自身のものにきわめて近いなにか隠された意味合いが含まれているのであろうか。きっとそうに違いない。

この巨匠〔レヴィ＝ストロース〕の後継者たちは、そこに独自の彫琢をほどこした。例えばリーチ[†27]は、「強い」父系制と「弱い」父系制という問題を取り上げた。この差違については多くが論じられてきたが、リーチは、あなた自身はどう考えるか、と問いかけるのである。先に見たように、フォーツやグッディのような機能主義者は、姉妹の息子が父系制社会では「残余の子」たちからの子供だと見なして多くを論じてきた。それらは、父系制社会は自分の氏族の女たちからは子をもうけることができない、という事実を素直に認めたがらず、「姉妹の息子」に未練があるような印象を与える。だがなぜそんなことにこだわる必要があるのか。むしろ別の氏族の姉妹たちを妻としてしっかり引き留め、そこから世継ぎを得ることにもっと強い関心を持った方がよいのではないか。「強い」父系制とは、妻たちに対する絶対の支配を持ち、彼女たちをもとの氏族から引き離したもののことをいうのだろうか。それとも氏族出自の姉妹たちに対する、したがって彼女たちの息子たちに対する支配を持ち続けるもののことをいうのだろうか。後者の方を取るということは、出自に対する過剰な強迫観念であり、同盟関係、すなわち結婚そのものの重要性を看過していることになる、とリーチは指摘した。構造主義者は、レヴィ＝ストロースにしたがってこのような主張をし、結婚をフォーツのようにただの「外婚制の残余物」だとするのではなく、結婚こそ根元的な絆だと考える。だから彼らの見解では、男子がMBDを求めることはそれ以前の世代に作られた同盟関係の継続なのである（図4－8参照）。また、「母の兄弟」はむしろ正確には「父の妻の兄弟」というべきものなのである（デュモン[†28]を見よ）。

以上すべては――いま振り返れば現実の中の差違というより力点の置き方の差違といった方が適切だが――最初の、インセストタブーが「自然から文化への移行」の基本動因だとする推測から出てくる結論である。私たちはこの最初の推測に疑問を呈しておいた。だから、私たちは最初の疑問点に戻ることになる。すなわち、アヴァンキュレートは「文化」が生み出した基本的な社会関係なのか、それとも近親交配を避ける傾向のように、自然そのものに内在するものなのか、と。

行動学者――母・子の再会

比較行動学のアプローチにおける中心前提は、社会関係の「文化としての」地位をつねに疑問と考えることである。すなわち、すべての種を越えて証拠の比較を行う以前には、いかなる関係をも純粋に文化的だと定義してはならない、というものである。例えば、ある種の関係が哺乳類全体にわたって発見されつつある以上、これら哺乳類全体から出発する方がはるかに論理的である。というわけで、比較行動学は、核家族なり親族の原子なりから出発する代わりに、すべての哺乳類に存在する関係から出発する。そのようなものとは、母と子の関係である。

図4－8

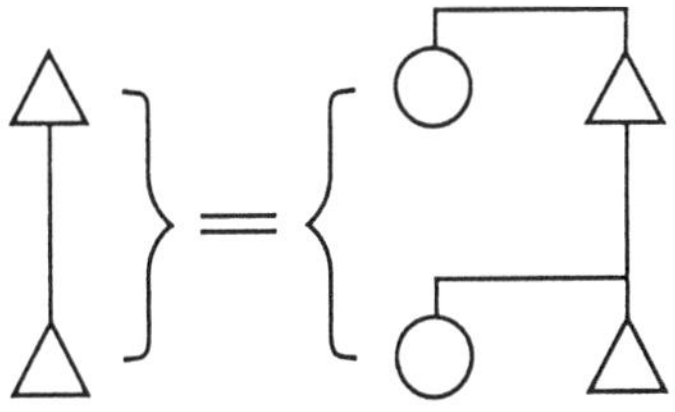

フォックスの「雄の可欠性の法則[†29]」とは、雄とこの母と子からなる基礎集団との関係はつねに任意でありうる、ということである。そこからは、四つの可能な戦略が存在する。この基礎集団が集まって群を作る。遺伝上の雄（genitor）が一つまたは複数の母‐子集団のもとに止まる。雄たちが母‐子集団に加わって複数の雌の子たちを養う。この集団が雄の助けをかりずに自活する。下等の哺乳類では、最後の選択肢が一般的であり、子が自立するとともに集団はひとりでに解体する。群を作る方法は、例えば有蹄類に一般的である。だが、有蹄類の中にも雄が母‐子集団の「ハーレム」を作る種類がいる。これは海洋性の哺乳動物にも一般的である。遺伝上の雄が子を養わねばならない場合――あるいは別の表現を使えば、雌が遺伝上の雄を子の養育のために必要とする場合――かつハーレムを構成することが（生態学的理由のために）不可能である場合に、なんらかのかたちの「雌雄の組」と一種の核家族が発展するであろう。もう一つの最後の可能性は、すべての雄がすべての雌と子のもとに、特定の組を作ることなく止まるある種の「集団結婚」である。

私たちはこれまで各種の組み合わせを図示してきたから、これにも図が必要であろう。おそらくもっとも単純には図4‐9のようになるであろう。ここでは母‐子の関係は安定した中心をなし、一方雄が雌と組になって親として加わるかどうかはまったく可変的である。

このような視野に立ってみれば、人間のみに固有な特徴とは何だといえるだろうか。それに対するもっとも純粋な命題は、タイガーとフォックスの『帝王的動物[†30]』の中で与えられている。その命題をここでいいかえてみる。人間では、雌雄の組み合わせが二つの違った局面から構成される。動物同士を引き寄せる求愛局面と、動物を――すくなくとも子供が生活能力を持つまで（換言すれば自分で子供を作れるようになるまで）――そこに留まらせる養育局面とである。「養育する絆」を作らせるいちばん論理的な方法は、おそらく遺伝上の雄をその婚姻相手のもとに留まらせて「ペア」とすることであろう。事実これが普通の解決策である。しかし別の可能性も潜んでいる。共通の母親によって結びつけられているが、しかし（自然の）インセスト回避傾向のために非・性的な関係を持つ、母‐子集団の中の子供たちが、求愛の目的ではなく、養育の目的のための「ペア」として期待できる。いいかえると、人間は求愛の組み合わせと養育の組み合わせとを分離することができ、養育の義務を求愛のためではないペアに負わせることができるのであり、かつそうしてきたのである（図4‐10にこれを示す）。

ここから生じるものは明らかに、バッハオーフェンからブリフォールトを経由し、今日のフェミニストにいたる理論家たちが予見した「母系制」の状態である。もっとも、私たちはこれがすべての人類社会の経由してきた基本的「状態」だとは考えない。むしろこれは、人間の用いることが可能な婚姻戦略の中の一つであり、男たちがある集団の女たちと婚姻関係を持ち、同時に別の集団の女たちとは養育関係を持つという選択肢のひとつだと考える。原型的条件のもとでは、女たちは「姉妹同士」および「母親同士」に止まり、たとえ妻であったとしても二次的に

図4‐9

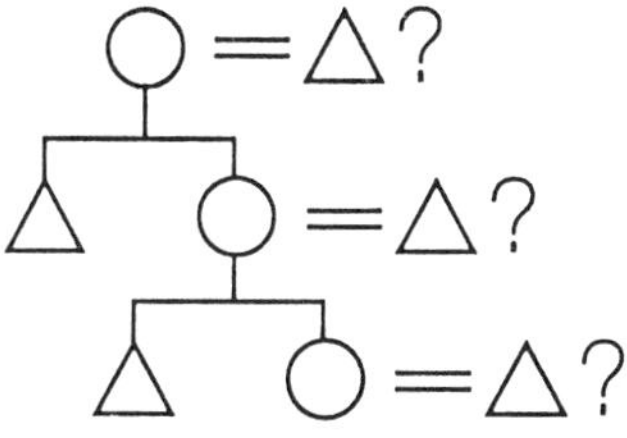

「妻同士」になるだけである。一方男たちも「兄弟同士」でありまた「母方のオジ同士」であるに止まり、二次的にしか「父かつ夫同士」にはならない。このやり方は、男たちをいかにして母‐子集団に組み込むかという問題に関する解決策としては、人類学によって発見・記録されているアヴァンキュレートを組み込んだ「母系制」という一般的な、といっても明らかに少数派の、解決策とよりよく一致すると思われる（兄弟を姉妹とその子供たちのもとに「組み込む」ことである。もっとも「非・性的」という前提は、一定の条件下では性的色彩を帯びることはありうる。この可能性の細部を追求することは、私たちをあまりにもフィールドの詳細に立ち入らせることになる。この主題はフォックスに詳しく論述されている[†31]）。

では、通常の社会におけるアヴァンキュレートは、どう考えればよいだろうか。婚姻関係は夫‐妻であるにしても、母親との間の共通の絆のせいで、（同じ母の）兄弟と姉妹とがいつでも準両親的行動の「予備軍」をなしている。そこで、二つの「絆」（「夫‐妻」の絆と「兄弟‐姉妹」の絆）の間で、つねに綱引きが行われることになる。これは一般に「姻族と血族と」の葛藤として知られているものである。義理の母に関するジョークは世界最古のジョークである。この場合には、構造主義者の考

図4-10

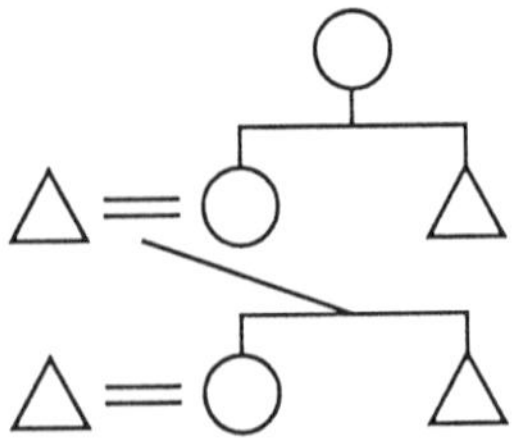

えるように兄弟が姉妹をその夫に明け渡すというよりは、むしろ母が、多くはいやいやながら、兄弟と姉妹とをその婚姻者に引き渡すと考えた方がよい。また、その後も壊れた基本単位を再結合しようという力がたえまなく働くことになる。この力は、姉妹とその子供たち――新しく生じた母‐子集団――をもとの血族に「引き戻」そうとする。もとの血族に相当するものが、実際には「母の兄弟」なのである。なぜなら、私たちは母‐子集団が「基本的」であるとは見なすものの、いったんこのシステムが動き始めれば、母はもっとも近い血縁の男子として、フランス語がたくみに表現する「レスポンサブル（責任者）」である兄弟を持っているからである。これがレヴィ＝ストロースの「原子」の構図に堅く組み込まれているのであり、それは人間という動物の行動になんら不自然な作用をおよぼすものではない。

ここで私は、「母系制」ということばに故意に括弧をつけておいた。なぜなら、兄弟‐姉妹の絆を両親に相当する目的のために利用することは、べつだん母系制にかぎられたことではないからである。二つの絆（姻族対血族）の綱引きはあらゆる社会に存在するもので、ただそれぞれに固有の状況が、これを特定の社会制度に顕在化させるかどうかを決定するのである。真の母系出自による世代継承を持つ集団は生じうるだろう。だが、力関係によっては、一方の絆が特定のある機能を獲得し、もう一つの絆は別の機能を獲得する、といったことも可能である。またその逆に、夫‐妻の絆の陰にかくれて、兄弟‐姉妹の絆が見えなくなってしまうこともありうるだろう。私はこれらの多様な変種を記述するのに多大な労力を注いできた。ともあれ、ここで記憶しておくべきなのはこれらさまざまな変種が人間の婚姻戦略の中で「可能」なのだということであり、したがってアヴァンキュレートがなんらかのかたちで浮上する「確率」はつねにあるのだ、ということである。

「兄弟‐姉妹による両親的絆」が出現する可能性は、母系制とは独立したものだということを示すために、私自身のトーリー島でのフィールドワークを例に取らせてもらいたい。どのような問題であるかを理解するために、例えばフォーツ†32がアシャンティにおける血族の世帯を研究するために、兄弟‐姉妹が両親のような絆を持つこの人々を母系制と見なしたこと（またその結果母系継承の場合には当然同じことが起きるとしたこと）を述べておこう。その結果、母と娘の世帯にいる男の世帯成員が「息子たち」であり「兄弟たち」であることを、フォーツは母系氏族の権力が成員を同じ屋根のもとに結合させているのだ、と考えた。ところが確実に母系制でないことが分かっている北西アイルランドにあるトーリー島でも、同じような世帯が伝統的社会の中で相当の部分を占めており、一九六〇年代になってもなお全体の二〇%に達していた。姉妹は結婚しても生家を離れないし、兄弟も離れないのである。子供たちも母のもとを離れないので、世帯はまったく血族集団の様相を呈していた。にもかかわらず、ここには母系制の痕跡もないのである。だから私は、フォーツの説は馬の前に馬車をつなぐようなものだと結論した。また、このような血族世帯から母系制が発展すると考える方が、その逆より可能性が高いと結論した。

以上は単純化した説明であり、関心を持つ読者は自身でより細部を確かめたいと感じるであろう。ここで強調したい論点は、単に二つの絆の間の綱引きは非常にさまざまな結果を演出する、ということだけである。ただしこの結果は、これまでに述べた生態環境などの定数的な条件に規定されるのであるが。と同時に、私たちはレヴィ＝ストロースが考えた以上にアヴァンキュレートを「自然」の奥深くまで探求した。いいかえると、どのような理由であれ婚姻関係の絆が弱くても母‐子の単位の中に男を留まらせることが必要な場合に、子供たちの絆を養育の目的に利用することは、人間にとっては「自然」なのである。文化的要因は、「原子」がどのような姿で存在するかということを決めるものであるが、私の説では、構造主義者がいうようにそれ自体が文化の産物というわけではなく、まったく自然の産物なのである。だが、アヴァンキュレートをどれほど深く自然の中にさかのぼって見ることができるかという問題は、なおかつ未解決のままである。それは、「義理の姉妹」とか「母の兄弟」とかいった役割を表現しうる言語の進化を含む、私たちの種の進化過程だけに固有のものであるのかもしれない。しかし、果たしてそれは私たち人間だけに「固有」であろうか。あるいは、比較行動学、特に進化論的に私たちにもっとも近い親戚である霊長類との比較研究が、人間のアヴァンキュレートの祖先らしいものを発見するということはないのであろうか。

霊長類学者——霊長類共通の基本線

人間以外のアヴァンキュレートは果たしてあるのだろうか。大いなるユーモアに長けた人類学者ウエストン・ラバール[†33]は、「アヒルにオジさんはいない」と断言した。また、最初にいったようにデイヴィッド・シュナイダーはサルのオジさんになるおそれを避けるために霊長類との親戚関係を否定するにちがいない。もっとも、私の記憶では、世界でいちばん有名なアヒル〔ドナルド・ダック〕はたしかオジさんだった（母方のオジさんとはとうていいえないと思うが）。彼はヒューイ、ルイ、デューイという甥に対して、しぶしぶかも知れないが、養育の親の役目を果たしたはずだ。というわけで、勇気をふるって近い親戚の間のオジさん探しに出かけよう。

私たちは、霊長類における親族集団の「発見」からはじめる必要がある。長い間これは発見されなかったし、または存在するとも考えられなかった。たとえ「未開な人間」がでたらめな乱交をするとまでは考えないにしても、サルはそうだという観念は容易になくならなかった。ダーウインは、またその後はウエスターマークやフロイトが、ゴリラの婚姻における規則性を発見しようとつとめたが、しかし一九三二年になってゾリー・ズッカーマンが、ロンドン動物園の雄ばかりたくさんひしめき合ったヒヒの群に対する観察をもとにして、霊長類の婚姻関係は完全なカオスだと発表してから、これが最終結論のように受け取られてきた。それより後一九六〇年になっても、マーシャル・サーリンズは同じ福音をくり返し、一方レヴィ＝ストロースが一九四九年の偉大な作品の中で、自然と文化の区別を礎石として築きあげていた。霊長類の婚姻は乱交で、近親相姦で、無秩序であり、一方人間のそれはどの側面から見てもその正反対である、ということになっていた。

その後徐々に第二次大戦後の日本の霊長類学者の研究を出発点にし、またそれに続くバークレーのウオッシュバーン、ハーバードのデ・ヴォア、オランダのクンメル、ブリストル（英国）のホール、カリブ海のカジョ・サンチアゴにおけるアルトマン、などの研究から、霊長類集団の秩序や構造が知られるようになり、その婚姻関係は乱交や近親相姦などではなく、また親族の絆も大いに重視されることがわかってきた。マカクやヒヒの集団が数世代にわたって追跡研究されるにつれて、出自関係の重要性が次第に明白になり、霊長類社会が雄支配を基盤とし、雌は従属的だという当初の構図もかなり修正された。この情報を整理し、私の表現で「霊長類の基本線」というものを作る目的でこれを二つの柱に要約した。単数雄による集団の親族と婚姻関係、および複数雄によるそれである（図4-11から図4-13まで参照）[†34]。

観察結果によると——特に複数雄集団では——優位の（いわゆるアルファ）雄たちが空間的に中心部分に位置し、そのまわりを雌と子供がとりまき、成年に達した優位でない雄たちが成熟とともに中心から追い出されてつねに周辺に位置する、という傾向が見られる。これを示したのが図4-11である。これに、すべての関連する（通時的研究によって発見された）親族関係を記入したものが図4-12である。この結果明らかになったのは、これら霊長類の親族集団の「母中心」の性質である。すなわち、親族は母-娘の絆を中心として形成され、母-娘の結束によって維持されるということである。婚姻は「配偶関係」を基礎とする傾向があり、優位の雄または雄たちは発情した雌と関係を保って彼女を発情期間中ガードし、劣位の雄の犠牲において、群の中に優位の雄または雄たちの遺伝子が蓄えられるようにする。要約すると、私たちの原型となる通常のマカクやヒヒの間には母-娘の絆を通してある期間つづく親族集団があり、婚姻は優位関係によって形成されるのである。

優位関係は雌の間にも存在し、たいへん興味深いことに雌はこの優位の地位を自分の子供に伝えることが発見された。高い地位の雌の子や孫（娘の子供）は、低い地位の雌の子や孫より優位に立つ可能性が高い。はじめは、優位に立つ雄との婚姻関係が有利だと考えられた。しかし、これは見方によって「母」の優位が、彼女の優位の息子たちを通して「彼女の」遺伝子を群の中に高い率で残していると見ることができる。この知識は、人類学の中にちょっとした格言ブームを作り出した。デ・ヴォ

図 4 -11
複数雄集団のモデル

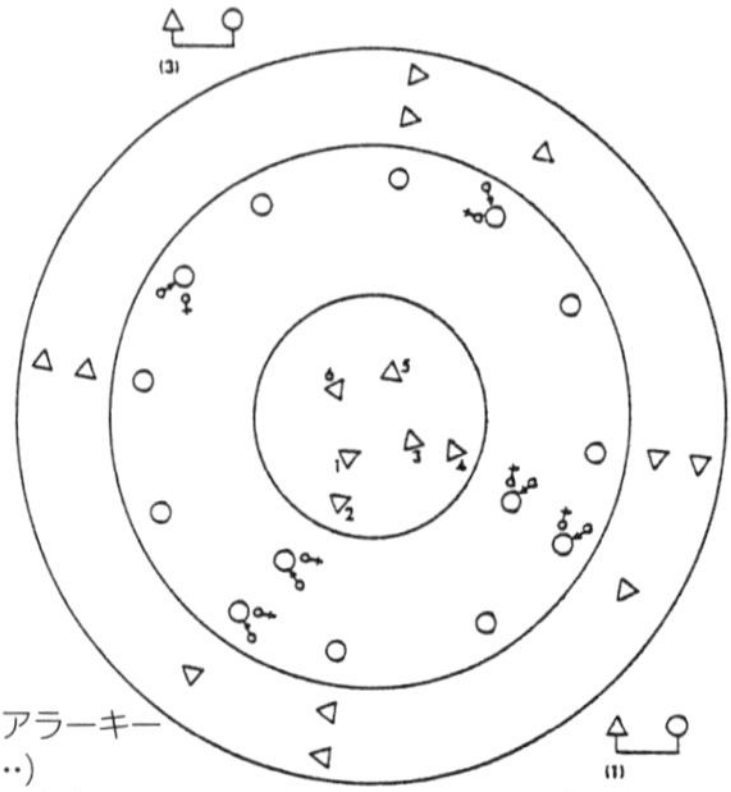

中心円：雄のハイアラーキー
（1＝α……）
中間円：雌，子供，若者
外部円：周辺雄
その外：配偶ペア
♂♀：母親と一緒にいる子供

図 4 -12
複数雄集団のモデルと親族関係

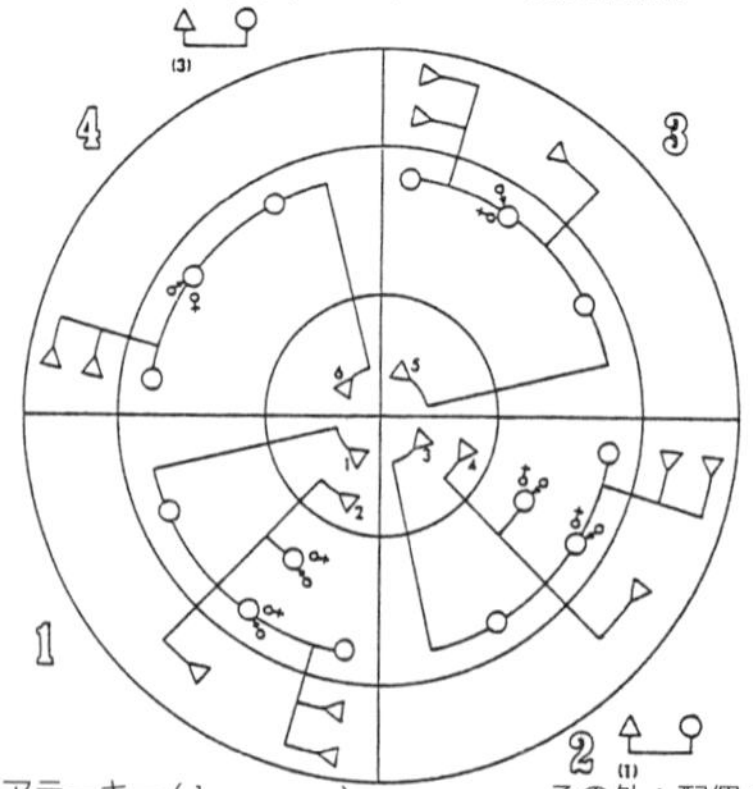

中心円：雄のハイアラーキー（1＝α……）
中間円：雌，子供，若者
外部円：周辺雄
その外：配偶ペア
四分割：母系リニージ1から4
♂♀：母親と一緒にいる子供

アは、雄とは「雌の行う繁殖実験だ」といったし、フォックスは（雌鳥とは卵がもっと多くの卵を作る方法である、ということわざをもじって）「雄とは雌がもっと多くの雌を得る方法である」とのべた。

もうひとつの「単数雄集団」の構造は、図4-13に示してある。これは例えば、マントヒヒとゲラダヒヒに見られ、ある程度まではゴリラにも見られる「ハーレム」のシステムである。この場合、雄はさまざまな手段で六頭程度の雌のハーレムを作り、これを常時ガードする。雄はボスの「徒弟」となり、ついて廻ってやがてその雌たちを自分のものにするか、幼年の雌を集め、その「父親」となり、彼女たちを成熟するまで育てるか、戦いによって別の雄のハーレムを乗っ取るか、あるいはこれらの手段を組み合わせる。このようなシステムにおいては、親族はあまり大きな比重を持たず、逆に婚姻関係は優位の雄が生きているあいだつづく比較的永久的なものとなる。

図4-13
単数雄集団のモデル

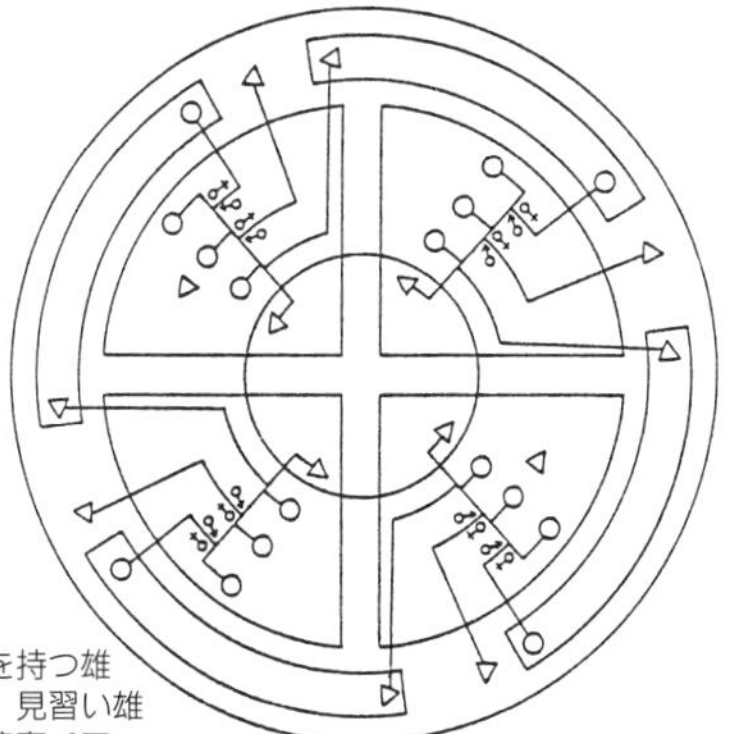

中心円：ハーレムを持つ雄
中間円：雌，子供，見習い雄
外部円：周辺雄，略奪ペア
四分割：単雄集団
♂♀：母親と一緒にいる子供

以上の図の中に描かれた同心円は、雄たちが周辺から中心へ向かって近づこうとすることを示している。複数雄集団の場合には、高い地位の雌の息子が最終的に中心に受け入れられる。単数雄集団の場合には、雌をできるだけ多くハーレムに集めることによってそこに到達する。第一のケースの場合には、すくなくとも高位の雌の息子が母の「リニージ」に依存していると見ることができる。この「リニージ」には母の兄弟も含まれているだろう。したがってすくなくともこのケースについては、ある種の原始的な「アヴァンキュレート」が存在する可能性がある。集団間の移動があまりない場合には、特にそうである。どの雄の遺伝上の父も別のリニージからやってくると考えられ、一方母のオジたちが高い地位にいれば彼が成功する可能性が高くなるし、低い地位にいれば周辺に追いやられるか、場合によっては群から追放されるものと考えられる。複数雄の集団ではこのような可能性が高いと思われる。

私はまた、雄は可能な場合には集団間をできるだけ移動しようとするという事実にも言及した。こうした移動は、例えば砂漠に居住するヒヒのように、集団が比較的独立している場合には起こりにくく、島に住んでいるマカクのように集団間が近い場合には起きやすい。このような移動は、時におどろくほど人間の親族集団に似た特徴を持っている。例えばニホンザルの集団が順位のある複数のリニージを作って一つの島に住んでいる場合、この集団が同じ数のリニージを持った二つの集団に分裂する。やがて、集団Aの雄がすべて集団Bに、またその逆は逆に移動する。これは、図4-5で示したような、二つの母系半族同士がたがいにもう一つの半族の雌と結婚する場合と、気味が悪いほどよく似ている。もちろん雄はこの場合母の兄弟が結婚した半族に行くことになる。都合よく二つの集団に分かれるのでない場合でも、雄は自分の生まれた集団のメンバーが移動した先へと移動する傾向があることが示されている。

図4-14と図4-15はチェニーの論文から取った[†35]（この論文は現在の知見のすぐれた集約である論文集の一部をなしている。スマッツ他を見よ[†36]）。この中で、雄が出生集団の他の個体が行った先への移動を好むことが見られる。これらはほとんどが若い雄である。つまり、概していうと雄は母方の親族、つまり自分の兄弟や母の兄弟に従っているといえよう。もちろん、彼らは「父」や「父の兄弟」に従っているともいえるだろう。しかし、すでに述べたように、永続した婚姻ペアがないからどの個体が遺伝上の父かは追跡されず、または追跡ができない。若いサルに近い関係がある年上の雄は、母の兄弟だけということになる。

マントヒヒとゲラダヒヒに関するもっとも新しい研究では（ローゼスらによる要約参照[†37]）、ハーレムを持つ雄は父系にもとづく「クラン」に結びついていることが示唆されている。またチンパンジーに関する最近の研究では、チンパンジーの集団の雄は、古典的複数雄の場合のように母を中心とする要素も見られはするものの、雄のグループが長期にわたり協力して行動すると示唆されている。チンパンジーの場合には例外的に雌が婚姻のために集団間を移動するので、この雄のグループは父系の関係を持つと考えられる。ランガムは、これらの異なった婚姻戦略には食物に関する生理学的根拠があることも示している[†38]。

このように、現実は一九七五年に私が提起した簡単なモデルよりはるかに複雑な様相を呈していることがわかった。当時私は、「出自」（母方中心の親族集団）と「同盟」（単数雄集団のハーレム）は

図 4-14

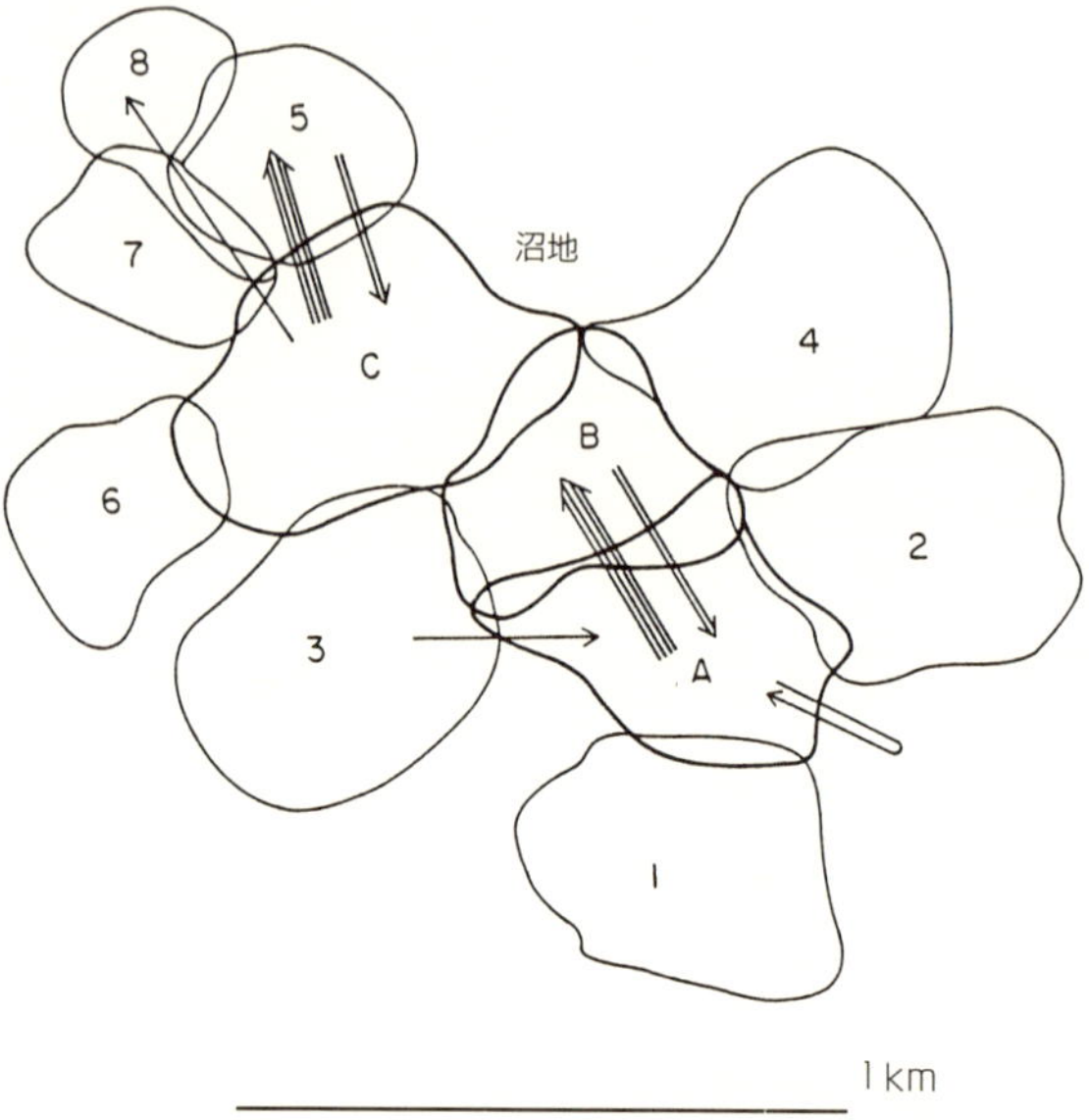

三つの研究対象集団から，出生した若い雄が1977年３月から1982年３月までに異動した行き先の分布．矢印は移動方向で，１本が１頭を表す．研究対象集団の範囲にはアルファベット，定期的に数を調べた集団の範囲には数字が付けてある．研究対象集団に隣接する群だけが表示されている．

すでに自然の中に存在しているが、これらが一つのシステムに結合したことはない、と結論していた。人間がはじめて起こした革命は、これら二つの自然の要素を取り上げて結合させたことだ。人間だけが特に発明したことは何もないが、古来のこれらの要素を結合したことが、「文化」へ向かっての新しい一歩であった。人間の起こした革命は、レヴィ＝ストロースや多くの他の人々が考えたようにインセストタブーを課すことではなかった。それはもともと自然の中に近親交配の回避としてあったものだ（一九七五年

図4-15

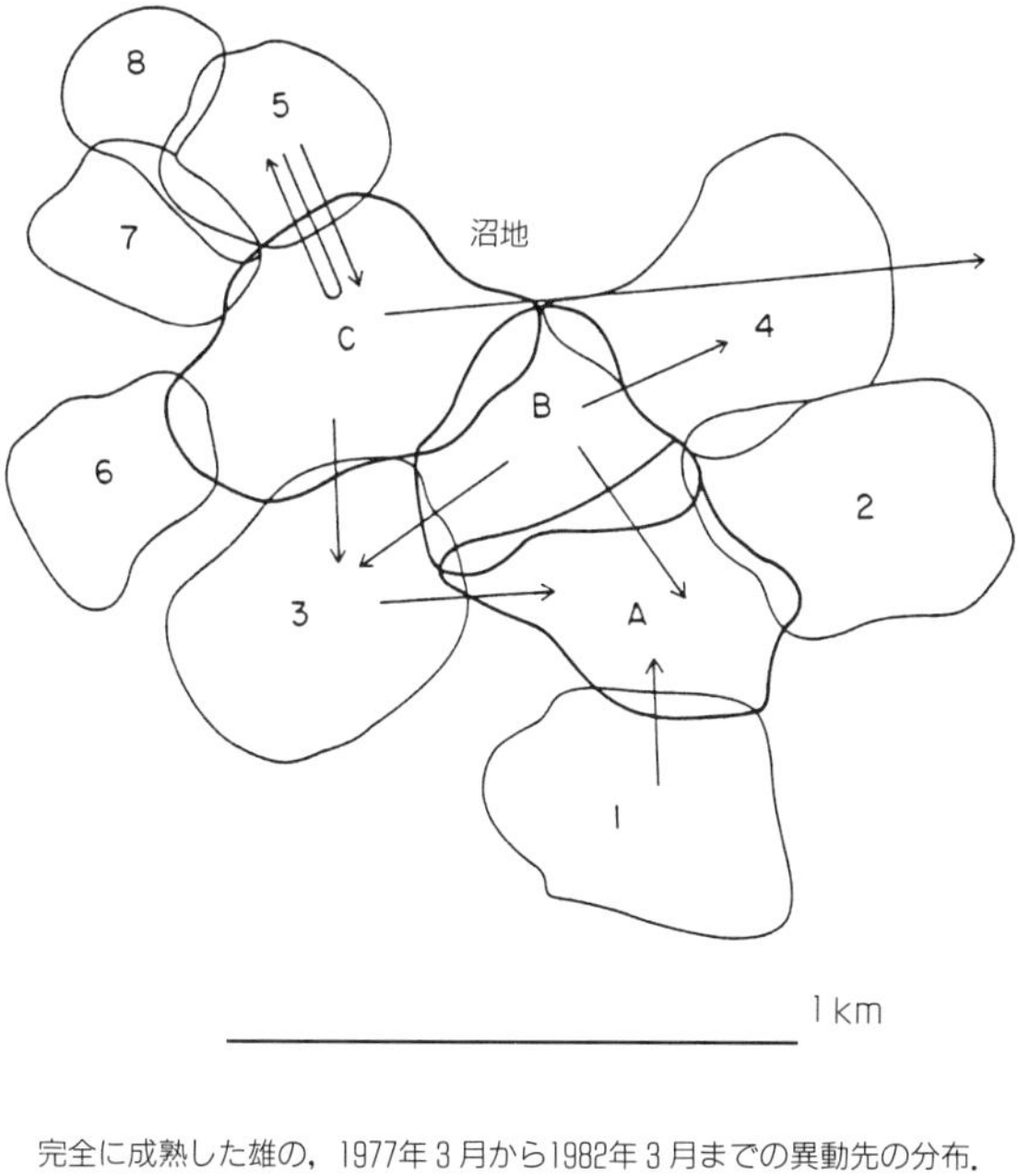

完全に成熟した雄の，1977年3月から1982年3月までの異動先の分布．

フォックス編著の中のビショップ論文、および一九八〇年フォックス参照）。[†39] そうではなく母方中心の親族組織と相対的に永続する婚姻関係とを結合させたことが、人間の親族集団を生みだしたのだ、と。これは、類人猿の基本線を一歩踏み出すことであり、原始的なアヴァンキュレートがたしかにその中に組み込まれていたが、それはすでに「親族の原子」が作られる以前に存在していたものである。それは〔新しい〕産物ではなく、基本要素なのだ、と。

しかし、ゲラダヒヒやマントヒヒのデータが確認されれば、父系で結びつき、ハーレムを持つ雄を経由する別のルートが存在しうることになる。この事実は魅力的である。なぜなら、それは多くの人間社会の戦略を代表し、したがって私たちの中にある「自然」のようなものを表現するように見えるからである。もちろんこれはすべて憶測にすぎない。私たちはヒヒでもマカクでもチンパンジーでもないから。これらは、私たちにとって自然状態の「中に」何があるかを考える手がかりであり、ヒントである。いいかえれば、霊長類に共通の基本線である。これまで何度もくり返してきたように、私たち人間は自分たちの現在に達するために、これらの近縁の種とたいへん「違った」ことをしてきたであろう。だが、われわれが共通の幹から進化してきた以上、私たち人間が霊長類の基本であったレパートリーを利用した可能性は高いのである。私たちは、おそらく母方中心で、母の兄弟を「ビルトイン」した親族集団を構成した可能性があり、また「同盟」（一夫多妻型の長期にわたる婚姻組織）を構成した可能性もある。このようにして、私たちは一夫多妻的でアヴァンキュレートを持つ集団となったのであろう。それというのも、これらが文化的な発明だからではなく、私たちがブリコラージュをする存在であり、これらの要素を霊長類のレパートリーという袋から取り出して、適応のための目的に再編したからである。いや、私たちに対して自然選択の形態で現れる自然がそうさせた、という方がより適切であろう。

私たちは、正確な言葉を使わねばならない。さもないと、こうしたことが「集団の利益のため」に起きた、といった危険な考え方に取りつかれるおそれがある。私たちが知るべきことは、何事も集団共通の利益などのために起きはしないこと、起きるのは個々の生物のためであり、結局は個々の遺伝子のためだ、ということである。選択が起きるのはまさにそこにおいてだからである。一九七五年、私がちょうどこのような問題を論じていた頃、新しい学問の一部門が命名され、まさにこの観点から社会行動を分析する学問として成立した。これが社会生物学の誕生である。その最初の探求の一つがアヴァンキュレートの再分析であった。

社会生物学者——父が分かるのは賢いチンパンジー

E・O・ウイルソン[†40]は社会生物学を発展させる際に、主としてハミルトン[†41]とトリヴァース[†42]の理論を参考とした。ハミルトンは、フィッシャー[†43]とホールデン[†44]の作品に見られる、親族集団は自然淘汰の要素として重要であるという示唆を取り上げた。ホールデンは、もしたとえ話を正しいとすれば、理論上自分は一人の兄弟のために犠牲にはならないが、二人の兄弟か、または八人の実のいとこのためなら犠牲になる、というのである。これが、「包括適応度 inclusive fitness」という用語で後に知られることになる理論提起であった。その意味するところは、私たちの親族は「同祖的な」〔出自の等しい〕

遺伝子を私たち同様に持っており、私たちはその「適応度」、すなわち遺伝子プールの中の私たちの遺伝子数を、親族の生殖上の成功率を引き上げることによって、自分自身の成功率を引き上げることによってと同様、多くすることができるということである。ある人の実の兄弟（または姉妹）は、その人と遺伝子の五〇％を共有しているから、彼はある意味では自分の犠牲において彼らの二人を救えば、それで結果が釣り合うということになる。また実の従兄弟・従姉妹はおのおの一二・五％を共有しているから、彼らの八人でも同じ結果が生じる。この叙述の中の遺伝子は、純粋に自分中心の自己複製に関心を持つ、ドーキンスの意味の徹底的に「利己的な」遺伝子である（ドーキンス参照。これは、この新しい思考に関する最良の一般向け入門書である）。[†45] ハミルトンは、包括適応度の基礎方程式として、有名な$K>1/r$を提出した。Kは利他者（親族のために犠牲になるもの）にとっての「適応度 fitness」におけるコスト・ベネフィットで、利他者の遺伝子が選択される場合、犠牲になるものとなられるものとの間の平均血縁度（r）の逆数よりKが大きくなるはずだというものである。

この利他者を選択する過程、もっと正確に表現すれば利他的行動の遺伝子を選択する過程は、「個体選択」や「群選択」と区別するために「親族選択」と命名された。この思考のすぐれていた点は、遺伝子の「利己性」に何も変化を与えなかったことである。自己犠牲的に作用するときにも、その目的は自分自身を複製することを唯一の目標とする遺伝子が、自己自身を複製することである。つまり、「親族的利他性」は、遺伝子の目的の副産物なのである。

トリヴァースは、非・親族に対する自己犠牲を説明するために「相互利他性」と呼ばれる理論を加えた。これはここでの議論の範囲を超えるものである。しかし、彼は「社会生物学」の思考のストックに、「親の投資」というもう一つの決定的概念を加えた。両親が比較的少数の子を長い時間と大きな努力を払って育てる種——面倒な専門語で「K選択種」と呼ぶもの——では、自分と血縁関係のない子を育てることに関心を持たない。利己的遺伝子は、血縁でない遺伝子の利益に関心を持たないのである。そこで、親の投資が高い場合には「父性の確実性」に関する確率が高くなるようなメカニズムが発達するはずである。「母性の確実性」は問題にならないことを注意すべきである。母が誰かはつねにわかっているし、子を産んだ母も自分の子供を知っている。しかし、多くの部族のことわざにもまたローマ法の命題にもあるように、父性は推測できるだけである。私たちの表現では「父が分かるのは賢い子だ」ということになる。これには、父親が子に対する血縁に不安を持っているという広くある事実が反映されている。この不安はストリンドベリの陰鬱な戯曲『父』の中で異常な頂点に達しているし、より低いレベルではイプセンの『野鴨』もそうである。スカンジナビア人は、この点に何か特に問題を抱えているのかもしれない。

彼らは、この強迫観念を偉大な文学に変えることができたが、強迫観念そのものはかなり広く見られるようである。ただしこれには重要な例外が多々あり、次にこれらについて注目してみよう。この問題は、アヴァンキュレートという人間行動を説明しようとする一連の社会生物学者が、最初の主要課題として取り上げたものである。実際には、彼らの理論はすでに見てきた親族集団は母権制起源か父権制起源かという一九世紀の論争の核心に立ち戻ることであったから、論点の再発見というべきものであった。母系制出自の起源に関して、「父性の確実さ」が問題になるべきだとする派と「父性は無関係」だとする派との論争を思い出していただけるだろうか。それが、この社会生物学者の新しい、洗練された、数学的定式の中に再現したのである。その理論を見れば、彼らが「父性の確実さ」を支持する派を選んでいることは容易に想像できる。また、ラドクリフ＝ブラウンやジュノーと違って、彼らは父系制社会のアヴァンキュレートには関心を示さず、むしろ母系制の出自、相続、世代継承の起源といった初期の問題に関心を持った。

アレクサンダー[†46]が最初にこの問題を取り上げ、カーランド[†47]とハータング[†48]がそれに続いた。彼らは細かな点では異なっているが、しかしここではあまり専門的にならずに彼らの共通点は何であったかを述べてみよう。彼らの理論にとっての基礎概念は、先に述べた包括適応度、親族選択、利他的行動、および父性の確実さであった。彼らは、親戚を他人より優遇するという意味の「ネポティズム」をこれに付け加えた。もっとも彼らは、自分たちの論じているものが文字通りに取れば姉妹の息子をひいきすることだということにイロニーを感じているとは思えなかったが。彼らはこれらをひっくるめて「投資」と呼び、そこから他の何ものよりも遺伝について探求しようとした。例えば彼らは世代継承について何か述べている場合にも、これを一種の遺伝と見なした。彼らが掲げた疑問は、およそ次のようにいい表すことができる。人間が自分の息子か姉妹の息子かのどちらに「投資」すべきかという選択肢に直面したとき、なぜ彼は後者を好むのか、と。彼らの答えは、数学を別にしてしまえば比較的簡単なものである。すなわち、人間は自分の息子に関して父性に確信が低いときには、姉妹の息子を好むのだ、というのがそれである。

確信が「どれほど低い」かを決定しようとするとき、数学が現れる。しかしそのことをしばらくおいて、彼らの議論を見てみよう。生物は、人間も含めて、必死になって「カッコー効果」を防ごうとするものだ、と彼らはいう。生物は自分と血縁のない遺伝子を育てさせられることを嫌う。だから「カッコーにやられる」のは最悪の事態である。しかし、もし生物が比較的乱交的な社会にすみ、誰も子供の父親が誰かをチェックしない場合には、生物はたえず自分と血縁がない子供に投資しなければならない可能性に直面する。そこで、姦通と乱交のレベルが高いほど、生物が父性に不信を持つ程度は高くなり、別の選択肢を取らざるをえないことになる。自分の息子に対して遺伝的関係がある確率は、一〇〇％から〇％まで変化する。つまり、遺伝的血縁度は〇・五から〇までである。一方、姉妹の息子に対する近親度は不変であり（一〇〇％）、遺伝的血縁度は〇・二五である。起こりうる〇の場合より、確実な〇・二五を取る方がよい、と論じられる。長期的に考えて、確実な〇・二五を取った方が安心できる。議論の多くは「父性度の閾値」が正確にどの程度か、についやされる。ハータングは四六％という値を提起した。これ以下だと、男は自分の息子に血縁がないというリスクを犯すより、姉妹の息子に投資するようになる。

これは一見魅力的な議論である。正確さと経済学を武器にして、母系の遺伝と、したがって母系制の起源と持続性を説明しようとする。事実、これらの定式は結婚の習慣がゆるいかまたは存在せず、女性の高い自立が大きな乱交をともなう、等々と想定する傾向がある。どこでも普遍的にというわけではないが、このような社会では、そうだとされる。こうして、社会生物学者は遺伝子的ネポティズムと親の投資という概念を使用して、こうした事情が男をして自分の息子より姉妹の息子を選ばせると計算する。こうしたすべての事情の中で、女たちはどこにいるのであろうか。彼女たちは男の図式の中で動く単なる担保にすぎないのだろうか。そのように見える。それというのも、女が単独で相続者となっているケースが彼らの報告には見あたらず、相続者は必ず男であるからだ（また、社会生物学者は決して少数派とはいえない分割相続の社会を正視しようとはしていない。たとえ持参金の形であれ、女が父から相続する事例は多い）。にもかかわらず、ハータングはすくなくとも母系相続が長期戦略としてよりすぐれており、それが母系制の受容に大きな関係があると論じている。

だが、この主張はそもそも成り立つものだろうか。第一に、これには論理的な欠陥がある。社会が乱交的で父性に関する確信が低いとすれば、男の姉妹が実の姉妹だということにも確信が持てないはずだ。論理的にいって、父性の確信が低ければ低いほど、姉妹は異母姉妹である可能性の方が高いはずである。だから姉妹の息子の血縁は〇・二五ではなく、わずかに〇・一二五にすぎない。これは実の従兄弟姉妹の場合と同じである。内婚制（コミュニティ内で行われる結婚）が多い小さなコミュニティでは、数世代のうちに集団の人々全部がまたいとこ関係になる（血縁度〇・〇六二五）。一般論としてきわめて低い血縁度である。血縁度を可能な〇・一二五から〇・〇六二五の間と考えるのが妥当な線であり、そうなれば投資する時にあまり気にする価値がない程度のものである。〇・二五が手堅く魅力的などとはとうてい考えられない。

注意すべきもう一点は、理論で因果関係の方向が示されているものの、証明されていないことである。すなわち、父性の確信が低いことが、男たちに姉妹の息子に投資することを意志決定「させる」とされている。しかし、私たちが知っている社会はどれも、数千年前にこの意志決定をしているものばかりである。男たちは、数え切れない世代にわたって、すでに母系である社会の中で育ってきている。彼らは、いやいやながらでも、社会の法や習慣が要求するがゆえに姉妹の子供に「投資」しつづけてきた。文学の中には、この章の第四節（「行動学者」）でも述べた兄弟‐姉妹の絆と夫‐妻の絆との綱引きがたくさん描かれている。その結果「姉妹たち」が兄弟の投資を得ようとして「妻たち」と競争し、彼らは姉妹の子より妻の子に投資したくても、法や習慣によって前者を選ぶよう強いられていることが多いのである。私はかつて中央アフリカの「二重継承」社会の事例を論じた。そこでは強い母系制のクランと、牛の所有に関する父系制とが交錯している。男たちが自分の息子に牛を相続させることを望んだとき、より古い母系制のシステムが父系制の相続原理によって押しのけられたと考えられる。[49] このように、姉妹に投資せよという賢い進化の勧告に従うよりは、母系制社会の男たちはしばしば自分の遺伝子に関するよい判断に反した行動を取るのである（同様に、乱婚と父性の不確実さは、母系制の起源であるというより、母系制の結果である可能性が高いことにも注意する必要がある。すでに見たように、母系制のイデオロギーは、誰が本当の父かという問題には無関心なのである）。

私は、「低い父性の確信＝母系への投資」という仮説にはいくらかの真実があるものの、男たちがなんらかの法や習慣によって投資を規制される場合より、投資決定に当たって「選択」の自由がある状況下でテストした方がよいのではないかと示唆したい。かつて私は、現在の私たちの社会が、このようなテストを行う場所になっていると指摘した。[50] 六〇年代以降、離婚の増加と性革命が進み、父性の確信は過去最低になっている。同時に、どの後継者にでも相続させる遺言を作ることができる。社会生物学の理論に従うなら、私たちは急いで姉妹の子供たちを優遇すべきなのであろう。だが現にそうなっている気配はない。しかし、もし私たちが習慣ではなく「行動」について論じるつもりなのなら――実際、もし進化論的な行動学的遺伝学を真剣に論じるならそうあるべきなのだが――社会全体の習慣を比較するのではなく、社会の中における個人の行動を比較すべきであろう。

このことは、個人とは実際に何によって動機づけられるものか、という大きな疑問をあらためて提起する。社会生物学者がいうように、個人は「包括適応度」を最大化するように動機づけられているのだろうか(これは、いいかえれば自己の適応度プラス同祖的遺伝子を共有するものの適応度を最大化するということである)。第二章で見たように、これには疑うべき理由がある。もちろん、人が何かを追求する動機はほとんど「意識的」でなく無意識的だと仮定すれば、この理論は正当化できるであろう。しかしここでも、私たちはオッカムの剃刀を適用する必要がある。少数の説明概念ですむときに、なぜさらに多くの説明概念を使わねばならないだろうか、と。共同謀議のように、誰もその存在を知ることができないような隠れた動機を提起する必要が、果たしてあるのだろうか。私にはそうは思えない。シンプルで観察可能な動機がたくさんあり、それらにしたがって行動すれば当の最大化を達成できる強い可能性がある、ということで充分なのではないだろうか。私たちは性交をする動機があり、富を増やす動機があり、子供を喜ぶ動機があり、身分を得る動機があり、親戚を助ける動機があり、等々が明らかである。これらのすべてを正しく実行すれば、「包括適応度の最大化」はおのずからついてくるであろう。最大化に直結する選択肢を選ばせる、隠された無意識の動機を提起する必要はないだろう。†51

最後に、この章のはじめに述べたハートランドの基本的な異議がある。「妻の」子供が結婚相手の社会的な子でありさえすれば、遺伝上の父が誰であるかに大きな注意を払わない父系制社会はたくさんある。第二節で述べたように、ラドクリフ＝ブラウンも、ほとんどのバンツー族の掟では、実の父が誰であるかにかかわらず女性の子が社会的な夫に属することに関心を持つと指摘している。これは、アングロサクソンの習慣にもローマ法にも一致するし、同時に代理母という特殊なケースにも顔を出すものである。なかでも、アフリカの父系部族のあいだでは亡霊婚や女性婚の習慣がある。前者は、女性が死んだ夫の名において子をもうけ、この子どもは「彼の」子供とされてそのリニージとクランに所属する。後者では、女性が「妻たち」をもらい、産まれた子供が彼女のクランに所属する。どちらの場合でも、問題になるのは社会集団としてのクランの維持である。父系クランあるいは父系リニージは、これらの子供に対して誰の子かを問題とせず「投資」する。同じことは、妻貸しを行う父系制社会にもいえる（これはある意味で妻を閉じこめ隠すよりはるかに強大な、女性に対する父権の誇示ともいえる）。いずれにせよ、これらの社会では父性の確実さは無関係になる。にもかかわらず、これらは機能主義者がどれほど願っても叶わないほど「強い父系制」なのである。同様に、結婚が長くつづき、また父性に関して強い確信を持っている母系制社会の例も、数多く発見されている。

ハートランドがいうように、たしかに問題は父性の確信などではなく、「何か別のこと」である。彼はこれを、「父性に関する無知」と考えた。しかし私はこれを、むしろ「父性に関する無関心」と呼びたい[†52]。これらの人々は、必ずしも父性を知らないのではない。父性を無関係と見なすのである。母系制社会のもとでは、子は母を持っていればクランを持っており、遺伝上の父には無関心である。このような無関心さは、ときに処女懐妊とかクランの精霊による懐妊その他のイデオロギーによって補強される。こうした場合のように、いわゆる「父性に関する無知」とは、実際には生物学的父性への関心に対する、イデオロギー的な否定であることが多いのである。

しかし、母系制社会にはほとんどの場合父親に対する必要がある。「父のクラン」の人間として妻の子供に対する必要な義務を果たす、社会的な父である。社会システムの中では適切なクラン間の結婚がきわめて重要であり、父のクランとの結婚（FZD）または母の父のクランとの結婚（MFZD）が必須とされる。かつて私が一九五〇年代に研究したニューメキシコのコチティ族のプエブロ集落では、伝統的な母系制の文化がほとんど無傷のまま残っていたが、少女が結婚の前に出産した場合――このようなことは珍しくないのだが――もしこの子供が結婚できる年齢に達してもまだ彼女が結婚していない場合には、この子供の適切な結婚のために必要な「父のクラン」をどこに求めるか（同時に男の子をどの父系半族に渡すか）という問題がみられた。この場合は彼女の姉の夫のクランでなければならず、もしこれがだめな場合には彼女のクランの年長者の夫ならどの夫のクランでもよいとされた。簡単にいうと、彼女のクランに「結婚してきた」男のクランは、社会的目的にとっては「父のクラン」なのである。遺伝上の父には、ここではまったく無関心である（クロー型の親族用語では、この男たちはどっちみち「お父さん」とか「お祖父さん」と呼ばれるのである。遺伝学上の無関係さがなぜ社会学的問題となるのかと、社会人類学者が説明に苦心してきたものである）。

父性の確実さが低いことと母系制との間に直接の関係があり、したがってこれが母の兄弟が相続や継承において特別の役割を果たすのだとする直接因果説が強力に主張され、同時に強く批判された。しかし、この説もすくなくとも一つの点で貢献はあった。すなわち、それがアヴァンキュレートの問題を、人間とは何か、いいかえれば自然と対立させたときの文化とは何か、というさまざまな学説の中心として提起したからである。私がさきに予見したように、人間と文化とを定義する原理はインセストタブーではなくアヴァンキュレートなのである。アヴァンキュレートの意義が「姉妹の息子に対する投資」で尽きるかどうか、特に父系制社会の場合もそういえるかどうかに関しては確信が持てない。しかし、これも一考に値する問題であることにはちがいない。動物はこのような行動はしない。たとえときおり、霊長類にみられるように母方のオジと「特別な関係」におちいることがあっても。非・性的な兄弟‐姉妹の絆が、夫‐妻の絆から両親の役割をうばうことを許容するのは、人間に特有と思われる。このことからアヴァンキュレートの義務が成立し、それが完全な母系制の継承や相続に発展したり、父方のアヴァンキュレートの古典的な寛容な態度を生み出したり、双系制における母の兄弟の神聖な義務に結びついたり、あるいは時には母方のオジの力が若い男から婚姻の好みを取り上げて「三角関係」の葛藤を生み出したりする。

マリノフスキーが最初に姉妹の息子と母の兄弟との間に存在するオイディプース風のアンビバレンスの実相を、母系制のトロブリアンド島民の中に発見した。彼の解釈そのものは最近では疑問とされるが（スパイロの一九八二年の作品を見よ。†53）マリノフスキーの解釈は、頑固なフロイト主義者からつねに懐疑の目で見られてきた）、にもかかわらず説得的なものとして広く受け入れられている。母方のオジは、レヴィ＝ストロースが指摘したように、始原的な親族図式の中にすでに存在しているものである。私自身は、われわれの態度ははるかな昔にさかのぼる深層を持っており、蛇を怖がったり墜落の夢を怖がったりするのと同様に、このような深層を反映するものだという考えに賭けたい。父たちを知ったり「彼ら」にオイディプース的な感情を持ったりすることは、おそらくかなり後になって私たちの霊長類時代の歴史の中で生じたものである。この生得の知識は、文化やまた父系制／父権制の組織によっていかに広範に影響を受けようとも、避けがたい猿のオジさんという種の記憶を払拭することができないのである。この記憶は、他の遠い遠い祖先からの記憶と同様に、ある時には友好的な姿で、ある時には恐ろしい姿でよみがえり、私たちの合理的打算や文化的確信の背後に、つねに強力な力として潜在する。オジさんを権威とする文化の中では、彼は嫌われるかもしれない。そうでないところでは、父への嫌悪からの逃避先であるかもしれない。しかしいずれにせよそれは、背後の陰としてであっても、社会システムが解体し、私たち人間が作ったものであると同時に人間を作った原初の親族図式にまで私たちが追い戻されたときに、前面に現れる機会を待ちつつ、そこに存在しているのである。そしてそれは、フロイトがはっきりと見たように、自己を作ったものを絶えず再生産するという、人間の呪いである。

結　論

母方のオジに関する人類学の執着を、結局どう考えればよいだろうか。それは部族社会あるいは過去の社会の異風にすぎないのだろうか。それとも、統計的少数事例にすぎない母系制世代継承に関連するだけの何かなのだろうか。このどちらに対しても、私たちは否と答えることができる。構造主義や行動学の提起するものが正しいなら、それは父や父の兄弟以上に確実に、原始的親族図式の中に存在している。父系制相続の場合などで彼らが表面に立つときにも、母方のオジは消滅しているのではない。それどころか、彼は「家父長権 patria potestas」に拮抗するものとして、力強く浮上するのである。ポール・フリードリッヒの言葉のように、彼は母のクランの中にいる「妻を渡した」男たちへの、母を通じた橋渡しであり、この点で、しばしば同じ言葉で呼ばれる母の父親と同じ存在である。双系制（単系制でない）世代継承の場合には、しばしばより強い姿で立ち現れ、アングロサクソンの言葉を使えば、彼は「糸紡ぎ側〔母方〕」の年長男子としてほとんど神聖というべき地位を持ち、「槍側」の男性の実用的な立場とは顕著な対照をなす。

私たちが彼の特別な地位を、構造主義者のように純然たるインセストタブーの結果であり交換の利点と見なそうが、あるいは行動学者のように母と子（息子でも娘でも）の絆の力学に組み込まれた存在と見なそうが、事柄自体には何も変わりがない。母方のオジは、親族図式の「原始的」項の一つなのである。父と父の兄弟、母と母の姉妹は重なる。親族呼称上は、彼らはしばしば同一視される。しかし、母の兄弟は際だった重要性を持つ存在であり、その反対の極である父の姉妹と対比される。これらの二つは、「二つの性」の絆の産物であり、「同じ性」同士の絆から生じるものではないところにその際だった特徴がある。母の兄弟が、たとえおぼろげであっても「自然」（すくなくとも霊長類の自然）の中には存在するのに対して、父の姉妹というものは自然には存在しない。これはたしかに、人間による発明の産物に違いないが、構造主義者のいうように原始のインセストタブーから生まれたものではない。それは母の兄弟と同様に、人間が母‐子の単位から世代継承の論理を引き出そうと努力した結果である（兄弟と姉妹とは、霊長類の仲間たちと同じくタブーを必要としなくても性関係をどのみち回避する）。母の兄弟と父の姉妹とは、未開時代の母と子の三角形の中の「兄弟と姉妹／息子と娘」であり、性の相違のために彼らのたどる運命は異なるであろうが、しかし同時に母とのつながりのために運命の一体性も持っている。人間の行うブリコラージュは、この状況の中に含まれているロジックを活性化し、母のもとを離れてどこかで婚姻しなければならないこの兄弟と姉妹から生まれた子供たちを、ふたたび結合させようとするのである。兄弟と姉妹との（無性ではないが）非・性的関係はある種のマグネットのように働き、その子供たちを再結合させる。この結果、先に見たアヴァンキュレートやアミテートとの関係のような直接的関係か、あるいはすでに示唆したような、親族集団の中では非常に広く見られる各種の交錯いとこ婚（いうまでもなく兄弟と姉妹の子たちの結婚である）が実現する。両親の時には許されていない婚姻が子供の代になって実現し、集団の統合が次の世代になって回復されるのである。これが達成される際のさまざまな変形は社会人類学者を狂喜させ（またはすくなくともかつて狂喜させ）、私たちもこの章の中でそのいくつかを紹介した。しかし、私たちは表面に現れた民族誌的変異に幻惑されてその下に隠れている恒常的要因を見誤ってはならない。レヴィ＝ストロースの記憶に残る比喩に戻れば、カムシャフトを動かして幻惑するほど多様な民族誌上のジグソーを作らせているものは何なのだろうか。

私たちはこの問を発してみなければ、多様な変異をさまざまな地域的な「理由」や「変数」の作り出す地域的特殊性だと考えてしまいかねない。地域的事情の影響はたしかに変異の形態を決定する上で重要だが、しかしそれだけでは私たちは変異がなぜ「この」特色であり（またこの様式であり）それ以外でないのはなぜかを説明できない。またレヴィ＝ストロースが指摘したように、親族がまったく無視される社会や、あるいはカート・ヴォネガットが未来像として見たように、習慣によってまったく恣意的な関係が生じるようなことはないと考えることを否定する論理的理由がなくなる。しかしそのようなものは実際は存在しない。実際に存在するのは、バッハの『音楽の捧げもの』とかユークリッドの定理のような、論理的関係と内的一貫性がきわめて高い一連の変異形だけである。それらのすべてが、もとになった諸定理と内部に組み込まれた原理とのせいで機能している。私はこの章で、システムの論理的前提となりまた自然選択の時間過程の中でできてきた一連の定理を把握しようとつとめてきた。

進化主義者は母の兄弟の重要性を認識したが、それを社会進化の中での初期の「段階」のもの（母権制のもの）と考え、父権制の段階になっても現れることを、やがて克服される文化的遺物にすぎないとした。機能主義者はこれを段階説から救い出し、母の兄弟を父の姉妹とともに、単系集団における権力と心的態度の関係という文脈におこうとした。しかし彼らは、それを単系集団という存在が作り出す状況の産物以上のものとは考えなかった。構造主義者はそれを一歩自然の奥深くに位置づけ、原始的親族関係の原子の中に、〔兄弟による〕姉妹の「放棄」の結果として「始原から ab origine」存在するものと認識した。行動学者はさらに深くへと踏み込み、インセストタブーを出発点とすることを拒否し、それが、男子の母‐子集団への帰属が不確実なために、母‐息子‐娘という三角形の中に組み込まれている擬似的両親としての兄弟‐姉妹のペアに由来するとした。これは、自然の中にインセスト回避の傾向があり、また霊長類の基本線においてすでに親族集団が充分発達しており、（行動学的意味で）母系や母の兄弟がもっとも近い親族とされるシステムが潜在的に発達している、とする霊長類学者に支持された。社会生物学者は進化主義者の父性の確実さ——正確には不確実さ——に対する関心を復活し、母の兄弟が姉妹の子供に「投資」するのはこのせいだとした。この立場は、進化主義者や機能主義者同様に、アヴァンキュレートは多様な環境事情が生み出す特殊事例だと考える。行動学的・構造主義的立場は、これが何かの原因から生起する結果ではなく、アリストテレスの意味の変化を引き起こす始動因であると見なす。それはつねに「そこ」に存在するものであり、あるケースでは他より見えやすいというにすぎない。このように見ると、これらの立場の間には実際の対立は存在しない。構造主義・行動学・霊長類研究の立場は、なぜそのような「力能」が存在するのかを説明する。一方、進化主義者・機能主義者・社会生物学者の立場は、それが現実に特定の形を取るのはなぜか、という理由を示唆する（誤解がないように述べれば、初期の進化主義者はアヴァンキュレートのルーツを自然の中に見た。社会生物学の立場も、遺伝上の血縁度という論理によって与えられた力能の発現だと解釈できる）。そして、もし行動学の立場が正しければ、私たちの結論は（インセストタブーでも、核家族でも、相互交換でもなく）アヴァンキュレートこそが文化の方程式のもっとも始原の項であるということになる。

では今日、母方のオジはどこにいるのだろうか。もちろん、家族の等式の中にまだ存在することはたしかである。しかしそれは、他のあらゆる親族の絆と同様に、私たちがこれまで叙述してきたように親族と国家との、身分と契約との、集団主義と個人主義との、親族法と国家法との戦いの中で苦しんでいる。母と子の特別な絆さえ保証できないときに――私たちが一億二〇〇〇万年の哺乳類の進化の歴史を蹴落とそうとしているときに――アヴァンキュレートのようなもろいものに、チャンスなどあるだろうか。実際には、一つならずあるのかもしれない。これは、本当はこのことが専門のはずの社会学者たちが、「家族」とその「衰退」にかまけて、集中的に研究をしてこなかった主題である。しかし性革命、離婚、再婚、シングルペアレント家族、などによって揺さぶられている親族集団は、アヴァンキュレートの再登場の肥沃な土壌になりうるかもしれない。配偶者がますます当てにならなくなり、「国家というオジさん」——福祉を通じた国家（アンクル・サム）という代理親——もますます人気がなくなっている。そのようなとき、兄弟と姉妹という絆が疑似両親の選択肢として魅力的になることはありえよう。結婚が完全に制度化されていなかった過去の奴隷制以前の社会では、これは現実に存在したものだと考えられる。結婚が壊れやすく、唯一の選択にならず、むしろ無価値となった社会では、猖獗を極める個人主義をおびやかすアノミーに対して、兄弟‐姉妹の絆の確かさがもともと集合的な親族の図式の中で魅力ある代替案となることは充分にありうるだろう。もちろん、私たちの産業社会が助長する極端な移動性がそれを困難にするだろう。しかし、コンピュータ・ネットと在宅の仕事が可能な脱産業社会段階には、それも改善されるかも知れない。私たちは産業革命以前のコテージの仕事場の、核家族を破壊するどころかそれを育てた状態に、もどりつつある。新しいコテージの仕事場は、シングルペアレントと子供たちの共同に魅力ある解決策を見いだす可能性がある。親族集団はたしかに破滅に瀕しており、法がその終焉を祝福する（それとも嘆く）社会学者と共謀している以上、私たちは用心深くしよう。しかし、親族そのものに回復力があり多様な状況への適応力を持っているものであるのなら、文化の中の親族の等式の中でもっとも基本的な項であるアヴァンキュレートこそが、なかでももっとも回復力に富むものであろう。国家というオジさんが没落するとき、母方のオジさんが出番を待っている。もしこれが起きたときは、母系制継承の奥義を教わろうと法律家たちがひしめき合い、半世紀以前にアイオワの同業者たちが投げ捨てたものを拾おうと駆けだすのが見られるであろう。

注、参考文献、および謝辞

全体にわたる謝辞

個別の助力への感謝は、各章の注の中に記した。ここでは、この本の着想を与えてくれ、テーマと内容を決める際に助けとなってくれたアーヴィン・ルイス・ホロヴィッツに感謝したい。また、メアリ・カーチス、エスター・ルケットそのほかのトランザクション出版の人々、なかでも著作者なら誰もが夢見る完璧な編集者、アリ・パーカーに感謝したい。マーガレット・グルーターと彼女の名前を冠した研究所は、終始援助とインスピレーションとの尽きることのない源泉であった。

第一章　一夫多妻の警察官事件

注

1　Mark P. Leone, *Roots of Modern Mormonism* (Cambridge : Harvard U.P., 1979) 242-44頁、およびその場所に引用の文献参照。特に Fawn M. Brodie, *No Man Knows My History* (New York : Knopf, 1945) を参照。モルモン教の一夫多妻に関しては Jessie L. Embry, *Mormon Polygaoous Families : Life in the Principle* (Salt lake City : Univ. of Utah Press, 1987) ; Richard Van Wagoner, *Mormon Polygamy : A History* (Salt Lake City : Signature Books, 1986) 参照。モルモン教と法に関しては Edwin B. Firmage and Richard C. Mangrum, *Zion in the*

Courts : A Legal History of the Church of Jesus Christ of Latter-Day Saints, 1830-1900 (Urbana : Univ. of Illinois Press, 1988) 特に Part 2 参照。その経済史については Leonard J. Arrington, *Great Basin Kingdom : An Economic History of the Latter-Day Saints* (Cambridge : Harvard U.P., 1958) 参照。

2 *Cantwell v. Connecticut* (310 U.S. 296 [1940]) ; *West Virginia State Board of Education v. Barnett* (319 U.S. 624 [1943]) ; *Hamilton v. Regents of the University of California* (293 U.S. 245 [1934]) ; *Braunfeld v. Brown* 366 U.S. 599 (1961) ; *Sherbert v. Verner* 374 U.S. 398 (1963) などの判例参照。

3 結婚権と一夫多妻の関係について G. Keith Nedrow, "Polygamy and the Right to Marry : New Life for an Old Lifestyle," *Memphis State University Law Review* 11 : 1 (1981), 303-49 参照。

4 フランク・マーフィーは法曹の中では市民権の強い擁護者であり、一九四〇年代最高裁判所でもっとも明晰な思考をした。Harold Norris, *Mr. Justice Murphy and the Bill of Rights* (Dobbs Ferry, NY : Oceana Publications, 1965) 参照。

5 例えばオーストラリア、南太平洋、ミクロネシア、メラネシア、ニューギニア、北米南米原住民、などが除外される。バルカン半島部のヨーロッパ・イスラム教徒については指摘するまでもない。

6 George Stocking, *Race, Culture and Evolution* (New York : Free Press, 1968) 参照。

7 イギリスとヨーロッパの結婚に関する法と習慣の簡潔な歴史的概観については Mary Ann Glendon, "Legal Concepts of Marriage and the Family," in *Loving, Parenting and Dying : The Family Cycle in England and America Past and Present,* edited by V. C. Fox and M. H. Quitt (New York : Psychohistory Press, 1980). また John R. Gillis, "Conjugal Settlement : Resort to Clandestine and Common Law Marriage in England and Wales, 1650-1850," in *Disputes and Settlements,* edited by John Bossy (Cambridge : Harvard University Press, 1984) も参照。

8 教会の性に対する態度に関しては参考にすべきものが多すぎて引用しきれない。次に優れた文献一覧を持つ概観書若干を上げる。Reay Tannhill, *Sex in History* (New York : Stein and Day, 1980) ; G. Rattray Taylor, *Sex in*

History (New York : Thames and Hudson, 1954) ; Denis de Rougement, *Passion and Society* (London : Faber, 1940) (Originally *L'Amour et l'Occident* [Paris : Plon, 1934]). 今なお初期時代に関する標準的作品として上げられるのは W. E. H. Lecky, *History of European Morals from Augustus to Charlemagne* (London : Longmans Green, 1869) である。最終的に信徒に強制されたキリスト教の伝統に対して、他にありえた選択肢を論じたものとして Elaine Pagels, *The Gnostic Gospels* (New York : Random House, 1979) がある。

9　メロヴィング王朝人に関して J. M. Wallace-Hadrill, *The Long-haired Kings, and Other Studies in Frankish History* (London : Methuen, 1962) と S. Dill, *Roman Society in Gaul in the Merovingian Age* (London : Macmillan, 1926) 参照。

10　三〇年戦争後の一夫多妻制に関して E. Westermarck, *A Short History of Marriage* (New York : Macmillan, 1926), p. 236 :「ウエストファリア和平直後の一六五〇年……ニュールンベルクで開かれたフランケン・クライスの議会で、男は女二人との結婚を今後許されるとの決定がなされた」。ロシアの事例については Paul Friedrich, "Semantic Structure and Social Structure : An Instance in Russian," in W. H. Goodenough (ed.), *Explorations in Cultural Anthropology* (New York : McGraw-Hill, 1964) 参照。一七世紀の各宗派に関して Christopher Hill, *The World Turned Upside Down : Radical Ideas During the English Revolution* (Harmondsworth : Penguin, 1976) ; J. Cairncross, *After Polygamy Was Made a Sin : The Social History of Christian Polygamy* (London : Routledge, 1974) 参照。中世について J. A. Brundage, *Law, Sex and Christian Society in Medieval Europe* (Chicago : University of Chicago Press, 1987) ; F. Gies and J. Gies, *Marriage and the Family in the Middle Ages* (New York : Harper and Row, 1987) ; D. Herlihy, *Medieval Households* (Cambridge : Harvard University Press, 1985) 参照。

11　貴族の間の庶子の合法化と資格授与（したがって事実上の一夫多妻制）に関して J. F. Cooper, "Patterns of Inheritance and Settlement by Great Landowners from the Fifteenth to the Eighteenth Centuries," in *Family and Inheritance : Rural Society in Western Europe 1200–1800*, edited by J. Goody, J. Thirsk, and E. O.

Thompson (Cambridge : Cambridge University Press, 1978) 参照。

12 Jerzy Peterkiewicz, *The Third Adam* (London : Oxford University Press, 1975), ch. 7 参照。

13 F. Engels, *The Conditions of the Working Class in England,* translated by W. Henderson and W. H. Chaloner (Stanford : Stanford University press, 1958) (originally published in Germany in 1845) ; B. Disraeli, *Sybil, or The Two Nations,* 3 vols. (London : Colburn, 1845).

14 本文で見るように、法廷が過度にその学術的見解を尊重するリーバー教授は、女性に関しては次のような考察を行っている。「女性の性格とそれに由来する義務とから、女性は公的生活から除外される。小心さ、羞恥心、繊細さ、精神集中に劣ること、ならびに女性に特に課される神聖な義務などが、彼女を男性に比較してより控え目であることを要求する。女性は公共生活に参入すればするほど、女性らしさを喪失する」。(Francis Lieber ; *Manual of Political Ethics* [Boston : Little Brown, 1839], 124-5)

15 例えば N. W. Thomas, *Kinship Organizations and Group Marriage in Australia* (Cambridge : Cambridge University Press, 1906) 参照。

16 L. H. Morgan, *Ancient Society* (New York : Holt, 1877) ; J. F. McLennan, *Primitive Marriage* (Edinburgh : Black, 1865) ; Herbert Spencer, *Principles of Sociology* (London and Edinburgh : Williams and Norgate, 1876-1896), vol. 1, part 3. 判事たちは公平であるために、これらの作品のどれかを一八七八年までに熟読・精通しているべきであった。おそらく彼らはバスチアンとかフンボルトとかのドイツ比較民族学者のものには接したことがあるのだろう。またはジェスイット派の報告などには。

17 R. D. Alexander, J. L. Hoogland, R. D. Howard, K. M. Noonan, and P. W. Sharman, "Sexual Dimorphisms and Breeding Systems in Pinnipedes, Ungulates, Primates and Humans," in *Evolutionary Biology and Human Social Behavior,* edited by Chagnon and W. Irons (North Scituate, MA : Duxbury, 1979).

18 G. P. Murdock, "World Ethnographic Sample," *American Anthropologist 59* (1957) : 604-87 ; C. S. Ford and F. A. Beach, *Patterns of Sexual Behavior* (London : Eyre and Spottiswoode, 1951) ; E. Bourguignon and L. S.

Greenbaum, *Diversity and Homogeneity in World Societies* (New Haven : HRAF Press, 1973).

19 Robin Fox, *The Keresan Bridge : A Problem in Pueblo Ethnology* (London : Athlone, 1967) 参照。

20 C. M. Arensberg and S. T. Kimball, *Family and Community in Ireland* (Cambridge : Harvard University press, 1940) 参照。飢饉以前の状態を残したアイルランドの別の生活様式に関して Robin Fox, *The Tory Islanders : A People of the Celtic Fringe* (Cambridge : Cambridge University Press, 1978) 参照。

21 例えばフォーテスのタレンシ族、エヴァンス＝プリチャードのヌアー族に関する古典的論議 M. Fortes, *The Dynamics of Clanship among the Tallensi* (London : Oxford University Press, 1945) ; ibid., *The Web of Kinship among the Tallensi* (London : Oxford University Press, for the International African Institute, 1949) ; E. E. Evans-Pritchard, *The Nuer* (Oxford : Clarendon Press, 1940) ; and ibid., *Kinship and Marriage among the Nuer* (Oxford : Clarendon Press, 1951) を参照。

22 A. R. Radcliffe-Brown and D. Forde, eds., *African System of Kinship and Marriage* (London : Oxford University Press for the International African Institute, 1950) ; Nur Yalman, *Under the Bo Tree : Studies in Caste, Kinship and Marriage in the Interior of Ceylon* (Berkeley : University of California Press, 1971) ; M. Freedman, *Chinese Family and Marriage in Singapore* (London : HMSO, 1957) ; W. Shapiro, *Miwuyt Marriage : The Cultural Anthropology of Affinity in Northeast Arnhem Land* (Philadelphia : Institute for the Study of Human Issues, 1981) ; P. Bohannan and J. Middleton, eds., *Marriage, Family and Residence* (Garden City, NY : Natural History Press, 1968) ; Denise Paulme, ed., *Women of Tropical Africa* (Berkeley : University of California Press, 1971) ; I. Schapera, *Married Life in an African Tribe* (London : Faber, 1940).

23 W. N. Stephens, *The Family in Cross-cultural Perspective* (New York : Holt, Rinehart and Winston, 1963) 参照。

24 M. Daly and M. Wilson, "Abuse and Neglect of Children in Evolutionary Perspective," in *Natural Selection and Social Behavior*, edited by R. Alexander and D. W. Tinkle (New York : Chiron Press, 1981).

25 Richard F. Burton, *The City of the Saints* (London : Longman Green, 1861), appendix 4.

26 L. L. Betzig, *Despotism and Differential Reproduction : A Darwinian View* (New York : Aldine, 1986) 参照。特にモルモン教徒に関しては L. Mealey, "The Relation Between Social Status and Biological Success : A Case Study of the Mormon Religious Hierarchy," *Ethnology and Sociology 6* (1985) : 249-57 参照。

27 この異議は次の中で述べられた。Richard D. Schwartz, "Using Sociology in Shaping the Law," *Journal of Social and Biological Structures,* special issue entitled "Law, Biology and Culture" 5 : 4 (1982) : 325-33. 彼は W. J. Goode, *World Revolution and Family Patterns* (New York : Free Preess, 1963) に言及するが、同じ論点は家族に関するあらゆる社会学と人類学の著述にいえる。またシュワーツはポスト産業社会に関する問題も提起しているが参考文献を上げていない。標準的作品は Daniel Bell, *The Coming of Post-industrial Society* (New York : Basic Books, 1973) である。興味深いことに、シュワーツは「レイノルズ」事件とそれに続く一夫多妻裁判を用いて社会学的推論を法的問題に適用する際の問題点を指摘している。

28 Robin Fox, *The Red Lamp of Incest : An Enquiry into the origins of Mind and Society* (New York : Dutton, 1980 ; 2nd ed. Notre Dame : Notre Dame University Press, 1983) 特に第六章、第八章、注、参考文献を見よ。親族と結婚制度に関する私のより一般的な見解は Robin Fox, *Kinship and Marriage : An Anthropological Perspective* (Hamondsworth : Penguin, 1967 ; reprint, New York : Cambridge University Press, 1989) 参照。

29 対照的研究について、例えば Gary R. Lee, "Marital Structure and Economic Systems," *Journal of Marriage and the Family 41* (1979) : 701-707 および Jack Goody, "Polygyny, Economy and the Role of Women," in *The Character of Kinship,* edited by J. Goody (Cambridge : Cambridge University Press, 1973), 175-190 参照。

30 L. Tiger and R. Fox, *The Imperial Animal* (New York : Holt Rinehart and Winston, 1971 ; reprint, New York : Henry Holt, 1989).

31 Robin Fox, "Fitness By Any Other Name," *The Behavioral and Brain Sciences 9* (1986) : 192-3 参照。D. R. Viking, "Social versus Reproductive Success : The Central Problem of Human Sociology," *The Brain and*

Behavioral Sciences 9 (1986)：167-216 への回答である。

32　Carol S. Bruch, "Nonmarital Cohabitation in the Common Law Countries：A Study in Judicial-Legislative Interaction," *American Journal of Comparative Law* 29 (1981)：2, 217-45.

33　養子問題に関する優秀な論点として R. Michael Otto, "Wait 'Til Your Mothers Get Home：Assessing the Right of Polygamists as Custodial and Adoptive Parents," *Utah Law Revue* 4 (1991)：881-931 参照。

謝　辞

リチャード・アレクサンダー、ロジャー・マスターズ、ウオーレン・シャピロおよびポール・ボハナンに彼らの有益な考察について、ソルトレークシティ弁護士デニス・ハスラムにユタ州法に関する教示について、キャロル・サンガーに私が法的論議をあえてすることへの激励に関し、キャロル・ブラックに「マーヴィン対マーヴィン」事件の真の含意の解説について、マイケル・ウオールドとE・ドナルド・エリオットに全般的な励ましと法学者が関心を持つだろうと保証してくれたことについて、それぞれ感謝したい。本稿の最初の版は、モンタレー・デューンズで開かれた法と行動科学研究所第四回会議に提出された。マーガレット・グルーターおよび会議参加者の貢献に感謝している。誤り、脱落、および全体に関する結論はすべて私に責任がある。

第二章　子供を渡さない代理母の事件

私は法廷助言書を書いたので速記、他の助言書、判決や動議の写し、それ以外の証拠として提出された文書の写し（例えば契約書）を含む、裁判に関するすべての記録に接しえた。さらに全審理期間の毎日の報道抜粋集も所有した。上級裁判所の審理の数日に出席し、州最高裁判所聴聞会にはグルーター研究所を代表し法廷助言者として出席し、また上級裁判所および最高裁判所の判決後の記者会見に出席した。本章で公刊されていない文書から引用する場合は、以上の参加の結果所有するにいたった資料を使用している。

謝　辞

本章を書く上で私が受けた恩恵は、当然ながら莫大なものになる。なかでももっとも基礎的な二つのうち一つは、ドナルド・エリオットからであった。彼は私が煩わしい契約法の藪を通り抜け、助言書を書く仕事に集中するための案内をしてくれた。助言書はその名の通り短いがあらゆる必要なパンチが含まれている必要があった。もう一人はマイケル・マグワイアーである。彼は、私が一九七〇年にスタンフォード大学医学部で（国立医学衛生研究所研究員として）概略を習って以来、忘れてしまった内分泌学の知識の欠陥を補うためにミニ講義をしてくれた。マーガレット・グルーターは、グルーター研究所所長として、この協力機会を作るために最善を尽くしてくれ、また他のグルーター「チーム」のメンバーたちとともに、大きな示唆を与えてくれた。メンバーの中でポール・J・ボハナンとジョーン・ホリンガーには、さまざまの批判とコメントについて特に感謝する必要がある。最後に私は、メアリー・ベス・ホワイトヘッド自身に感謝すべきだと思う。私は、彼女を完全に知っているとはいえない。裁判期間中彼女は当然、可能な限り存在を遮蔽されていた。しかし、私は州最高裁が下級審の彼女に対する取り扱いを叱責したことが、異論の余地なく正しいと断言できる程度には熟知している。ある勇気ある新聞の解説者が述べたように、彼女はヒロインの資格を持っている。それは今では失われたものだ。彼女はよき母であると同時に勇敢な女性である。私は、彼女と彼女の子供たちの幸せを祈りたい。私たちがもっと力になれなかったことを、残念に思う。

本章に使用された文章の一部の要約は、最初次の形で公表された。R. Fox, "In the Matter of Baby M: Report from the Gruter Institute for Law and Behavioral Research," *Politics and the Life Sciences* 7 (1988): 1, 77-85.

参考文献

Amiel-Tison, Claudine. 1985. "Pediatric Contribution to Present Knowledge on the Neurobehavioral Status of Infants at Birth." In *Neonate Cognition*, edited by J. Mehler and R. Fox. Hillsdale NJ: Erlbaum.

Bateson, P. P. G. 1976. "Rules and Reciprocity in Behavioural Development." In *Growing Points in Ethology,* edited by P. P. G. Bateson and R. A. Hinde. Cambridge : Cambridge University Press.

Blum, B. L., ed. 1980. *Psychological Aspects of Pregnancy, Birthing and Bonding*. New York : Human Sciences.

Blurton Jones, N. 1972. "Comparative Aspects of Mother Child Contact." In *Ethological Studies of Child Behavior,* edited by N. Blurton Jones. Cambridge : Cambridge University Press.

Blurton Jones, N. 1985. "Anthropology, Ethology and Childhood." In *Biosocial Anthropology,* edited by R. Fox. London : Malaby Press.

Bowlby, John. 1951. *Maternal Care and Mental Health*. Geneva : WHO.

Bowlby, John. 1969. *Attachment and Loss*. Vol. 1, *Attachment*. London : Hogarth Press.

Bowlby, John. 1973. *Attachment and Loss*. Vol. 2, *Separation*. London : Hogarth Press.

Bowlby, John. 1980. *Attachment and Loss*. Vol. 3, *Loss*. London : Hogarth Press.

Brazelton, T. B. 1973. "Effect of Maternal Expectations on Early Infant Behavior." *Early Child Dev. Care* 2 : 259–273.

Brown G. W., and Harris, T. 1978. *Social Origins of Depression : A Study of Psychiatric Disorder in Women*. London : Tavistock.

Campbell, B., and Peterson, W. E. 1953. "Milk Let-down and Orgasm in the Human Female," *Human Biology* 25 : 165–68.

Chesler, Phyllis, 1988, *Sacred Bond : The Legacy of Baby M*. New York : Times Books.

Chisholm, J. S. 1983. *Navaho Infancy : An Ethological Study of Child Development*. New York : Aldine.

Chrichton, M. 1990. *Jurassic Park*. New York : Knopf.

Cloninger, C. R., Sigvardsson, S., Bohman, M., and van Knoring, A. 1982. "Predisposition to Petty Criminality in Swedish Adoptees : II Cross-fostering Analysis of Gene-Environment Interaction." *Archives of General Psychia-*

try 39 : 1242-7.

Condon, W. S., and Sander, L. W. 1974. "Neonate Movement is Synchronized with Adult Speech : Interactional Participation and Language Acquisition." *Science* 183 : 99-101.

Corbin, A. 1960. *Treatise on the Law of Contracts*. St. Paul, MI : West Pub. Co.

Count, Earl W. 1973. *Being and Becoming Human*. New York : Van Nostrand.

Daly, M., and Wilson, M. 1987. "Evolutionary Psychology and Family Violence." In *Sociobiology and Psychology,* edited by C. Crawford, M. Smith, and D. Krebs. Hillsdale, NJ : Erlbaum.

DeCasper, A. J., and Fifer, W. P. 1980. "Of Human Bonding : Newboms Prefer Mother's Voices." *Science* 208 : 1174-1176.

DeMott, Benjamin. 1990. *The Imperial Middle : Why Americans Can't Think Straight about Social Class*. New York : Morrow.

Department of Health and Social Security. 1984. *Report of the Committee of Inquiry into Human Fertilization and Embryology*. London : HMSO.

Deykin, E. Y., Campbell, L., and Patti, P. 1984. "The Postadoption Experience of Surrendering Parents." *Amer. J. Orthopsych*. 54 : 271-280.

Dunn, J. 1976. "How Far Do Early Differences in Mother-Child Relations Affect Later Development ?" In *Growing Points in Ethology,* edited by P. P. G. Bateson and R. A. Hinde. Cambridge : Cambridge University Press.

Eibl-Eibesfeldt, I. 1970. *Ethology : The Biology of Behavior*. New York : Holt, Rinehart and Winston.

Ekman, P., Friesen, W. V., and Ellsworth, P. 1972. *Emotion in the Human Face*. Elmsford, NY : Pergamon Press.

Fox, Robin. 1960. "Therapeutic Rituals and Social Structure in Cochiti Pueblo." *Human Relations* 13 : 4, 291-303. Reprinted as "Witches, Clans and Curing" in *Encounter with Anthropology* (New York : Harcourt Brace Jovanovich, 1973). 2nd. ed. published by Transaction Books, New Brunswick, NJ. 1991.

Fox, Robin. 1967. *Kinship and Marriage : An Anthropological Perspective*. Harmondsworth : Penguin. 2nd ed. published by Cambridge University Press, New York, 1985.

Fox, Robin. 1973. "Comparative Family Patterns." Chap. 3 of *Encounter with Anthropology*. New York : Harcourt, Brace, Jovanovich. 2nd. ed. published by Transaction Books, New Brunswick, NJ, 1991.

Freedman, S. B., et al. 1963. "Behavioral Observations on Parents Anticipating the Death of a Child." *Pediatrics* 32 : 610-625.

Friedman, Lawrence M. 1985. *A History of American Law*. 2nd. ed. New York : Simon and Schuster, 1973.

Gellner, E. 1981. *Muslim Society*. Cambridge : Cambridge University Press.

Goodall, Jane. 1972. In *The Shadow of Man*. New York : Dell.

Hall, F., et al. 1980. "Early Life Experiences and Later Mothering Behavior : A Study of Mothers and Their 20-week Old Babies." In *The First Year of Life*, edited by D. Shaffer and J. Dunn. New York : Wiley.

Hamburg, D. A. 1974. "Coping Behavior in Life-Threatening Circumstances." *Psychotherapy and Psychosomatics* 23 : 13-25.

Hamburg, D. A., et al. 1968. "Studies of Distress in the Menstrual Cycle and the Postpartum Period." In *Endocrinology and Human Behaviour*, edited by R. Michael. Oxford : Oxford University Press.

Hamilton, W. D. 1963. "The Evolution of Altruistic Behavior." *American Naturalist* 97 : 354-56.

Hansen, E. W. 1966. "The Development of Maternal and Infant Behavior in the Rhesus Monkey." *Behavior* 27 : 107-149.

Harlow, H. F., and Harlow, M. K. 1965. "The Affectional Systems." In *Behavior of Nonhuman Primates*, vol. 2., edited by M. Schrier. H. F. Harlow, and F. Stolnitz. New York and London : Academic Press.

Harlow, Harry F. 1959. "Love in Infant Monkeys." *Scientific American* June : 1-8.

Harlow, Harry F. 1974. "Induction and Alleviation of Depressive States in Monkeys." In *Ethology and Psychiatry*, edited by N. White. Toronto : Toronto University Press.

Harlow, Harry, F. 1961. "The Development of Affectional Patterns in Infant Monkeys." In *Determinants of Infant Behavior,* edited by B. M. Foss. London : Methuen. Vol. 1.

Herbert, M., Sluckin, W., and Sluckin, A. 1982. "Mother to infant 'bonding'." *Journal of Child Psychology and Psychiatry* 23 : 205-221.

Hinde, R. A., and Spencer-Booth, Y. 1971. "Effects of Brief Separation from Mother on Rhesus Monkeys." *Science* 173 : 111-18.

Hofer, Myron A. 1972. "A Psychoendocrine Study of Bereavement, Part 1." *Psychosomatic Medicine* 36 (6) : 481-491.

Hollinger, Joan H. 1985. "From Coitus to Commerce : Legal and Social Consequences of Noncoital Reproduction." *Journal of Law Reform* 8 (4) : 865-932.

Huxley, A. 1932. *Brave New World.* London : Chatto and Windus.

Kagan, J. 1981. "Universals in Human Development." In *Handbook of Cross-cultural Human Development,* edited by R. H. Munroe, R. L. Munroe, and B. B. Whiting. New York : Garland STPM Press.

Kagan, J., Kearsley, R. B., and Zelazo P. R. 1980. *Infancy : Its Place in Human Development.* Cambridge : Harvard University Press.

Katz, A. 1986. "Surrogate Motherhood and the Baby-Selling Laws." *Columbia Journal of Law and Social Problems* 20 (1) : 1-53.

Keane, N., and Breo, D. 1981. *The Surrogate Mother ?* New York : Everest House.

Klaus, M. H., and Kennell J. H. 1982. *Parent-Infant Bonding.* 2nd. ed. St. Louis : Mosby.

Konner, M., and Worthman, C. 1980. "Nursing Frequency, Gonadal Function and Birth Spacing among ! Kung Hunter Gatherers." *Science* 207 : 788-91.

Konner, Melvin. 1982. *The Tangled Wing : Biological Constraints on the Human Spirit.*New York : Holt, Rinehart and Winston.

Lamb, M. E., and Hwang, C.-P. 1982. "Maternal Attachment and Mother-neonate bonding : A Critical Review." In *Advances in Developmental Psychology,* vol. 2, edited by M. E. Lamb and A. L. Brown. Hillsdale, NJ : Erlbaum.

Lorenz, Konrad. 1970. *Studies in Animal and Human Behavior,* vol. 1, translated by Robert Martin. Cambridge : Harvard University Press.

Mackey, W. C. 1979. "Parameters of the Adult Male-Child Bond : A Cross-Cultural and Cross-Species Analysis." *Ethology and Sociobiology* 1 : 59-76.

Mackey, W. C., and Day, R. 1979. "Some Indicators of Fathering Behaviors in The United States : A Cross-Cultural Examination of Adult Male-Child Interaction." *Journal of Marriage and The Family* 4 : 287-299.

Maine, Sir Henry. 1861. *Ancient Law.* London : John Murray.

Mehler, J., Bertoncini, J., and Barrière, M. 1978. "Infant Perception of Mother's Voice." *Perception* 7 : 5.

Mehler, Jacques, and Fox, Robin, eds. 1985. *Neonate Cognition : Beyond the Blooming Buzzing Confusion.* Hillsdale, NJ : Erlbaum.

Mehler, Jacques. 1985. "Language Related Dispositions in Early Infancy." In J. Mehler and R. Fox, eds. *Neonate Cognition.* Hillsdale, NJ : Erlbaum.

Miles, M., and Melhuish, E. 1974. "Recognition of Mother's Voice in Early Infancy." *Nature* 252 : 123-24.

Newton, Niles. 1973. "Interrelationships Between Sexual Responsiveness, Birth and Breast Feeding." In *Contemporary Sexual Behavior : Critical Issues in the 1970s,* edited by J. Zubin and J. Money. Baltimore and London : Johns Hopkins University Press.

Parker, Phillip J. 1983. "Motivation of Surrogate Mothers : Initial Findings." *Amer. J. Psychiatry* 140 (1) : 117-18.

Querleau, D., and Renard, K. 1981. "Les Perceptions Auditives du Foetus Humain." *Medicine et Hygiène* 39 : 2102-

2110.

Rheingold, H. R., ed. 1963. *Maternal Behavior in Mammals*. New York : Wiley.

Robertson, J. 1986. "Embryos, Families and Procreational Liberty : The Legal Structure of the New Reproduction." *Southern California Law Review* 59 : 939-1041.

Rossi, Alice. 1977. "A Biosocial Perspective on Parenting." *Daedalus* 106 : 1-33.

Rynearson, E. K. 1982. "Relinquishment and its Maternal Complications : A Preliminary Study." *Amer J. Psychiatry* 193 (3) : 338-40.

Sameroff, A. 1978. "Summary and Conclusions : The Future of Newborn Assessment." In *Organization and Stability of Newborn Behavior*, edited by A. Sameroff. Monographs of the Society for Research in Child Development 43 (5-6) : 102-17.

Schwartz, A. 1979. "The Case for Specific Performance." *Yale Law Journal* 89 : 271-289.

Seay, B., Alexander, B. K., and Harlow, H. F. 1964. "Maternal Behavior of Socially Deprived Rhesus Monkeys." *J. Abnormal Soc. Psych.* 69 : 345.

Seligman, M., and Maier, S. 1976. "Failure to Escape Traumatic Shock." *J. Exp. Psych.* 74 : 1-9.

Sorosky, A. D., Baran, A., and Pannor R. 1978. *The Adoption Triangle.* Garden City, NY : Anchor Press / Doubleday.

Stanworth, M., ed. 1987. *Reproductive Technologies : Gender, Motherhood and Medicine.* Cambridge : Cambridge University Press.

Suomi, Stephen J. 1975. "Depressive Behavior in Adult Monkeys Following Separation from Family Environment." *J. Abnormal Soc. Psych.* 84 : 576-78.

Temple, G. 1984. "Freedom of Contract and Intimate Relationships." *Harvard Journal of Law and Public Policy* 8 (1) : 121-173.

Tiger, L. 1969. *Men in Groups.* New York : Random House.

Tiger, L., and Fox R. 1971. *The Imperial Animal.* New York : Holt, Rinehart and Winston. (2nd ed. New York : Henry Holt, 1989)

Trivers, R. 1972. "Parental Investment and Sexual Selection." In *Sexual Selection and the Descent of Man. 1871-1971,* edited by B. Campbell. Chicago : Aldine.

Tulchinsky, D., and Ryan, K. J. 1980. Maternal-Fetal Endocrinology. Philadelphia : Saunders.

Weber, Max. 1930. *The Protestant Ethic and the Spirit of Capitalism.* Translated by Talcott Parsons. New York : Scribner, London : Allen and Unwin, 1904-5.

Weiss, J., Glazer, H. I., and Pohorecky, L. A. 1976. "Coping Behavior and Neurochemical Changes in Rats : An Altemative Explanation for the Original Learned Helplessness Experiments." In *Animal Models in Human Psychobiology,* edited by G. Servan and A. Kling. New York : Plenum.

Whitehead, Mary Beth (with Loretta Schwartz-Nobel). 1989. *A Mother's Story.* New York : St Martin's Press.

Yakovlev, P., and Lecours, A. R. 1967. "The Myelogenetic Cycles of Regional Maturation of the Brain." In *Regional Development of the Brain in Early Life,* edited by A. Minowski. Oxford : Blackwell.

Young, L., Suomi, S. J., Harlow, H. F., and McKinney, W. 1973. "Early Stress and Later Response to Separation in Rhesus Monkeys." *Amer. J. Psychiatry* 130 : 400-405.

第二部序論　系譜の方程式

参考文献

Beckstrom, J. 1985. *Sociobiology and the Law.* Chicago : University of Illinois Press.

Chase, A. H., and Phillips, H. 1982. *A New Introduction to Greek. 3rd. ed. Cambridge : Harvard University Press.*

Engels, F. 1905. The Origins of the Family, Private Property, and the State. Translated by E. Untermann. Chicago : Kerr. (Originally Published as *Der Ursprung der Familie, des Privateigenthums und des Staats im Anschluss an Lewis H. Morgans Forschungen.* Zurich : 1884.)

Fox, R. 1967. *The Keresan Bridge : A Problem in Pueblo Ethnology.* London : Athlone.

Fox, R. 1978. *The Tory Islanders : A People of the Celtic Fringe.* Cambridge : Cambridge University Press.

Harrison, J. E. 1927. *Themis : A Study in the Social Origins of Greek Religion.* Cambridge : Cambridge University Press.

Jenkyns, R. 1980. *The Victorians and Ancient Greece.* Cambridge : Harvard University Press.

Jenkyns, R. 1982. *Three Classical Poets.* Cambridge : Harvard University Press.

Krader, L., ed. and trans. 1972. *The Ethnological Notebooks of Karl Marx.* Netherlands : Van Gorcum.

Maine, H. S. 1883. *Dissertations on Early Law and Custom.* London : Murray.

Maine, H. S. 1884. *Ancient Institutions.* London : Murray.

McLennan, J. F. 1865. *Primitive Marriage : An Enquiry into the Origins of the Form of Capture in Marriage Ceremonies.* Edinburgh : Black.

McLennan, J. F. 1876. *Studies in Ancient History.* London : Quaritch.

Morgan, L. H. 1877. *Ancient Society : Researches into the Lines of Human Progress from Savagery through Barbarism to Civilization.* New York : Holt.

Murdock, G. P. 1949. *Social Structure.* New York : Macmillan.

Radcliffe-Brown, A. R. 1952. *Structure and Function in Primitive Society.* London : Cohen and West.

第三章　乙女とゴッドファーザー

謝　辞

本章の最初の版はヴァージニア大学におけるセミナーに提出された。デイヴィッド・サピア，リチャード・ハンドラー，その他の人類学部のメンバーの活発で刺激的な意見に感謝したい。特別な洞察と批判とを，ポール・フリードリッヒ，デル・ハイムズ，フィリップ・ボック，ピーター・キッビー，ロバート・フェイグルズ，ロバート・ストーリー，フェリックス・ブローダー，および中でもローウエル・エドマンズとポール・ベンソンから受けた。本章の最初の印刷版は次のものに掲載された。*The Journal of the Steward Anthropological Society* 17：1 & 2 (1987–1988), 141–192；copyright © The Steward Anthropological Society. 図3–2はAmerican Anthropological Associationの許諾を得てBock 1979から借用した。図3–3はViking Penguin, a division of Penguin Books USA, Inc., の許諾を得てFagles and Knox 1984, © 1982 by Robert Faglesから借用した。

注

34　事実クレオーンは，埋葬に関してはこれを習慣としたように思われる。戦いに倒れたアルゴス人の埋葬も拒否している。死体を救ったのはアテーナイの王テーセウスによる輝かしい武勲であり，そのもとへさまよえる盲目のオイディプースが後に寄宿する。ジェブ（Jebb 1902, 201–2）参照。

35　上の訳文例のうち三つは，例の悪名高いクリフ解説本から取った。学生にどのような既成の知識が伝えられているかを知ろうと思い，書店に入って買った（これももちろん「個人主義者アンティゴネー」の系統の本であった）。しかし興味深いことに，著者は翻訳に関する問題点を示すために，この冒頭行の訳の例をいくつか上げていたのである。

36　バージニア大学のある賢い大学院生を含む数人の批判者は，私が第二行以下も上げることによって，冒頭行に関する議論に文脈を与えるべきだと強く主張した。次にそれを上げておく。

そなたには分かっていますか、お父様ゆえの数々の禍いのうち、
ゼウス様は、どのようなのをまだ、生き残っている私たちにとっておいでか。
そうでしょう、あなたや私が今嘗めている禍いのうちに、
苦痛のたね、破滅のたね、
恥のたね、不面目のたねでないものなど、見当たりますまい。〔二―六行〕

37 ヘーゲルの宗教哲学の中のよく知られたパッセージに止まらず、彼のアンティゴネーと悲劇に関する見解の他の資料を私たちにもたらしたのは、スタイナーの大きな功績である。もちろん他の批評家たち、コジェーブ（Kojève 1947）とデリダ（Derrida 1974）は葛藤の性質に関する良好な理解に近づいているようである。後者から理解可能なところを取って空想的なところを捨て、前者の新ヘーゲル派的土壌を掘り崩すことができれば、であるが。

38 念のため、人類学で言い古された「家族は普遍的か」という問に対しては、二つのものは普遍的だが必ずしも同義語ではない、と答えるべきである。世帯と、第一次的親族という用語で表される親族集団の役割と。

39 ヴェリコフスキー（Velikovsky 1960）はこの複雑な構図にさらにエジプトのテーベがオイディプース伝説全体の史料である可能性がある、という説を付け加えている。母と結婚して父の記憶を抹殺し、その家系の破滅を招いたアクナトンの真説が起源とする。スフィンクスは、たしかにエジプトのものであってギリシャ神話のものではない。また、王女を生きたまま埋葬したという伝説もある。アンティゴネーの挿話の源泉である可能性はありうる。

参考文献

Balch, Stephen H. 1985. "The Neutered Civil Servant : Eunuchs, Celibates, Abductees and the Maintenance of Organizational Loyalty." *Journal of Social and Biological Structures* 8 : 313–328.

Benveniste, E. 1969. *Le vocabulaire des institutions indo-européenes*. 2 vols. Paris : Minuit.

Bemal, M. 1987. *Black Athena : The Afroasiatic Roots of Classical Civilization*. Vol. 1, *The Fabrication of Ancient*

Greece 1785-1985. New Brunswick, NJ : Rutgers University Press.
Bock, Philip. 1979. "Oedipus Once More." *American Anthropologist* 81 : 905-6.
Bradley, A. C. 1909. "Hegel's Theory of Tragedy." In *Oxford Lectures on Poetry*. London : Macmillan.
Carroll, Michael. 1978. "Lévi-Strauss on the Oedipus Myth : A Reconsideration." *American Anthropologist* 80 : 805-14.
Derrida, Jacques. 1974. *Glas*. Paris : Gallimard.
Dodds, E. R. 1951. *The Greeks and the Irrational*. Berkeley and Los Angeles : University of California Press.
Donzelot, J. 1979. *The Policing of Families*. New York : Pantheon.
Dumont, Louis. 1986. *Essays on Individualism : Modern Ideology in Anthropological Perspective*. Chicago : Chicago University Press.
Fagles, R., and Knox, B. 1984. *Sophocles : The Three Theban Plays*. New York : Penguin Books (Penguin Classics Edition). First published 1982.
Finley, M. I. 1979. *The World of Odysseus*. 2nd reu. ed. London : penguin. First published 1954.
Fisher, H. A. L. 1906. "The Codes." In *Cambridge Modern History*, edited by A. W. Ward, G. W. Prothero, and Stanley Leathes. Vol. 9, *Napoleon*, Chap. 6. Cambridge : Cambridge University Press.
Fox, R. 1967. *Kinship and Marriage : An Anthropological Perspective*. Harmondsworth : Penguin Books.
Fox, R. 1983. *Kinship and Marriage : An Anthropological Perspective*. 2nd North American ed. New York : Cambridge University Press.
Friedrich, P. 1966. "Proto-Indo-European Kinship." *Ethnology* 5 : 1-36.
Friedrich, P. 1977. "Sanity and the Myth of Honor : The Problem of Achilles." *Ethos* 5 : 281-305.
Gellner, Ernest. 1981. *Muslim Society*. Cambridge : Cambridge University Press.
Gluckman, Max. 1963. *Order and Rebellion in Tribal Africa*. London : Cohen and West.

Graves, Robert. 1960. *The Greek Myths.* Vol. 2. Rev. ed. Harmondsworth : Penguin. First published 1955.

Havelock, Eric. 1978. *The Greek Concept of Justice.* Cambridge : Harvard University Press.

Jebb, Sir Richard C. 1902. *The Antigone of Sophocles : with a Commentary,* edited by E. Shuckburgh, Cambridge : Cambridge University Press. First published 1900.

Kitto, H. D. F. 1951. *The Greeks.* Harmondsworth : Penguin Books.

Kojève, A. 1947. *Introduction à la lecture de Hegel.* Paris : Galilée.

Kummar, K. 1987. *Utopia and Anti-Utopia in Modern Times.* Oxford : Basil Blackwell.

Lane Fox, Robin. 1973. *Alexander the Great.* London : Allen Lane.

LeGuin, Ursula K. 1985. *Always Coming Home.* New York : Harper and Row.

Lévi-Strauss, Claude. 1958. *Anthropologie structurale.* Paris : Librairie Plon.

McFarlane, A. 1978. *The Origins of English Individualism.* Oxford : Basil Blackwell.

McLennan, J. F. 1876. *Studies in Ancient History.* London : Quarich.

Morris, D. R. 1965. *The Washing of the Spears : The Rise and Fall of the Zulu Nation.* New York : Simon and Schuster.

Morris, I. 1987. *Burial and Ancient Society : The Rise of the Greek State.* Cambridge : Cambridge University Press.

Murray, Oswyn. 1986. "Life and Society in Classical Greece." In *The Oxford History of the Classical World,* edited by J. Boardman, J. Griffith, and O. Murray. Oxford : Oxford University Press.

Parsons, Talcott. 1937. *The Structure of Social Action.* New York : McGraw Hill.

Partridge, Eric. 1983. *Origins : A Short Etymological Dictionary of Modern English.* New York : Greenwich House.

Puzo, Mario. 1969. *The Godfather.* New York : Putnam.

Rawls, John. 1971. *A Theory of Justice.* Cambridge : Harvard University Press.

Redfield, James. 1975. *Nature and Culture in the Iliad : The Tragedy of Hector.* Chicago : Chicago University

Press.
Ritter, E. A. 1957. *Shaka Zulu*. New York : Putnam.
Roche, Paul. 1958. *The Oedipus Plays of Sophocles*. New York : New American Library.
Schoumatoff, Alex. 1985. *The Mountain of Names : A History of the Human Family*. New York : Simon and Schuster.
Smyth, W. S. 1926. *Aeschylus : Vol. II*. (Loeb Classical Library) Cambridge : Harvard University Press / London : Heineman.
Steiner, George. 1984. *Antigones*. Oxford : Clarendon Press (Oxford University Press).
Storr, F. 1912. *Sophocles : Vel. I*. (Loeb Classical Library). Cambridge : Harvard University Press / London : Heineman.
Tiger, Lionel. 1978. "Omnigamy : Towards a New Kinship System." *Psychology Today* July.
Tönnies, F. 1887. *Gemeinschaft und Gesellschaft*. Leipzig : Fues Verlag.
Velikovsky, I. 1960. *Oedipus and Akhnaton*. New York : Doubleday.
Vonnegut, Kurt. 1976. *Slapstick*. New York : Dell.
Watling, E. F. 1947. *Sophocles : The Theban Plays*. Harmondsworth : Penguin Books.

第四章　姉妹の息子たちと猿のオジ

謝　辞

図4-14と4-15はBlackwell Scientific Publications, publishers of R. Hinde, ed., *Primate Social Relationships* (Oxford, 1983) の許諾を得て掲載した。私の六歳の孫，マイケル・カーターがドナルド・ダックの甥の名前の綴りを訂

正してくれたことに感謝する。"Kinship Alpha" は最初次のものに発表され、著者の許諾を得て転載した。Paul Friedrich, *Bastard Moons* (Chicago : Waite Press), 74-78.

参考文献

Alexander, R. A. 1974. "The Evolution of Social Behavior." *Annual Review of Ecology and Systematics* 5 : 325-383.

Bachofen, J. J. 1861. *Das Mutterrecht*. Basel : Schwabe.

Briffault, R. 1927. *The Mothers : A Study in the Origins of Sentiments and Institutions*. New York : Macmillan.

Cheney, D. L. 1983. "Proximate and Ultimate Factors Related to the Distribution of Male Migration." In *Primate Social Relationships,* edited by R. Hinde. Oxford : Blackwell Scientific Publications.

Crook, J. H., and Goss-Custard, J. D. 1972. "Social Ethology." *Annual Review of Psychology* 23 : 277-312.

Dawkins, R. 1976. *The Selfish Gene*. Oxford : Oxford University Press.

Dumont, L. 1953. "The Dravidian Kinship Terminology as an Expression of Marriage." *Man* (o. s.) 54.

Eggan, F. 1949. "The Hopi and the Lineage Principle." In *Social Structure,* edited by M. Fortes. Oxford : Oxford University Press.

Espinas, A. 1878. *Des Sociētēs Animales*. Paris : Baillière

Fisher, R. A. 1929. *The Genetical Theory of Natural Selection*. Oxford : Clarendon Press.

Fortes, M. 1949. "Time and Social Structure : An Ashanti Case Study." In *Social Structure,* edited by M. Fortes. Oxford : Oxford University Press.

Fortes, M. 1959. "Descent, Filiation and Affinity : A Rejoinder to Dr. Leach." *Man* (o. s.) 59.

Fortune, R. 1932. *Sorcers of Dobu*. London : Routledge.

Fox, J. J. 1971. "Sister's Child as Plant : Metaphors in an Idiom of Consanguinity." In *Rethinking Kinship and*

Marriage, edited by R. Needham. London : Tavistock.
Fox, R. 1965. "Demography and Social Anthropology." *Man* (o. s.) 65.
Fox, R. 1967a. *The Keresan Bridge : A Problem in Pueblo Ethnology.* London : Athlone.
Fox, R. 1967b. *Kinship and Marriage : An Anthropological Perspective.* Harmondsworth : Penguin. (2nd. North American Edition, New York : Cambridge University Press, 1983.)
Fox, R. 1978. *The Tory Islanders : A People of the Celtic Fringe.* Cambridge : Cambridge University Press.
Fox, R. 1980. *The Red Lamp of Incest.* New York : Dutton. 2nd ed. Notre Dame : Univ. of Notre Dame Press, 1983.
Fox, R. 1985a. "The Conditions of Sexual Evolution." In *Western Sexuality,* edited by P. Ariès and A. Béjin. Oxford : Blackwell. Originally published as a special edition of *Communications* (Paris : Editions Seuil, 1982).
Fox, R. 1985b. "Paternity Irrelevance and Matrilineal Descent." *The Behavioral and Brain Sciences* 8 (4) : 674-5.
Fox, R. 1986. "Fitness by any other Name." *The Behavioral and Brain Sciences* 9 (1) : 192-3.
Fox, R., ed. 1975. *Biosocial Anthropology.* London : Malaby Press.
Goody, J. 1959. "The Mother's Brother and the Sister's Son in West Africa." *Journal of the Royal Anthropological Institute* 89 : 61-88.
Haldane, J. B. S. 1932. *The Causes of Evolution.* London : Amold.
Hamilton, W. 1963. "The Evolution of Altruistic Behavior." *American Naturalist* 97 : 354-56.
Hamilton, W. 1964. "The Genetical Evolution of Social Behavior." *Journal of Theoretical Biology* 7 : 1-52.
Hartland, E. S. 1909-10. *Primitive Paternity.* 2 vols. London : David Nutt.
Hartung, J. 1985. "Matrilineal Inheritance : New Theory and Analysis." *The Behavioral and Brain Sciences* 8 (4) : 661-88.
Hocart, A. M. 1915. "Chieftainship and the Sister's Son in the Pacific." *American Anthropologist* 17 : 631-46.
Homans, G. C., and Schneider, D. M. 1955. *Marriage, Authority and Final Causes.* Glencoe, IL : Free Press.

Junod, H. 1927. *Life of a South African Tribe.* 2 vols. Revised and enlarged. London : Macmillan. Originally published in 1913.

Kurland, J. 1979. "Patemity, Mother's Brother and Human Sociality." In *Evolutionary Biology and Human Social Behavior,* edited by N. Chagnon and W. Irons. North Scituate, MA : Duxbury.

LaBarre, W. 1954. *The Human Animal.* Chicago : Chicago University Press.

Leach, E. R. 1961. *Rethinking Anthropology.* London : Athlone.

Lévi-Strauss, C. 1949. *Les Structures Elémentaires de la Parenté.* Paris : Presses Universitaires de France.

Lévi-Strauss, C. 1958. *Anthropologie Structurale.* Paris : Plon.

Malinowski, B. 1929. *The Sexual Life of Savages in North-western Melanesia.* London : Routledge.

Murdock, G. P. 1949. *Social Structure.* New York : Macmillan.

Myers, A. C., ed. 1937. *William Penn : His Own Account of the Lenni-Lenape or Delaware Indians 1683.* Philadelphia : Published by the editor.

Needham, R., 1962. *Structure and Sentiment.* Chicago : Chicago University Press.

Needham, R., ed. 1971. *Rethinking Kinship and Marriage.* London : Tavistock.

Radcliffe-Brown, A. R. 1924. "The Mother's Brother in South Africa." *South African Journal of Science* 21 : 542-55.

Radcliffe-Brown, A. R. 1952. *Structure and Function in Primitive Society.* London : Cohen and West.

Rivers, W. H. R. 1910. "The Father's Sister in Oceania." *Folk-Lore* 21 : 42-59.

Rivers, W. H. R. 1914. *The History of Melanesian Society.* 2. vols. Cambridge : Cambridge University Press.

Rodseth, L., Wrangham, R. W., Harrigan, A., and Smuts, B. 1991. "The Human Community as a Primate Society." *Current Anthropology* 32 (3) : 221-254.

Sahlins, M. 1960. "The Origins of Society." *Scientific American* 203 : 76-86.

Smuts, B. B., Cheyney, D. L., Seyfarth, R. M., Wrangham, R. W., and Struhsaker, T. T., eds. 1987. *Primate Societies*. Chicago : Chicago University Press.

Spiro, M. E. 1982. *Oedipus in the Trobriands*. Chicago : Chicago University Press.

Tax, S. 1937. "Some Problems of Social Organization." In *Social Anthropology of the North American Tribes*, edited by F. Eggan. Chicago : Chicago University Press.

Tiger, L., and Fox, R. 1971. *The Imperial Animal*. New York : Holt, Rinehart and Winston. 2nd. ed. New York : Henry Holt, 1989.

Trivers, R. 1972. "Parental Investment and Sexual Selection." In *Sexual Selection and the Descent of Man 1871-1971*, edited by B. Campbell. Chicago : Aldine.

Tylor, E. B. 1871. *Primitive Culture*. 2 vols. London : John Murray.

Westermarck, E. 1891. *The History of Human Marriage*. London : Macmillan.

Wilson, E. O. 1975. *Sociobiology : The New Synthesis*. Cambridge : Harvard University Press.

Wrangham, R. W. 1980. "An Ecological Model of Female-Bonded Primate Groups." *Behaviour* 75 : 262–300.

Zuckerman, S. 1932. *The Social Life of Monkeys and Apes*. London : Routledge.

引用文献一覧

第1章　一夫多妻の警察官事件

1 Utah Constitution of 1890 art. III
2 ch. 138, § 20, 28 Stat.
3 Utah Code Ann. 76-7-101 [1]-[2]-1990
4 *Potter v. Murray City et al.*, 585 F. Supp. 1126 [D. Utah 1984]
5 *Potter v. Murray City et al.*, 706 F. 2nd. 1065 [10th Cir. 1985]
6 *Congressional Globe*, 1890, 1410
7 107 Utah 292 (1944)
8 98 U.S. 145 [1878]
9 329 U.S. 14 [1946]
10 406 U.S. 205 [1972]
11 101 S. Ct. 1425 [1981]
12 102 S. Ct. 1501 [1982]
13 262 U.S. 390 (1923)
14 316 U.S. 535 (1942)
15 388 U.S. 1 [1967]
16 434 U.S. 374 [1978]
17 2 Kent, Com. 79
18 1 James I, ch. 11
19 12 Hen. Stat. 691
20 Kent. Com., 81, n.e.
21 Statute of James I, ch. 11
22 136 U.S. 1,49 [1890]
23 Hobhouse, Wheeler and Ginsberg, *The Material Culture and Social Institutions of the Simpler Peoples* [London : Chapman and Hall, 1915] pp. 159-60
24 Cf. *Zablocki v. Redhail*, 434 U.S. 374, 378 (1978)
25 *Potter v. Murray City et al.*, 595 F. Supp. 1126 [D. Utah 1984]
26 347 U.S. 483 (1954)
27 384 U.S. 436 (1966)

28 *Wisconsin v. Yoder* 406 U.S. 205 [1972] at 247
29 18 Cal. 3d. 660, 1976
30 44 Or., App. 443, 1980
31 3 Utah 2nd 315, 1955
32 see *Sanderson v. Tryon* 739 P. 2nd 623, Utah 1987 : *In re. Adoption of W.A.T.*, 808 P. 2nd 1083, Utah 1991-plurality opinion

第Ⅱ章　子供を渡さない代理母の事件

1 Keane and Breo 1981
2 Temple 1984
3 *First National State Bank of New Jersey v. Commonwealth Federal Savings and Loan Assn.*, 610 F. 2d 164 171, 3rd Cir. 1979
4 *Fleisher v. James Drug Store Inc.*, 1 N.J. 138, 146, 62 A 2d. 383, 387, 1948
5 Schwartz 1979
6 *Edelman v. Edelman*, 124 N.J. Super. 198, 200, 305 A 2d 804, 806, 1973
7 410 U.S. 113, 1973
8 *A. L. v. P. A.*, 13 Fam. L. Rep. 1104 [BNA], N.J. App. Div., 11 November 1986
9 *In re Baby Girl*, 9 Fam. L. Rep [BNA] 2348, Jefferson City, Ky. Cir. Ct. 1983
10 *Kentucky v. Surrogate Parenting Associates*, 10 Fam. L. Rep. [BNA] 1105, Franklin City Cir. Ct. 1983
11 *Kentucky ex rel. Armstrong v. Surrogate Parenting Associates, Inc.*, 11 Fam. L. Rep. [BNA] 1359 Ky., Ct. App., 1985
12 Katz 1986
13 316 U.S. 535, 541, 1942
14 381 U.S. 479, 485, 1965
15 342 U.S. 165, 1952
16 Fox 1967
17 Count 1973
18 Ekman et al. 1972
19 Tulchinsky and Ryan 1980
20 Blum 1980
21 Campbell and Peterson 1953 ; Newton 1973 ; Rossi 1977
22 Fox 1967, 1973
23 Lorenz 1970 ; Eibl-Eibesfeldt 1970

24 Tiger and Fox 1971 chap. 3
25 Tiger 1969
26 Harlow 1959, 1961; Harlow and Harlow 1966; Seay et. al. 1964
27 Rheingold 1963
28 DeCasper and Fifer 1980
29 Mehler and Fox 1985, 13–14
30 Miles and Melhuish 1974
31 Mehler et. al 1978
32 DeCasper and Fifer 1980
33 Yakovlev and Lecours 1967
34 Querleau and Renard 1981
35 Klaus and Kennel 1982
36 ibid., 11, citing Hall et. al. 1980
37 Brazelton 1973
38 ibid., 71
39 Brown and Harris 1978
40 Condon and Sander 1974
41 Klaus and Kennell 1982, 70–1
42 Hamburg et. al. 1968
43 John Bowlby 1969
44 Amiel-Tison 1985
45 Konner 1982, 304
46 Harlow 1959, 1961, 1974; Harlow and Harlow 1965
47 Bowlby 1973
48 ibid. 1980
49 see e.g., Hinde and Spencer-Booth 1971
50 Fox 1960
51 Bowlby 1951
52 Burton Jones 1972
53 Hofer 1972
54 Lorenz 1970
55 Suomi 1975
56 see also Young et. al. 1973
57 Goodall 1971
58 Hamburg 1974
59 Sorosky et al., 1978
60 see also Rynearson 1982; Deykin et. al. 1984
61 Seligman and Maier 1976
62 Weiss et al. 1976
63 Hamburg 1974; Freedman et al. 1963
64 see e.g., Cloninger et al. 1982
65 Kagan 1981; Kagan et al. 1980

66 Bateson 1976
67 Dunn 1976
68 Sameroff 1978
69 Chisholm 1983
70 see Herbert et. al. 1982 ; Lamb and Hwang 1982
71 Dale and Wilson 1987
72 Klaus and Kennel 1982, 57-62, 87-88
73 Mackey 1979 ; Mackey and Day 1979
74 *New Jersey Law Journal* 119, 653-665, 16 April 1987
75 Maine 1861
76 ibid., 149
77 ibid., 301-2
78 ibid., 149
79 ibid., 150-1
80 L. Friedman 1985
81 ibid., 532
82 ibid., 275
83 ibid., 276
84 ibid., 276
85 see Gellner 1981
86 see Chesler 1988
87 ibid.
88 DeMott 1990
89 217 N.J. Super. 313, 1987
90 Hollinger 1985, Robertson 1986
91 Department of Health and Social Security 1984 *Warnock Report*
92 Stanworth 1987
93 Hamilton 1963
94 Trivers 1972

第I部序論　系譜の方程式

1 McLennan 1865 ; see also 1876
2 Morgan 1877
3 Engels 1905 ; see also Krader 1972
4 Maine 1883 ; see also 1884
5 *Iowa Law Review* vol. 20, no. 2
6 Radcliffe-Brown 1952
7 Harrison 1927
8 Jenkyns 1980 *The Victorians and Ancient Greece*
9 ibid., 1982 *Three Classical Poets*
10 Fox 1967

11 Murdock 1949
12 Beckstrom 1985
13 Fox 1978

第三章　乙女とゴッドファーザー

1 Fox 1983
2 Dumont 1986
3 McFarlane 1978
4 Fox 1967, chap. 6
5 Parsons 1937
6 see Gellner 1981
7 Dodds 1951, 34
8 Steiner 1984
9 Smyth 1926, 311
10 Steiner 1984
11 Jebb 1902, xviii
12 Bradley 1909
13 Finley 1979, 116-7
14 Havelock 1978
15 Redfield 1975 ; Friedrich 1977
16 Morris 1987
17 Finley 1979, 110
18 Dumont 1986
19 Campbell 1896
20 Jebb 1900
21 Storr 1912
22 Watling 1947
23 Fitts and Fitzgerald 1947
24 Wyckoff 1954
25 Roche 1958
26 Fagles 1984
27 Jebb 1902, 49
28 Steiner 1984
29 Fagles and Knox 1984
30 Toennies 1887
31 Partridge 1983
32 Steiner 1984, 34
33 Murray 1986
34 Jebb 1902, 182
35 Fagles and Knox 1984
36 Watling 1947, 167
37 Steiner 1984, 280
38 Fagles & Knox 1984, 49

39 Bernal 1987
40 Fox, Lane 1973
41 see Friedrich 1966 ; Benveniste 1969
42 McLennan 1876
43 Smyth 1926, footnote # 334
44 Lévi-Strauss 1958
45 Carroll 1978
46 Ritter 1957 ; Morris 1965
47 Gluckman 1963
48 Murray 1986
49 see Dodds 1951, 6
50 Velikovsky 1960
51 Bethe 1891 *Thebanische Heldenlieder* 23, 26
52 Graves 1960
53 Kitto 1951, 77
54 see Fisher 1906
55 see Balch 1985
56 Rowls 1971
57 Shoumatoff 1985
58 Donzelot 1979
59 Kummar 1987
60 Vonnegut 1976
61 ibid., 214
62 ibid., 156-7
63 Tiger 1978

第四章　姉妹の息子たちと猿のオジ

1 Friedrich 1966 (in Chap. 3, References)
2 Junod 1927
3 Bachofen 1861
4 Briffault 1927
5 Espinas 1878
6 Crook & Goss-Cautard 1972
7 Tylor 1871
8 Myers 1937
9 Westermark 1891
10 Hartland 1909-10
11 Murdock 1949
12 Fox 1967b
13 Needham 1971
14 reprinted in Radcliffe-Brown 1952
15 Malinowski 1929
16 Rivers 1914

17 ibid. 1910, 56
18 Eggan 1949
19 Fortes 1959
20 Goody 1959
21 Tax 1937
22 Needham 1962
23 Fox 1965
24 Fox, James J. 1971
25 Fox 1967a, chaps. 6 & 7
26 Fortune 1932
27 Leach 1961
28 Dumont 1953
29 Fox 1985a
30 Tiger and Fox 1971
31 Fox 1980
32 Fortes 1949
33 Labarre 1954
34 Fox 1975 ("Primate Kin and Human Kinship)
35 Cheney 1983
36 Smuts et al. 1987
37 Rodseth et al. 1991
38 Wrangham 1980
39 Bishoff in Fox 1975 ; Fox 1980
40 Wilson 1975
41 Hamilton 1963 and 1964
42 Trivers 1972
43 Fisher 1929
44 Haldane 1932
45 Dawkins 1976
46 Alexander 1974
47 Kurland 1979
48 Hartung 1985
49 Fox 1967b
50 ibid. 1985b
51 ibid. 1986
52 ibid. 1985b
53 see Spiro 1982

訳者あとがき

この本はRobin Fox, *Reproduction and Succession: Studies in Anthropology, Law, and Society*, 1993 Transaction Publishers の全訳である。

著者ロビン・フォックス（一九三五年生）は英国出身の人類学者で、米国に渡り一九六七年以来人類学部教授としてラトガース大学に在籍している。

主な著書には、本書の他に以下のような作品がある。

1 *The Keresan Bridge: A Problem in Pueblo Ethnology*, 1967
2 *Kinship and Marriage: An Anthropological Perspective*, 1967
3 *The Tory Islanders: A People of the Celtic Fringe*, 1978
4 *The Red Lamp of Incest*, 1980
5 *The Search for Society*, 1989
6 *The Challenge of Anthropology*, 1994
7 *Conjectures & Confrontations: Science, Evolution, Social Concern*, 1997

このうちすでに翻訳されて日本に紹介されているものは次の通りである。

2　『親族と婚姻――社会人類学入門』（川中健二訳、思索社、一九八六）
3　『孤島はるか・トーリィー――大西洋縁辺地帯のケルトの民』（佐藤信行・米田巌訳、思索社、一九八七）
また、6は東京農工大学の南塚隆夫氏によって現在翻訳が進められており、同じく法政大学出版局から近く刊行される予定である。

さらに代表的な共著には次のものがある。
The Imperial Animal, Tiger, L. and Fox, R., 1971
この有名な共著は訳者の大学における先輩である河野徹氏により翻訳されている。
『帝王的動物』（河野徹訳、増補新装版、思索社、一九八九）

ご覧の通り、本書には「人類学、法、および社会に関する研究」という副題が付いているが、邦題からは煩雑を避けるためあえて削除した。

本書は次の四主題を扱った四つの章からなっている。1モルモン教の一夫多妻制に関する裁判、2米国で大きな事件となった代理母に関する裁判、3ソポクレースのオイディプースに関する悲劇三部作の中でもっとも有名な『アンティゴネー』の真相、4オジさんとその姉妹の子供たちの関係は人間に特有かそれとも類人猿にまでさかのぼるものか。このうち1と2とが「生殖」の部、3と4とが「世代継承」の部に収められている。

きわめて現代的な二つの裁判のような社会問題を扱っている最初の二章と、ギリシャ悲劇の解読に集中し、また「オジさん」という人類学上謎とされてきた問題に集中するあとの二章とが果たしてどのように結びつくのであろうかと、読者は巻を開く前から好奇心を刺激されるに違いない。

だが、本書に関してあまり多くを解説するのは推理小説の種明かしをするようなルール違反になりかねない。だから、これらがどのように結びつくかは読者の方々の想像力にまかせる方が本当ではないかと思える。実際この本は、緻密な推理小説に酷似した味わいを持っている。普段は私たちの感受性の背景に隠れてしまって見えないものを、雄大なスケールで解き明かしていくところに持ち味がある。ただし、この隠れているものはフィクションではなく真実である。また単に真実であるばかりでなく、隠された人類の歴史上の真実である。この謎を解き明かしてゆく筆者の研究者及び文章家としての腕の冴えには、ただただ敬服するしかない。


そのような本であるから、無用な解説はなるべくしないことにさせていただきたいが、ここで読者の方々に訳者から是非お願いしておきたいことが、いくつかある。

その第一は、私たちが日常生活の中で身につけさせられている現代人の「常識」という偏見を出来るだけ取り払って、著者の叙述に接していただきたいことである。

わかりやすい例を上げさせていただくことにする。

人工授精や遺伝子操作は、もはや現代の私たちに無縁なものとは到底いうことが出来なくなった。本書を訳した西暦二千年の前年に、日本産科婦人科学会は人工授精に関して、学会の倫理規定に違反したという理由で、ある産科医師を除名処分としたことが報道された。わが国のこの学会は、金銭契約万能の米国と違って人工授精問題には慎重である。とはいっても、人工授精をしないわけではなく、また匿名の精子提供者の精子による人工授精さえしないわけでもなく、治療の中に位置づけている。ただ、これを受けることが出来るのは法的な夫婦に限ると定められているのである（詳細は同学会ホームページの「会告」〈http://www.jsog.or.jp/Pub_Relate/Kouhou.html〉参照）。

読者の中には、人工授精そのものに否定的な方も肯定的な方もおいでだと思う。また、日本産科婦人科学会の倫理規定に賛成の方も夫婦間に限られない人工授精を願っておいでの方もおいでだと思う。しかし、いまは人工授精の是非はしばらく脇におき、日本産科婦人科学会の倫理規定そのものの定めを別の角度から考えて見ていただきたい。

「夫婦間ならよい」というとき、この「夫婦」とは何であるかについては多く説明を要しないだろう。国家が民法という法によって合法と認めた性的結合を、夫婦というのである。事実、治療には戸籍謄本が要求されるようだ。だとすれば、この倫理規定そのものが、医師たちの自主規定であることをいささかも疑わないとしても、その内容において実質的に法と国家を基盤としたものであることだけは間違いないだろう。

そこで日本でも、もちろん次の問題がどうしても避けられなくなる。一体この法なるものは、なぜ人間の性的結合の是非を独占的に判断してもよろしいという資格を持っているのだろうか。人間のもっとも個人的なはずの性的関係に関して、法と国家がそのような特権的地位をなぜ持っているといえるのだろうか。それだけでなく人工授精が成功すれば一人の人間が生まれるから、法と国家はこの人格の出現をさえ左右できることになる。だがどうして法と国家だけが排他的にそれをしてよいのか。

これが、私が読者にお願いしている「常識」の予断を一旦取り除いて読んでいただきたい、という意味である。法は、国家が人間を見えない網で包囲して以来「常識」として人間に強制されてきた歴史的な制度である。ところが一方、人間社会には国家が成立するはるか以前から「生殖」も「世代継承」も存在した。私たちが動物だからであり、哺乳類であるからに他ならない。だから私たち自身が今このように存在している。

訳者は、「法」があることの是非に関する予断もまた一旦洗い流していただくことをお願いしたい。本書からも分かるように、法や国家があること自体が、人類にとっては決して自明のことではないからである。本書の著者は、この問題を本格的に扱うためにはやがて「世界史を書き換える必要がある」(二六九ページ)と判断していることが分かる。実際フーコーではないが、現に生きている私たち個々人は「知の考古学」が化石と見なすような遺物を自分自身の中に多量に持っている存在である。それをひとつ残らず取り払って下さいとまでお願いするのは不可能だから遠慮する。しかし、本書に関してはどうぞ呉々も、いわゆる通念を取り払って接して下さるようお願いしたいのである。

また、第二にお願いしたいのは「習慣」と「法が作った制度」とを、どうか混同なさらないでいただきたいということである。私たちは二〇世紀を生きたので、国家や法がないのは野蛮や低開発の証拠と考える傾向がある。しかしこの根強い通念も、たった百年のもの、あるいはたった半世紀のものに過ぎない。

すこしだけ例を上げると、日本に翻訳されて有名なエヴァンズ＝プリチャード『ヌアー族』(向井元子訳、平凡社、一九九七)などは、一九四〇年代に書かれた国家を持たない部族の詳しいモノグラフである。日本のものなら、訳者は躊躇なく『吹矢と精霊』(口蔵幸雄著、東京大学出版会、一九九六)をお薦めする。口蔵氏の本はマレー半島の(したがって私たちの「常識」からいうとマレー国民ということになる)狩猟採集民が、一九九〇年代のマレー政府の定住化政策からかろうじて逃げ回って営んでいる生活の、とりわけ優れたモノグラフである。

これらに見るように、人間は昔から国家を作り法を作って生きてきたのでもなければ、近代になり二〇世紀になって賢くなったからそれらを作っているわけでもない。いやむしろ逆に考える方が正しいのかも知れない。二〇世紀になって私たちは国家や法という凶器を世界中に振りまいたから、現代のような戦争とイデオロギーの世紀を作ってしまったのではなかろうかと。

それはともかく、国家は古代からあるではないかと思われる方は、世界地図でも地球儀でもお持ちになり、そうした国家があった場所が地表のどの程度に過ぎなかったかを、問題とされる時代に関して測定することをお勧めしたい。この場合、教科書的世界史に書いてある国家の版図というのは全然当てにならない。それは王や皇帝や(一般に国家)が、人々の暮らしと関係なくここはおれのものだといったにすぎないことだからである。首都と書いてある場所からすこし外に出ると、国家の影響は微々たるものになる。別の言い方をすると、国家があった場合でもこれと人々の実際の暮らし(これが本来の「社会」である)は、ほとんどといってよいほど重ならないのである。

では人々は何によって暮らしていたか、ということに答えるのが「習慣」である。習慣は何げない言葉で、あらたまって定義するのが難しい。とくに現代はこの破壊がすさまじく、正しく認識することさえ困難になっている。だがこれこそは、著者の表現を借りると、私たちに対して「自然選択の形態で現れる自然がそうさせた」(本書三二三ページ)人間集団の生き方そのもののことである(原語で“usage”,“custom”など、著者がこの意味で使用しているものは原則として「習慣」と訳した)。

ここまで読んで下さった方にわざわざ断る必要はないかも知れないが、習慣はいい加減だが法は厳密というのは、私たちの常識がさせる誤った判断である。習慣とは、本書の中の白眉と言うべきオイディプース王の娘アンティゴネーが、それに従うことが死を意味すると分かっていても従うような何ものかである。

一方逆もまた言える。習慣は非合理的で理不尽、法は合理的で平等というのも、現代の国家主義的な常識の嘘である。そうではなく、両者は似ているかのようでいて、実は「まったく別のもの」なのである。習慣は「全員」が参加して出来あがり、全員が守る。法は本書に「専門家」などの表現で言及されている人々が考え出したことにもとづいて国家が作り、役人が強制する。

右に括弧を付けた「全員」という言葉に注意してほしい。『東アフリカ・色と模様の世界』(福井勝義著、二〇〇〇年NHK人間講座テキスト)という好個の冊子に、次のような挿話が載っている。ここのボディ族の人々に親は誰だと聞くと、八代前までの名前を正確に答えてくれるという。「フクイ、おまえの親の名前は何だ?」と聞き返されて、彼は祖父の名前までは何とか思い出せたけれどもそれ以上は無理だったそうである(訳者はお恥ずかしいが祖父の名も微かである)。このボディ族の例が物語るように、「全員」とはいま生きているメンバーだけでなく先祖を含み、同時に子や孫も当然含むものである。

タブー(呪いや祟り)やトーテムなどの言葉も、私たち二〇世紀の「文明人」が常識の偏見なしに接することの難しくなった言葉である。

上記の口蔵氏の本の中に、きわめて印象的な体験が記述されている。このマレー半島の狩猟採集民の間では、誰かが何かを食べているところを目撃してしまって、目撃したものが彼と共にそれを食べないと、目撃者に「たたり」が及ぶとされていると書かれている。そのせいで、三歳児でも何かを食べているところに口蔵氏が通りかかると（たたりが口蔵氏に及ばないようにと）その食べ物を差し出す。食べたくない場合には、その食べ物に触れればたたりは避けられるとされているそうである。何と人間的な掟だろうと感銘させられる。このような他人に対する感受性は、文明人が平気で迷信と呼んできたものである。

トーテムも同じである。レヴィ＝ストロースが紹介した「チューリンガ」もそうだし、福井氏の冊子には牛がひとりひとりのトーテムとされる生活が活写されている。トーテムは一族が（つまり上の意味の「全員」が）同じ起源を持つことを如実に証明する具象物のことである。ということは、この事実が人々に何を意味するか分からなければ、しょせん迷信としか感じえない何ものかである。

右のようなお願いに関して、訳者は著者と同じことを述べなければならない。たとえば著者が第一章でもくり返しているように、複数結婚の方が一夫一婦制よりはるかに多いという事実を知ることは、だから一夫多妻制なり多夫一妻制の方が万人に幸福な結婚を保証するという主張を別に意図していない。もちろん一夫一婦制が望ましいと主張することでもない。これらは、人類史の事実がどうだったかという事実認識とは当面は関係がないことである。

それと同じで、訳者がここでお願いしているのも、単に私たちの常識の色眼鏡をすくなくとも一旦はずして本書をお読みになっていただきたい、ということに尽きる。右にいくつか内外の参考資料を上げたのは、これらがすぐれた著作であることはもちろんだが、むしろこのお願いの意味をこれらの資料によってよりよく理解していただけるのではないかと考えるからである。

最後になるが第三に、ここで訳語に関して必要最小限の説明をさせていただきたい。

この本そのものは、著者が仰々しいアカデミック・ジャーゴンを極力使わず、にもかかわらず内容を正確に伝えることに成功している本である。だから、著者の用語自体はほとんど解説を必要としないと思われる。翻訳も、うまくいったかどうかは読者の判断を仰ぐしかないが、なるべくこの精神を損なわないように気をつけた。だから著者の用語に関しては、前後をお読み下されば十分理解していただけると思う。

だがそのような著者も、既存の他人の用語を解説のために引用しているときにはどうしようもない。そのような理由から、文中に「父権制 patriarchal（right）」と「父系制 patrilineal」、「母権制 matriarchal（right）」と「母系制 matrilineal」などが並んでいるのが、場合によると目障りではないかと思われる。

「父権制」「母権制」を例に取ると、これらは一昔前に頻繁に使用されたものであり、原語そのものが示しているように、出自のたどり方と権力（従って支配）の所在とを不可分に結合させた言葉である。筆者が進化主義者（社会にはあるべき発展の方向が存在するという思想家）と考える人々がかつて使用しはじめたが、すぐにイデオロギー化して「常識」の中に生き続けた結果、今でも根強く使用される。

ところが、著者が本書で論じているのは出自であってこのような主張ではなく、まして出自と権力の所在は当然結合するといった思想でもない。単に出自を父方でたどるか、母方でたどるか、または両方でたどる（双系）かという問題だけである。こうした相違を明らかにするために、あえて右のように訳語を平行して使い分けてある。また、本書の「父系」と「父系制」、「母系」と「母系制」は同じことである。ただ主として出自のたどり方だけを指しているか、それともそのようなたどり方が共有された「習慣」を指しているのかにしたがって「制」を付けたり付けなかったりしてある。

訳語に関してはこれだけだと思う。もっとも主として第四章に関連しては、行動学とか社会生物学などと呼ばれる新顔の研究が、まだ決して一般に人口に膾炙しているとはいえない。そこで、ごく簡単な解説を関連して付け加える方がよいかと考える。こうした分野にすでに通じておいでの読者にはこの部分は無用だが、すこしだけお許しいただきたい。なおこれら全体の考え方を把握するためには、著者自身が述べているように『利己的な遺伝子』（ドーキンス著、日高・他訳、紀伊國屋書店、一九九一）の参照をお願いしたい。

文中にこれらの研究者が、兄弟二人のために自分が犠牲になるか、または「いとこ」（従兄弟・従姉妹）八人のために犠牲になる「利他的行動」は、遺伝子だけを取って考えると同等だと考える、と述べられている計算は次のようにして成り立つ。

ある特定の遺伝子を両親の一方（父／母）から私が受け継いでいる確率は五〇パーセントである。特定遺伝子は父から来るか母から来るか、どちらかだからである。私の兄弟姉妹についても同じことが計算上成り立つ。だから、私の兄弟姉妹が私と同じ特定遺伝子を共有している確率は二五パーセントである。そこで私が兄弟姉妹二人のために犠牲になると、父（また母）に由来する私の中の遺伝子の犠牲が、彼らのそれの成功と計算上は同じになる。

同じ計算を従兄弟姉妹について行うと、この確率は六・二五パーセントになる。だから（五〇パーセントの）私の犠牲が、彼ら八人の成功に相当することになる。これが「いとこ」八人の意味である。これは近縁度、つまり特定遺伝子の受け継がれる確率が計算上そうなるというだけである。生物がこのような確率計算で行動するという意味ではない。

近縁度（血縁度）はむしろ逆に述べる方が、ある種のありふれた誤解を防ぐのに役立つかも知れない。というのも、訳者は大学の講義で交錯いとこ婚について説明していた折りに、学生諸君から「うちの祖父母たちも村の中でいとこ同士結婚していたそうで……血がどろどろに汚れて」と顔をしかめられて唖然としたことがある。そうではない。わずか六・二五パーセントしか重複しえないと説明するのにひどく苦労した経験がある。これでは同祖的な遺伝子が子孫に伝わる確率がたいして向上（?）せず、祖先が失望するかもしれないほどである。

それはともかく、以上のような計算が成立することを前提にして親族による選択進化を遺伝子レベルで考えようとする試みがハミルトンらによってはじまった。その際に人類の持つ相互に交流可能な異なった全遺伝子の蓄積（遺伝子プール）の中に、どの程度自分の遺伝子を残せるかに関係する尺度として「包括適応度 inclusive fitness」という言葉が使用されるようになったのである。もちろん、これで生物の行動が全部説明できるなどということにならないのはくり返すまでもない。

さきにお断りしたように、以上は本書の解説ではなく本書をお読み下さる際に訳者としてお願いしておきたいことと、特殊な訳語に関する最低限の説明である。このようなことを念頭においてお読みいただければ、本書の著者が進化論を人間社会に適用することに大きな関心を持った社会人類学者であることは、どなたにも明確に理解していただけると考える。

進化論は一九世紀中葉に呱々の声を上げた。しかし、それから一五〇年近く経過した現在も、進化論が哲学・科学の全体にわたる巨大なパラダイム転換を意味していたことは一部の知識人を除いて、専門の科学者たちによってさえ十分に自覚されているとはいえない。特に著者も示唆しているように、人間社会を対象とするいわゆる社会科学者に、困ったことにこの傾向がはなはだしい。だから一般の人々がその意味するところの深さを十分に理解するにいたっていないのも無理はないのかもしれない。「キリンの首が長くなったのは高い木の葉を食べたからだ」というのが進化論だといった俗説が、いまだに相当信じられていそうな気配さえある。

だが、進化論は人間の世界認識の根元に関わる大変革を要求するものだったことが、一九七〇年代ごろからさまざまな分野で深刻に受け止められはじめた。この全貌を説明することはこの「あとがき」では到底無理だが、著者ロビン・フォックスも本書ではある特定主題のもとに進化論の重要性を説いていることになる。あらゆる生物が進化の影響下にあることは、さすがにいまでは認めない人はいない。では人間はどうなのかという問いである。もうすこしだけ述べると *Homo sapiens sapiens* への進化は真実だが、ホモ・ポリティクスとかホモ・エコノミクスなどへの進化とは虚偽命題である。にもかかわらず、人々が真実であるかのように扱うと何が起きるかという問題である。

著者は、既刊の作品全体の中で既存の社会科学の多くに対してきわめて批判的である。社会科学は、生物学や物理学などなどよりはるかに大きな知る義務を人間社会に関して持ち、また多くの場合責任さえ持つからである。最近刊の7はとくにこの問題を正面から論じようとしたものである。本書は、著者にこのような批判を明示することが是非とも必要と考えるきっかけを与えた作品でもある。

それはそれとして、はじめにお断りしたように上質の推理小説のような精密な構成を持つ本書の具体的解読はぜひ読者の皆さまにお任せする。これ以上は無用の解説になるので、ここで「あとがき」は止めさせていただくこととしたい。

末尾になったが、この場を借りて法政大学出版局の皆様に訳者として謝辞を述べさせていただきたい。中でも次のお二人には特にお世話になった。

まず、本書の翻訳を訳者にお勧め下さったのは慧眼で知られた編集長稲義人さんであった。その後稲義人さんは編集長の仕事を後進に譲り勇退されたが、それ以前に翻訳を完成できなかったことを申し訳なく感じつつ、あらためてお礼を申し上げたい。また、実際に編集の仕事を引き受けて下さったのは秋田公士さんである。そのご尽力にも厚く感謝したい。

二〇〇〇年三月

平野秀秋

索　引

ア　行

カ　行

サ　行

タ　行

ナ　行

ハ　行

マ　行

ヤ　行

ラ　行

ワ　行

《叢書・ウニベルシタス　681》
生殖と世代継承

2000年6月20日　初版第1刷発行

ロビン・フォックス
平野秀秋 訳
発行所　財団法人　法政大学出版局
〒102-0073 東京都千代田区九段北3-2-7
電話03(5214)5540　振替00160-6-95814
製版，印刷　平 文 社／鈴木製本所

Printed in Japan

ISBN4-588-00681-9

著　者

ロビン・フォックス（Robin Fox）

1935年生まれの英国出身の人類学者．米国に渡り，1967年以来ラトガース大学人類学部教授として現在に至る．主要著書のうち，邦訳されたものに『親族と婚姻——社会人類学入門』，『孤島はるか・トーリィー——大西洋縁辺地帯のケルトの民』，『帝王的動物』（共著／以上，思索社）が，邦訳刊行予定に『人類学の挑戦』（法政大学出版局）がある．

訳　者

平野秀秋（ひらの ひであき）

1932年に生まれる．1960年，東京大学大学院修士課程修了．現在，法政大学社会学部教授．専攻：比較文化論．編著に『パーソナルコンピュータへの誘い』（法政大学出版局），訳書に，R. アードーズ『大いなる酒場』，R. ローリー『グッド・マネー』（以上，晶文社），共訳に，R. アロン『社会学的思考の流れ』，A. リード『大航海時代の東南アジア』（以上，法政大学出版局），S. ユーウェン『浪費の政治学』（晶文社）がある．

叢書・ウニベルシタス

				(頁)
1	芸術はなぜ心要か	E.フィッシャー／河野徹訳	品切	302
2	空と夢〈運動の想像力にかんする試論〉	G.バシュラール／宇佐見英治訳		442
3	グロテスクなもの	W.カイザー／竹内豊治訳		312
4	塹壕の思想	T.E.ヒューム／長谷川鉱平訳		316
5	言葉の秘密	E.ユンガー／菅谷規矩雄訳		176
6	論理哲学論考	L.ヴィトゲンシュタイン／藤本, 坂井訳		350
7	アナキズムの哲学	H.リード／大沢正道訳		318
8	ソクラテスの死	R.グアルディーニ／山村直資訳		366
9	詩学の根本概念	E.シュタイガー／高橋英夫訳		334
10	科学の科学〈科学技術時代の社会〉	M.ゴールドスミス, A.マカイ編／是永純弘訳		346
11	科学の射程	C.F.ヴァイツゼカー／野田, 金子訳		274
12	ガリレオをめぐって	オルテガ・イ・ガセット／マタイス, 佐々木訳		290
13	幻影と現実〈詩の源泉の研究〉	C.コードウェル／長谷川鉱平訳		410
14	聖と俗〈宗教的なるものの本質について〉	M.エリアーデ／風間敏夫訳		286
15	美と弁証法	G.ルカッチ／良知, 池田, 小箕訳		372
16	モラルと犯罪	K.クラウス／小松太郎訳		218
17	ハーバート・リード自伝	北條文緒訳		468
18	マルクスとヘーゲル	J.イッポリット／宇津木, 田口訳	品切	258
19	プリズム〈文化批判と社会〉	Th.W.アドルノ／竹内, 山村, 板倉訳		246
20	メランコリア	R.カスナー／塚越敏訳		388
21	キリスト教の苦悶	M.de ウナムーノ／神吉, 佐々木訳		202
22	アインシュタイン ゾンマーフェルト往復書簡	A.ヘルマン編／小林, 坂口訳	品切	194
23 24	群衆と権力（上・下）	E.カネッティ／岩田行一訳		440 356
25	問いと反問〈芸術論集〉	W.ヴォリンガー／土肥美夫訳		272
26	感覚の分析	E.マッハ／須藤, 廣松訳		386
27 28	批判的モデル集（I・II）	Th.W.アドルノ／大久保健治訳	〈品切〉 〈品切〉	I 232 II 272
29	欲望の現象学	R.ジラール／古田幸男訳		370
30	芸術の内面への旅	E.ヘラー／河原, 杉浦, 渡辺訳	品切	284
31	言語起源論	ヘルダー／大阪大学ドイツ近代文学研究会訳		270
32	宗教の自然史	D.ヒューム／福鎌, 斎藤訳		144
33	プロメテウス〈ギリシア人の解した人間存在〉	K.ケレーニイ／辻村誠三訳	品切	268
34	人格とアナーキー	E.ムーニエ／山崎, 佐藤訳		292
35	哲学の根本問題	E.ブロッホ／竹内豊治訳		194
36	自然と美学〈形体・美・芸術〉	R.カイヨワ／山口三夫訳		112
37 38	歴史論（I・II）	G.マン／加藤, 宮野訳	I・品切 II・品切	274 202
39	マルクスの自然概念	A.シュミット／元浜清海訳		316
40	書物の本〈西欧の書物と文化の歴史, 書物の美学〉	H.プレッサー／轡田収訳		448
41 42	現代への序説（上・下）	H.ルフェーヴル／宗, 古田監訳		220 296
43	約束の地を見つめて	E.フォール／古田幸男訳		320
44	スペクタクルと社会	J.デュビニョー／渡辺淳訳	品切	188
45	芸術と神話	E.グラッシ／榎本久彦訳		266
46	古きものと新しきもの	M.ロベール／城山, 島, 円子訳		318
47	国家の起源	R.H.ローウィ／古賀英三郎訳		204
48	人間と死	E.モラン／古田幸男訳		448
49	プルーストとシーニュ（増補版）	G.ドゥルーズ／宇波彰訳		252
50	文明の滴定〈科学技術と中国の社会〉	J.ニーダム／橋本敬造訳	品切	452
51	プスタの民	I.ジュラ／加藤二郎訳		382

叢書・ウニベルシタス

				(頁)
52 53	社会学的思考の流れ（I・II）	R.アロン／北川, 平野, 他訳		350 392
54	ベルクソンの哲学	G.ドゥルーズ／宇波彰訳		142
55	第三帝国の言語LTI〈ある言語学者のノート〉	V.クレムペラー／羽田, 藤平, 赤井, 中村訳	品切	442
56	古代の芸術と祭祀	J.E.ハリスン／星野徹訳		222
57	ブルジョワ精神の起源	B.グレトゥイゼン／野沢協訳		394
58	カントと物自体	E.アディッケス／赤松常弘訳		300
59	哲学的素描	S.K.ランガー／塚本, 星野訳		250
60	レーモン・ルーセル	M.フーコー／豊崎光一訳		268
61	宗教とエロス	W.シューバルト／石川, 平田, 山本訳	品切	398
62	ドイツ悲劇の根源	W.ベンヤミン／川村, 三城訳		316
63	鍛えられた心〈強制収容所における心理と行動〉	B.ベテルハイム／丸山修吉訳		340
64	失われた範列〈人間の自然性〉	E.モラン／古田幸男訳		308
65	キリスト教の起源	K.カウツキー／栗原佑訳		534
66	ブーバーとの対話	W.クラフト／板倉敏之訳		206
67	プロデメの変貌〈フランスのコミューン〉	E.モラン／宇波彰訳		450
68	モンテスキューとルソー	E.デュルケーム／小関, 川喜多訳	品切	312
69	芸術と文明	K.クラーク／河野徹訳		680
70	自然宗教に関する対話	D.ヒューム／福鎌, 斎藤訳		196
71 72	キリスト教の中の無神論（上・下）	E.ブロッホ／竹内, 高尾訳		234 304
73	ルカーチとハイデガー	L.ゴルドマン／川俣晃自訳		308
74	断　想　1942—1948	E.カネッティ／岩田行一訳		286
75 76	文明化の過程（上・下）	N.エリアス／吉田, 中村, 波田, 他訳		466 504
77	ロマンスとリアリズム	C.コードウェル／玉井, 深井, 山本訳		238
78	歴史と構造	A.シュミット／花崎皋平訳		192
79 80	エクリチュールと差異（上・下）	J.デリダ／若桑, 野村, 阪上, 三好, 他訳		378 296
81	時間と空間	E.マッハ／野家啓一編訳		258
82	マルクス主義と人格の理論	L.セーヴ／大津真作訳		708
83	ジャン=ジャック・ルソー	B.グレトゥイゼン／小池健男訳		394
84	ヨーロッパ精神の危機	P.アザール／野沢協訳		772
85	カフカ〈マイナー文学のために〉	G.ドゥルーズ, F.ガタリ／宇波, 岩田訳		210
86	群衆の心理	H.ブロッホ／入野田, 小崎, 小岸訳	品切	580
87	ミニマ・モラリア	Th.W.アドルノ／三光長治訳		430
88 89	夢と人間社会（上・下）	R.カイヨワ, 他／三好郁郎, 他訳		374 340
90	自由の構造	C.ベイ／横越英一訳		744
91	1848年〈二月革命の精神史〉	J.カスー／野沢協, 他訳		326
92	自然の統一	C.F.ヴァイツゼカー／斎藤, 河井訳	品切	560
93	現代戯曲の理論	P.ションディ／市村, 丸山訳	品切	250
94	百科全書の起源	F.ヴェントゥーリ／大津真作訳	品切	324
95	推測と反駁〈科学的知識の発展〉	K.R.ポパー／藤本, 石垣, 森訳		816
96	中世の共産主義	K.カウツキー／栗原佑訳		400
97	批評の解剖	N.フライ／海老根, 中村, 出淵, 山内訳		580
98	あるユダヤ人の肖像	A.メンミ／菊地, 白井訳		396
99	分類の未開形態	E.デュルケーム／小関藤一郎訳	品切	232
100	永遠に女性的なるもの	H.ド・リュバック／山崎庸一郎訳		360
101	ギリシア神話の本質	G.S.カーク／吉田, 辻村, 松田訳	品切	390
102	精神分析における象徴界	G.ロゾラート／佐々木孝次訳		508
103	物の体系〈記号の消費〉	J.ボードリヤール／宇波彰訳		280

				(頁)
104	言語芸術作品〔第2版〕	W.カイザー／柴田斎訳	品切	688
105	同時代人の肖像	F.ブライ／池内紀訳		212
106	レオナルド・ダ・ヴィンチ〔第2版〕	K.クラーク／丸山, 大河内訳		344
107	宮廷社会	N.エリアス／波田, 中埜, 吉田訳		480
108	生産の鏡	J.ボードリヤール／宇波, 今村訳		184
109	祭祀からロマンスへ	J.L.ウェストン／丸小哲雄訳		290
110	マルクスの欲求理論	A.ヘラー／良知, 小箕訳		198
111	大革命前夜のフランス	A.ソブール／山崎耕一訳	品切	422
112	知覚の現象学	メルロ=ポンティ／中島盛夫訳		904
113	旅路の果てに〈アルペイオスの流れ〉	R.カイヨワ／金井裕訳		222
114	孤独の迷宮〈メキシコの文化と歴史〉	O.パス／高山, 熊谷訳		320
115	暴力と聖なるもの	R.ジラール／古田幸男訳		618
116	歴史をどう書くか	P.ヴェーヌ／大津真作訳		604
117	記号の経済学批判	J.ボードリヤール／今村, 宇波, 桜井訳	品切	304
118	フランス紀行〈1787, 1788&1789〉	A.ヤング／宮崎洋訳		432
119	供　犠	M.モース, H.ユベール／小関藤一郎訳		296
120	差異の目録〈歴史を変えるフーコー〉	P.ヴェーヌ／大津真作訳	品切	198
121	宗教とは何か	G.メンシング／田中, 下宮訳		442
122	ドストエフスキー	R.ジラール／鈴木晶訳		200
123	さまざまな場所〈死の影の都市をめぐる〉	J.アメリー／池内紀訳		210
124	生　成〈概念をこえる試み〉	M.セール／及川馥訳		272
125	アルバン・ベルク	Th.W.アドルノ／平野嘉彦訳		320
126	映画　あるいは想像上の人間	E.モラン／渡辺淳訳		320
127	人間論〈時間・責任・価値〉	R.インガルデン／武井, 赤松訳		294
128	カント〈その生涯と思想〉	A.グリガ／西牟田, 浜田訳		464
129	同一性の寓話〈詩的神話学の研究〉	N.フライ／駒沢大学フライ研究会訳		496
130	空間の心理学	A.モル, E.ロメル／渡辺淳訳		326
131	飼いならされた人間と野性的人間	S.モスコヴィッシ／古田幸男訳		336
132	方　法　1. 自然の自然	E.モラン／大津真作訳	品切	658
133	石器時代の経済学	M.サーリンズ／山内昶訳		464
134	世の初めから隠されていること	R.ジラール／小池健男訳		760
135	群衆の時代	S.モスコヴィッシ／古田幸男訳	品切	664
136	シミュラークルとシミュレーション	J.ボードリヤール／竹原あき子訳		234
137	恐怖の権力〈アブジェクシオン〉試論	J.クリステヴァ／枝川昌雄訳		420
138	ボードレールとフロイト	L.ベルサーニ／山縣直子訳		240
139	悪しき造物主	E.M.シオラン／金井裕訳		228
140	終末論と弁証法〈マルクスの社会・政治思想〉	S.アヴィネリ／中村恒矩訳	品切	392
141	経済人類学の現在	F.プイヨン編／山内昶訳		236
142	視覚の瞬間	K.クラーク／北條文緒訳		304
143	罪と罰の彼岸	J.アメリー／池内紀訳		210
144	時間・空間・物質	B.K.ライドレー／中島龍三訳	品切	226
145	離脱の試み〈日常生活への抵抗〉	S.コーエン, N.テイラー／石黒毅訳		321
146	人間怪物論〈人間脱走の哲学の素描〉	U.ホルストマン／加藤二郎訳		206
147	カントの批判哲学	G.ドゥルーズ／中島盛夫訳		160
148	自然と社会のエコロジー	S.モスコヴィッシ／久米, 原訳		440
149	壮大への渇仰	L.クローネンバーガー／岸, 倉田訳		368
150	奇蹟論・迷信論・自殺論	D.ヒューム／福鎌, 斎藤訳		200
151	クルティウス－ジッド往復書簡	ディークマン編／円子千代訳		376
152	離脱の寓話	M.セール／及川馥訳		178

				(頁)
153	エクスタシーの人類学	I.M.ルイス／平沼孝之訳		352
154	ヘンリー・ムア	J.ラッセル／福田真一訳		340
155	誘惑の戦略	J.ボードリヤール／宇波彰訳		260
156	ユダヤ神秘主義	G.ショーレム／山下，石丸，他訳		644
157	蜂の寓話〈私悪すなわち公益〉	B.マンデヴィル／泉谷治訳		412
158	アーリア神話	L.ポリアコフ／アーリア主義研究会訳		544
159	ロベスピエールの影	P.ガスカール／佐藤和生訳		440
160	元型の空間	E.ゾラ／丸小哲雄訳		336
161	神秘主義の探究〈方法論的考察〉	E.スタール／宮元啓一，他訳		362
162	放浪のユダヤ人〈ロート・エッセイ集〉	J.ロート／平田，吉田訳		344
163	ルフー，あるいは取壊し	J.アメリー／神崎巌訳		250
164	大世界劇場〈宮廷祝宴の時代〉	R.アレヴィン，K.ゼルツレ／円子修平訳	品切	200
165	情念の政治経済学	A.ハーシュマン／佐々木，旦訳		192
166	メモワール〈1940-44〉	レミ／築島謙三訳		520
167	ギリシア人は神話を信じたか	P.ヴェーヌ／大津真作訳	品切	340
168	ミメーシスの文学と人類学	R.ジラール／浅野敏夫訳		410
169	カバラとその象徴的表現	G.ショーレム／岡部，小岸訳		340
170	身代りの山羊	R.ジラール／織田，富永訳	品切	384
171	人間〈その本性および世界における位置〉	A.ゲーレン／平野具男訳	品切	608
172	コミュニケーション〈ヘルメスI〉	M.セール／豊田，青木訳		358
173	道　化〈つまずきの現象学〉	G.v.バルレーヴェン／片岡啓治訳	品切	260
174	いま，ここで〈アウシュヴィッツとヒロシマ以後の哲学的考察〉	G.ピヒト／斎藤，浅野，大野，河井訳		600
175 176 177	真理と方法〔全三冊〕	H.-G.ガダマー／轡田，麻生，三島，他訳		I・350 II・ III・
178	時間と他者	E.レヴィナス／原田佳彦訳		140
179	構成の詩学	B.ウスペンスキイ／川崎，大石訳	品切	282
180	サン=シモン主義の歴史	S.シャルレティ／沢崎，小杉訳		528
181	歴史と文芸批評	G.デルフォ，A.ロッシュ／川中子弘訳		472
182	ミケランジェロ	H.ヒバード／中山，小野訳	品切	578
183	観念と物質〈思考・経済・社会〉	M.ゴドリエ／山内昶訳		340
184	四つ裂きの刑	E.M.シオラン／金井裕訳		234
185	キッチュの心理学	A.モル／万沢正美訳		344
186	領野の漂流	J.ヴィヤール／山下俊一訳		226
187	イデオロギーと想像力	G.C.カバト／小箕俊介訳		300
188	国家の起源と伝承〈古代インド社会史論〉	R.=ターパル／山崎，成澤訳		322
189	ベルナール師匠の秘密	P.ガスカール／佐藤和生訳		374
190	神の存在論的証明	D.ヘンリッヒ／本間，須田，座小田，他訳		456
191	アンチ・エコノミクス	J.アタリ，M.ギヨーム／斎藤，安孫子訳		322
192	クローチェ政治哲学論集	B.クローチェ／上村忠男編訳		188
193	フィヒテの根源的洞察	D.ヘンリッヒ／座小田，小松訳		184
194	哲学の起源	オルテガ・イ・ガセット／佐々木孝訳	品切	224
195	ニュートン力学の形成	ベー・エム・ゲッセン／秋間実，他訳		312
196	遊びの遊び	J.デュビニョー／渡辺淳訳	品切	160
197	技術時代の魂の危機	A.ゲーレン／平野具男訳	品切	222
198	儀礼としての相互行為	E.ゴッフマン／広瀬，安江訳	品切	376
199	他者の記号学〈アメリカ大陸の征服〉	T.トドロフ／及川，大谷，菊地訳		370
200	カント政治哲学の講義	H.アーレント著，R.ベイナー編／浜田監訳		302
201	人類学と文化記号論	M.サーリンズ／山内昶訳		354
202	ロンドン散策	F.トリスタン／小杉，浜本訳		484

叢書・ウニベルシタス

				(頁)
203	秩序と無秩序	J.-P.デュピュイ／古田幸男訳		324
204	象徴の理論	T.トドロフ／及川馥, 他訳		536
205	資本とその分身	M.ギヨーム／斉藤日出治訳		240
206	干　渉〈ヘルメスII〉	M.セール／豊田彰訳		276
207	自らに手をくだし〈自死について〉	J.アメリー／大河内了義訳		222
208	フランス人とイギリス人	R.フェイバー／北條, 大島訳	品切	304
209	カーニバル〈その歴史的・文化的考察〉	J.カロ・バロッハ／佐々木孝訳	品切	622
210	フッサール現象学	A.F.アグィーレ／川島, 工藤, 林訳		232
211	文明の試練	J.M.カディヒィ／塚本, 秋山, 寺西, 島訳		538
212	内なる光景	J.ポミエ／角山, 池部訳		526
213	人間の原型と現代の文化	A.ゲーレン／池井望訳		422
214	ギリシアの光と神々	K.ケレーニイ／円子修平訳		178
215	初めに愛があった〈精神分析と信仰〉	J.クリステヴァ／枝川昌雄訳		146
216	バロックとロココ	W.v.ニーベルシュッツ／竹内章訳		164
217	誰がモーセを殺したか	S.A.ハンデルマン／山形和美訳		514
218	メランコリーと社会	W.レペニース／岩田, 小竹訳		380
219	意味の論理学	G.ドゥルーズ／岡田, 宇波訳		460
220	新しい文化のために	P.ニザン／木内孝訳		352
221	現代心理論集	P.ブールジェ／平岡, 伊藤訳		362
222	パラジット〈寄食者の論理〉	M.セール／及川, 米山訳		466
223	虐殺された鳩〈暴力と国家〉	H.ラボリ／川中子弘訳		240
224	具象空間の認識論〈反・解釈学〉	F.ダゴニェ／金森修訳		300
225	正常と病理	G.カンギレム／滝沢武久訳		320
226	フランス革命論	J.G.フィヒテ／桝田啓三郎訳		396
227	クロード・レヴィ=ストロース	O.パス／鼓, 木村訳		160
228	バロックの生活	P.ラーンシュタイン／波田節夫訳		520
229	うわさ〈もっとも古いメディア〉増補版	J.-N.カプフェレ／古田幸男訳		394
230	後期資本制社会システム	C.オッフェ／寿福真美編訳		358
231	ガリレオ研究	A.コイレ／菅谷曉訳	品切	482
232	アメリカ	J.ボードリヤール／田中正人訳		220
233	意識ある科学	E.モラン／村上光彦訳		400
234	分子革命〈欲望社会のミクロ分析〉	F.ガタリ／杉村昌昭訳		340
235	火，そして霧の中の信号—ゾラ	M.セール／寺田光徳訳		568
236	煉獄の誕生	J.ル・ゴッフ／渡辺, 内田訳		698
237	サハラの夏	E.フロマンタン／川端康夫訳		336
238	パリの悪魔	P.ガスカール／佐藤和夫訳		256
239 240	自然の人間的歴史（上・下）	S.モスコヴィッシ／大津真作訳		上・494 下・390
241	ドン・キホーテ頌	P.アザール／円子千代訳	品切	348
242	ユートピアへの勇気	G.ピヒト／河井徳治訳		202
243	現代社会とストレス〔原書改訂版〕	H.セリエ／杉, 田多井, 藤井, 竹宮訳		482
244	知識人の終焉	J.-F.リオタール／原田佳彦, 他訳		140
245	オマージュの試み	E.M.シオラン／金井裕訳		154
246	科学の時代における理性	H.-G.ガダマー／本間, 座小田訳		158
247	イタリア人の太古の知恵	G.ヴィーコ／上村忠男訳		190
248	ヨーロッパを考える	E.モラン／林　勝一訳		238
249	労働の現象学	J.-L.プチ／今村, 松島訳		388
250	ポール・ニザン	Y.イシャグプール／川俣晃自訳		356
251	政治的判断力	R.ベイナー／浜田義文監訳		310
252	知覚の本性〈初期論文集〉	メルロ=ポンティ／加賀野井秀一訳		158

				(頁)
253	言語の牢獄	F.ジェームソン／川口喬一訳		292
254	失望と参画の現象学	A.O.ハーシュマン／佐々木，杉田訳		204
255	はかない幸福—ルソー	T.トドロフ／及川馥訳		162
256	大学制度の社会史	H.W.プラール／山本尤訳		408
257 258	ドイツ文学の社会史（上・下）	J.ベルク，他／山本，三島，保坂，鈴木訳		上・766 下・648
259	アランとルソー〈教育哲学試論〉	A.カルネック／安斎，並木訳		304
260	都市・階級・権力	M.カステル／石川淳志監訳		296
261	古代ギリシア人	M.I.フィンレー／山形和美訳	品切	296
262	象徴表現と解釈	T.トドロフ／小林，及川訳		244
263	声の回復〈回想の試み〉	L.マラン／梶野吉郎訳		246
264	反射概念の形成	G.カンギレム／金森修訳		304
265	芸術の手相	G.ピコン／末永照和訳		294
266	エチュード〈初期認識論集〉	G.バシュラール／及川馥訳		166
267	邪な人々の昔の道	R.ジラール／小池健男訳		270
268	〈誠実〉と〈ほんもの〉	L.トリリング／野島秀勝訳		264
269	文の抗争	J.-F.リオタール／陸井四郎，他訳		410
270	フランス革命と芸術	J.スタロバンスキー／井上尭裕訳		286
271	野生人とコンピューター	J.-M.ドムナック／古田幸男訳		228
272	人間と自然界	K.トマス／山内昶，他訳		618
273	資本論をどう読むか	J.ビデ／今村仁司，他訳		450
274	中世の旅	N.オーラー／藤代幸一訳		488
275	変化の言語〈治療コミュニケーションの原理〉	P.ワツラウィック／築島謙三訳		212
276	精神の売春としての政治	T.クンナス／木戸，佐々木訳		258
277	スウィフト政治・宗教論集	J.スウィフト／中野，海保訳		490
278	現実とその分身	C.ロセ／金井裕訳		168
279	中世の高利貸	J.ル・ゴッフ／渡辺香根夫訳		170
280	カルデロンの芸術	M.コメレル／岡部仁訳		270
281	他者の言語〈デリダの日本講演〉	J.デリダ／高橋允昭編訳		406
282	ショーペンハウアー	R.ザフランスキー／山本尤訳		646
283	フロイトと人間の魂	B.ベテルハイム／藤瀬恭子訳		174
284	熱　狂〈カントの歴史批判〉	J.-F.リオタール／中島盛夫訳		210
285	カール・カウツキー 1854-1938	G.P.スティーンソン／時永，河野訳		496
286	形而上学と神の思想	W.パネンベルク／座小田，諸岡訳		186
287	ドイツ零年	E.モラン／古田幸男訳		364
288	物の地獄〈ルネ・ジラールと経済の論理〉	デュムシェル，デュピュイ／織田，富永訳		320
289	ヴィーコ自叙伝	G.ヴィーコ／福鎌忠恕訳	品切	448
290	写真論〈その社会的効用〉	P.ブルデュー／山縣熙，山縣直子訳		438
291	戦争と平和	S.ボク／大沢正道訳		224
292	意味と意味の発展	R.A.ウォルドロン／築島謙三訳		294
293	生態平和とアナーキー	U.リンゼ／内田，杉村訳		270
294	小説の精神	M.クンデラ／金井，浅野訳		208
295	フィヒテ-シェリング往復書簡	W.シュルツ解説／座小田，後藤訳		220
296	出来事と危機の社会学	E.モラン／浜名，福井訳		622
297	宮廷風恋愛の技術	A.カペルラヌス／野島秀勝訳		334
298	野蛮〈科学主義の独裁と文化の危機〉	M.アンリ／山形，望月訳		292
299	宿命の戦略	J.ボードリヤール／竹原あき子訳		260
300	ヨーロッパの日記	G.R.ホッケ／石丸，柴田，信岡訳		1330
301	記号と夢想〈演劇と祝祭についての考察〉	A.シモン／岩瀬孝監修．佐藤，伊藤，他訳		388
302	手と精神	J.ブラン／中村文郎訳		284

				(頁)
303	平等原理と社会主義	L.シュタイン／石川，石塚，柴田訳		676
304	死にゆく者の孤独	N.エリアス／中居実訳		150
305	知識人の黄昏	W.シヴェルブシュ／初見基訳		240
306	トマス・ペイン〈社会思想家の生涯〉	A.J.エイヤー／大熊昭信訳		378
307	われらのヨーロッパ	F.ヘール／杉浦健之訳		614
308	機械状無意識〈スキゾ-分析〉	F.ガタリ／高岡幸一訳		426
309	聖なる真理の破壊	H.ブルーム／山形和美訳		400
310	諸科学の機能と人間の意義	E.パーチ／上村忠男監訳		552
311	翻　訳〈ヘルメスIII〉	M.セール／豊田，輪田訳		404
312	分　布〈ヘルメスIV〉	M.セール／豊田彰訳		440
313	外国人	J.クリステヴァ／池田和子訳		284
314	マルクス	M.アンリ／杉山，水野訳	品切	612
315	過去からの警告	E.シャルガフ／山本，内藤訳		308
316	面・表面・界面〈一般表層論〉	F.ダゴニェ／金森，今野訳		338
317	アメリカのサムライ	F.G.ノートヘルファー／飛鳥井雅道訳		512
318	社会主義か野蛮か	C.カストリアディス／江口幹訳		490
319	遍　歴〈法，形式，出来事〉	J.-F.リオタール／小野康男訳		200
320	世界としての夢	D.ウスラー／谷　徹訳		566
321	スピノザと表現の問題	G.ドゥルーズ／工藤，小柴，小谷訳		460
322	裸体とはじらいの文化史	H.P.デュル／藤代，三谷訳		572
323	五　感〈混合体の哲学〉	M.セール／米山親能訳		582
324	惑星軌道論	G.W.F.ヘーゲル／村上恭一訳		250
325	ナチズムと私の生活〈仙台からの告発〉	K.レーヴィット／秋間実訳		334
326	ベンヤミン-ショーレム往復書簡	G.ショーレム編／山本尤訳		440
327	イマヌエル・カント	O.ヘッフェ／薮木栄夫訳		374
328	北西航路〈ヘルメスV〉	M.セール／青木研二訳		260
329	聖杯と剣	R.アイスラー／野島秀勝訳		486
330	ユダヤ人国家	Th.ヘルツル／佐藤康彦訳		206
331	十七世紀イギリスの宗教と政治	C.ヒル／小野功生訳		586
332	方　法　2．生命の生命	E.モラン／大津真作訳		838
333	ヴォルテール	A.J.エイヤー／中川，吉岡訳		268
334	哲学の自食症候群	J.ブーヴレス／大平具彦訳		266
335	人間学批判	レペニース，ノルテ／小竹澄栄訳		214
336	自伝のかたち	W.C.スペンジマン／船倉正憲訳		384
337	ポストモダニズムの政治学	L.ハッチオン／川口喬一訳		332
338	アインシュタインと科学革命	L.S.フォイヤー／村上，成定，大谷訳		474
339	ニーチェ	G.ピヒト／青木隆嘉訳		562
340	科学史・科学哲学研究	G.カンギレム／金森修監訳		674
341	貨幣の暴力	アグリエッタ，オルレアン／井上，斉藤訳		506
342	象徴としての円	M.ルルカー／竹内章訳		186
343	ベルリンからエルサレムへ	G.ショーレム／岡部仁訳		226
344	批評の批評	T.トドロフ／及川，小林訳		298
345	ソシュール講義録注解	F.de　ソシュール／前田英樹・訳注		204
346	歴史とデカダンス	P.ショーニュー／大谷尚文訳		552
347	続・いま，ここで	G.ピヒト／斎藤，大野，福島，浅野訳		580
348	バフチン以後	D.ロッジ／伊藤誓訳		410
349	再生の女神セドナ	H.P.デュル／原研二訳		622
350	宗教と魔術の衰退	K.トマス／荒木正純訳		1412
351	神の思想と人間の自由	W.パネンベルク／座小田，諸岡訳		186

叢書・ウニベルシタス

				(頁)
352	倫理・政治的ディスクール	O.ヘッフェ／青木隆嘉訳		312
353	モーツァルト	N.エリアス／青木隆嘉訳		198
354	参加と距離化	N.エリアス／波田，道籏訳		276
355	二十世紀からの脱出	E.モラン／秋枝茂夫訳		384
356	無限の二重化	W.メニングハウス／伊藤秀一訳		350
357	フッサール現象学の直観理論	E.レヴィナス／佐藤，桑野訳		506
358	始まりの現象	E.W.サイード／山形，小林訳		684
359	サテュリコン	H.P.デュル／原研二訳		258
360	芸術と疎外	H.リード／増渕正史訳	品切	262
361	科学的理性批判	K.ヒュプナー／神野，中才，熊谷訳		476
362	科学と懐疑論	J.ワトキンス／中才敏郎訳		354
363	生きものの迷路	A.モール，E.ロメル／古田幸男訳		240
364	意味と力	G.バランディエ／小関藤一郎訳		406
365	十八世紀の文人科学者たち	W.レペニース／小川さくえ訳		182
366	結晶と煙のあいだ	H.アトラン／阪上脩訳		376
367	生への闘争〈闘争本能・性・意識〉	W.J.オング／高柳，橋爪訳		326
368	レンブラントとイタリア・ルネサンス	K.クラーク／尾崎，芳野訳		334
369	権力の批判	A.ホネット／河上倫逸監訳		476
370	失われた美学〈マルクスとアヴァンギャルド〉	M.A.ローズ／長田，池田，長野，長田訳		332
371	ディオニュソス	M.ドゥティエンヌ／及川，吉岡訳		164
372	メディアの理論	F.イングリス／伊藤，磯山訳		380
373	生き残ること	B.ベテルハイム／高尾利数訳		646
374	バイオエシックス	F.ダゴニェ／金森，松浦訳		316
375 376	エディプスの謎（上・下）	N.ビショッフ／藤代，井本，他訳		上・450 下・464
377	重大な疑問〈懐疑的省察録〉	E.シャルガフ／山形，小野，他訳		404
378	中世の食生活〈断食と宴〉	B.A.ヘニッシュ／藤原保明訳	品切	538
379	ポストモダン・シーン	A.クローカー，D.クック／大熊昭信訳		534
380	夢の時〈野生と文明の境界〉	H.P.デュル／岡部，原，須永，荻野訳		674
381	理性よ，さらば	P.ファイヤアーベント／植木哲也訳	品切	454
382	極限に面して	T.トドロフ／宇京頼三訳		376
383	自然の社会化	K.エーダー／寿福真美監訳		474
384	ある反時代的考察	K.レーヴィット／中村啓，永沼更始郎訳		526
385	図書館炎上	W.シヴェルブシュ／福本義憲訳		274
386	騎士の時代	F.v.ラウマー／柳井尚子訳		506
387	モンテスキュー〈その生涯と思想〉	J.スタロバンスキー／古賀英三郎，高橋誠訳		312
388	理解の鋳型〈東西の思想経験〉	J.ニーダム／井上英明訳		510
389	風景画家レンブラント	E.ラルセン／大谷，尾崎訳		208
390	精神分析の系譜	M.アンリ／山形頼洋，他訳		546
391	金《かね》と魔術	H.C.ビンスヴァンガー／清水健次訳		218
392	自然誌の終焉	W.レペニース／山村直資訳		346
393	批判的解釈学	J.B.トンプソン／山本，小川訳		376
394	人間にはいくつの真理が必要か	R.ザフランスキー／山本，藤井訳		232
395	現代芸術の出発	Y.イシャグプール／川俣晃自訳		170
396	青春　ジュール・ヴェルヌ論	M.セール／豊田彰訳		398
397	偉大な世紀のモラル	P.ベニシュー／朝倉，羽賀訳		428
398	諸国民の時に	E.レヴィナス／合田正人訳		348
399 400	バベルの後に（上・下）	G.スタイナー／亀山健吉訳		上・482 下・
401	チュービンゲン哲学入門	E.ブロッホ／花田監修・菅谷，今井，三国訳		422

			（頁）
451	エコロジーの新秩序	L.フェリ／加藤宏幸訳	274
452	想念が社会を創る	C.カストリアディス／江口幹訳	392
453	ウィトゲンシュタイン評伝	B.マクギネス／藤本,今井,宇都宮,髙橋訳	612
454	読みの快楽	R.オールター／山形,中田,田中訳	346
455	理性・真理・歴史〈内在的実在論の展開〉	H.パトナム／野本和幸,他訳	360
456	自然の諸時期	ビュフォン／菅谷暁訳	440
457	クロポトキン伝	ピルーモヴァ／左近毅訳	384
458	征服の修辞学	P.ヒューム／岩尾,正木,本橋訳	492
459	初期ギリシア科学	G.E.R.ロイド／山野,山口訳	246
460	政治と精神分析	G.ドゥルーズ,F.ガタリ／杉村昌昭訳	124
461	自然契約	M.セール／及川,米山訳	230
462	細分化された世界〈迷宮の岐路III〉	C.カストリアディス／宇京頼三訳	332
463	ユートピア的なもの	L.マラン／梶野吉郎訳	420
464	恋愛礼讃	M.ヴァレンシー／沓掛,川端訳	496
465	転換期〈ドイツ人とドイツ〉	H.マイヤー／宇京早苗訳	466
466	テクストのぶどう畑で	I.イリイチ／岡部佳世訳	258
467	フロイトを読む	P.ゲイ／坂口,大島訳	304
468	神々を作る機械	S.モスコヴィッシ／古田幸男訳	750
469	ロマン主義と表現主義	A.K.ウィードマン／大森淳史訳	378
470	宗教論	N.ルーマン／土方昭,土方透訳	138
471	人格の成層論	E.ロータッカー／北村監訳・大久保,他訳	278
472	神　罰	C.v.リンネ／小川さくえ訳	432
473	エデンの園の言語	M.オランデール／浜﨑設夫訳	338
474	フランスの自伝〈自伝文学の主題と構造〉	P.ルジュンヌ／小倉孝誠訳	342
475	ハイデガーとヘブライの遺産	M.ザラデル／合田正人訳	390
476	真の存在	G.スタイナー／工藤政司訳	266
477	言語芸術・言語記号・言語の時間	R.ヤコブソン／浅川順子訳	388
478	エクリール	C.ルフォール／宇京頼三訳	420
479	シェイクスピアにおける交渉	S.J.グリーンブラット／酒井正志訳	334
480	世界・テキスト・批評家	E.W.サイード／山形和美訳	584
481	絵画を見るディドロ	J.スタロバンスキー／小西嘉幸訳	148
482	ギボン〈歴史を創る〉	R.ポーター／中野,海保,松原訳	272
483	欺瞞の書	E.M.シオラン／金井裕訳	252
484	マルティン・ハイデガー	H.エーベリング／青木隆嘉訳	252
485	カフカとカバラ	K.E.グレーツィンガー／清水健次訳	390
486	近代哲学の精神	H.ハイムゼート／座小田豊,他訳	448
487	ベアトリーチェの身体	R.P.ハリスン／船倉正憲訳	304
488	技術〈クリティカル・セオリー〉	A.フィーンバーグ／藤本正文訳	510
489	認識論のメタクリティーク	Th.W.アドルノ／古賀,細見訳	370
490	地獄の歴史	A.K.ターナー／野﨑嘉信訳	456
491	昔話と伝説〈物語文学の二つの基本形式〉	M.リューティ／高木昌史,万里子訳	品切 362
492	スポーツと文明化〈興奮の探究〉	N.エリアス,E.ダニング／大平章訳	490
493 494	地獄のマキアヴェッリ（I・II）	S.de.グラツィア／田中治男訳	I・352 II・306
495	古代ローマの恋愛詩	P.ヴェーヌ／鎌田博夫訳	352
496	証人〈言葉と科学についての省察〉	E.シャルガフ／山本,内藤訳	252
497	自由とはなにか	P.ショーニュ／西川,小田桐訳	472
498	現代世界を読む	M.マフェゾリ／菊地昌実訳	186
499	時間を読む	M.ピカール／寺田光徳訳	266
500	大いなる体系	N.フライ／伊藤誓訳	478

			(頁)
550	ハイデガーと実践哲学	O.ペゲラー他,編／竹市,下村監訳	584
551	彫　像	M.セール／米山親能訳	366
552	人間的なるものの庭	C.F.v.ヴァイツゼカー／山辺建訳	
553	思考の図像学	A.フレッチャー／伊藤誓訳	472
554	反動のレトリック	A.O.ハーシュマン／岩崎稔訳	250
555	暴力と差異	A.J.マッケナ／夏目博明訳	354
556	ルイス・キャロル	J.ガッテニョ／鈴木晶訳	462
557	タオスのロレンゾー〈D.H.ロレンス回想〉	M.D.ルーハン／野島秀勝訳	490
558	エル・シッド〈中世スペインの英雄〉	R.フレッチャー／林邦夫訳	414
559	ロゴスとことば	S.プリケット／小野功生訳	486
560 561	盗まれた稲妻〈呪術の社会学〉(上・下)	D.L.オキーフ／谷林眞理子,他訳	上・490 下・656
562	リビドー経済	J.-F.リオタール／杉山,吉谷訳	458
563	ポスト・モダニティの社会学	S.ラッシュ／田中義久監訳	462
564	狂暴なる霊長類	J.A.リヴィングストン／大平章訳	310
565	世紀末社会主義	M.ジェイ／今村,大谷訳	334
566	両性平等論	F.P.de ラ・バール／佐藤和夫,他訳	330
567	暴虐と忘却	R.ボイヤーズ／田部井孝次・世志子訳	524
568	異端の思想	G.アンダース／青木隆嘉訳	518
569	秘密と公開	S.ボク／大沢正道訳	470
570 571	大航海時代の東南アジア(I・II)	A.リード／平野，田中訳	I・430 II・
572	批判理論の系譜学	N.ボルツ／山本,大貫訳	332
573	メルヘンへの誘い	M.リューティ／高木昌史訳	200
574	性と暴力の文化史	H.P.デュル／藤代,津山訳	768
575	歴史の不測	E.レヴィナス／合田,谷口訳	316
576	理論の意味作用	T.イーグルトン／山形和美訳	196
577	小集団の時代〈大衆社会における個人主義の衰退〉	M.マフェゾリ／古田幸男訳	334
578 579	愛の文化史(上・下)	S.カーン／青木,斎藤訳	上・334 下・384
580	文化の擁護〈1935年パリ国際作家大会〉	ジッド他／相磯,五十嵐,石黒,高橋編訳	752
581	生きられる哲学〈生活世界の現象学と批判理論の思考形式〉	F.フェルマン／堀栄造訳	282
582	十七世紀イギリスの急進主義と文学	C.ヒル／小野，圓月訳	444
583	このようなことが起こり始めたら…	R.ジラール／小池,住谷訳	226
584	記号学の基礎理論	J.ディーリー／大熊昭信訳	286
585	真理と美	S.チャンドラセカール／豊田彰訳	328
586	シオラン対談集	E.M.シオラン／金井裕訳	336
587	時間と社会理論	B.アダム／伊藤,磯山訳	338
588	懐疑的省察 ABC〈続・重大な疑問〉	E.シャルガフ／山本,伊藤訳	244
589	第三の知恵	M.セール／及川馥訳	250
590 591	絵画における真理(上・下)	J.デリダ／高橋,阿部訳	上・322 下・390
592	ウィトゲンシュタインと宗教	N.マルカム／黒崎宏訳	256
593	シオラン〈あるいは最後の人間〉	S.ジョドー／金井裕訳	212
594	フランスの悲劇	T.トドロフ／大谷尚文訳	304
595	人間の生の遺産	E.シャルガフ／清水健次,他訳	392
596	聖なる快楽〈性，神話，身体の政治〉	R.アイスラー／浅野敏夫訳	876
597	原子と爆弾とエスキモーキス	C.G.セグレー／野島秀勝訳	408
598	海からの花嫁〈ギリシア神話研究の手引き〉	J.シャーウッドスミス／吉田,佐藤訳	234
599	神に代わる人間	L.フェリー／菊地,白井訳	220
600	パンと競技場〈ギリシア・ローマ時代の政治と都市の社会学的歴史〉	P.ヴェーヌ／鎌田博夫訳	1032

叢書・ウニベルシタス

			(頁)
601	ギリシア文学概説	J.ド・ロミイ／細井,秋山訳	486
602	パロールの奪取	M.セルトー／佐藤和生訳	200
603	68年の思想	L.フェリー他／小野潮訳	348
604	ロマン主義のレトリック	P.ド・マン／山形,岩坪訳	470
605	探偵小説あるいはモデルニテ	J.デュボア／鈴木智之訳	380
606 607 608	近代の正統性〔全三冊〕	H.ブルーメンベルク／斎藤,忽那 佐藤,村井訳	I・328 II・ III・
609	危険社会〈新しい近代への道〉	U.ベック／東,伊藤訳	502
610	エコロジーの道	E.ゴールドスミス／大熊昭信訳	654
611	人間の領域〈迷宮の岐路II〉	C.カストリアディス／米山親能訳	626
612	戸外で朝食を	H.P.デュル／藤代幸一訳	190
613	世界なき人間	G.アンダース／青木隆嘉訳	366
614	唯物論シェイクスピア	F.ジェイムソン／川口喬一訳	402
615	核時代のヘーゲル哲学	H.クロンバッハ／植木哲也訳	380
616	詩におけるルネ・シャール	P.ヴェーヌ／西永良成訳	832
617	近世の形而上学	H.ハイムゼート／北岡武司訳	506
618	フロベールのエジプト	G.フロベール／斎藤昌三訳	344
619	シンボル・技術・言語	E.カッシーラー／篠木,高野訳	352
620	十七世紀イギリスの民衆と思想	C.ヒル／小野,圓月,箭川訳	520
621	ドイツ政治哲学史	H.リュッベ／今井道夫訳	312
622	最終解決〈民族移動とヨーロッパのユダヤ人殺害〉	G.アリー／山本,三島訳	470
623	中世の人間	J.ル・ゴフ他／鎌田博夫訳	478
624	食べられる言葉	L.マラン／梶野吉郎訳	284
625	ヘーゲル伝〈哲学の英雄時代〉	H.アルトハウス／山本尤訳	690
626	E.モラン自伝	E.モラン／菊地,高砂訳	368
627	見えないものを見る	M.アンリ／青木研二訳	248
628	マーラー〈音楽観相学〉	Th.W.アドルノ／龍村あや子訳	286
629	共同生活	T.トドロフ／大谷尚文訳	236
630	エロイーズとアベラール	M.F.B.ブロッチェリ／白崎容子訳	
631	意味を見失った時代〈迷宮の岐路IV〉	C.カストリアディス／江口幹訳	338
632	火と文明化	J.ハウツブロム／大平章訳	356
633	ダーウィン,マルクス,ヴァーグナー	J.バーザン／野島秀勝訳	526
634	地位と羞恥	S.ネッケル／岡原正幸訳	434
635	無垢の誘惑	P.ブリュックネール／小倉,下澤訳	350
636	ラカンの思想	M.ボルク=ヤコブセン／池田清訳	500
637	羨望の炎〈シェイクスピアと欲望の劇場〉	R.ジラール／小林,田口訳	698
638	暁のフクロウ〈続・精神の現象学〉	A.カトロッフェロ／寿福真美訳	354
639	アーレント＝マッカーシー往復書簡	C.ブライトマン編／佐藤佐智子訳	710
640	崇高とは何か	M.ドゥギー他／梅木達郎訳	416
641	世界という実験〈問い,取り出しの諸カテゴリー,実践〉	E.ブロッホ／小田智敏訳	400
642	悪　あるいは自由のドラマ	R.ザフランスキー／山本尤訳	322
643	世俗の聖典〈ロマンスの構造〉	N.フライ／中村,真野訳	252
644	歴史と記憶	J.ル・ゴフ／立川孝一訳	400
645	自我の記号論	N.ワイリー／船倉正憲訳	468
646	ニュー・ミメーシス〈シェイクスピアと現実描写〉	A.D.ナトール／山形,山下訳	430
647	歴史家の歩み〈アリエス 1943-1983〉	Ph.アリエス／成瀬,伊藤訳	428
648	啓蒙の民主制理論〈カントとのつながりで〉	I.マウス／浜田,牧野監訳	400
649	仮象小史〈古代からコンピューター時代まで〉	N.ボルツ／山本尤訳	200

			(頁)
650	知の全体史	C.V.ドーレン／石塚浩司訳	766
651	法の力	J.デリダ／堅田研一訳	220
652 653	男たちの妄想（I・II）	K.テーヴェライト／田村和彦訳	I・816 II
654	十七世紀イギリスの文書と革命	C.ヒル／小野，圓月，箭川訳	592
655	パウル・ツェラーンの場所	H.ベッティガー／鈴木美紀訳	176
656	絵画を破壊する	L.マラン／尾形，梶野訳	272
657	グーテンベルク銀河系の終焉	N.ボルツ／識名，足立訳	330
658	批評の地勢図	J.ヒリス・ミラー／森田孟訳	550
659	政治的なものの変貌	M.マフェゾリ／古田幸男訳	290
660	神話の真理	K.ヒュプナー／神野，中才，他訳	736
661	廃墟のなかの大学	B.リーディングズ／青木，斎藤訳	354
662	後期ギリシア科学	G.E.R.ロイド／山野，山口，金山訳	320
663	ベンヤミンの現在	N.ボルツ，W.レイイェン／岡部仁訳	180
664	異教入門〈中心なき周辺を求めて〉	J.-F.リオタール／山縣，小野，他訳	242
665	ル・ゴフ自伝〈歴史家の生活〉	J.ル・ゴフ／鎌田博夫訳	290
666	方　法　3. 認識の認識	E.モラン／大津真作訳	398
667	遊びとしての読書	M.ピカール／及川，内藤訳	478
668	身体の哲学と現象学	M.アンリ／中敬夫訳	404
669	ホモ・エステティクス	L.フェリー／小野康男，他訳	
670	イスラムにおける女性とジェンダー	L.アーメド／林正雄，他訳	
671	ロマン派の手紙	K.H.ボーラー／高木葉子訳	382
672	精霊と芸術	M.マール／津山拓也訳	474
673	言葉への情熱	G.スタイナー／伊藤誓訳	
674	贈与の謎	M.ゴドリエ／山内昶訳	362
675	諸個人の社会	N.エリアス／宇京早苗訳	
676	労働社会の終焉	D.メーダ／若森章孝，他訳	
677	概念・時間・言説	A.コジェーヴ／三宅，根田，安川訳	
678	史的唯物論の再構成	U.ハーバーマス／清水多吉訳	
679	カオスとシミュレーション	N.ボルツ／山本尤訳	218
680	実質的現象学	M.アンリ／中，野村，吉永訳	
681	生殖と世代継承	R.フォックス／平野秀秋訳	
682	反抗する文学	M.エドマンドソン／浅野敏夫訳	
683	哲学を讃えて	M.セール／米山親能，他訳	
684	人間・文化・社会	H.シャピロ編／塚本利明，他訳	
685	遍歴時代〈精神の自伝〉	J.アメリー／富重純子訳	